本书获广东省普通高校人文社会科学研究特色创
品贸易融资的变异性研究"（项目编号：2016WTSCX02⋯⋯ 资助。

中国制造业比重下降研究

RESEARCH ON THE DECLINING PROPORTION OF CHINA'S MANUFACTURING INDUSTRY

李未无◎著

经济管理出版社
ECONOMY & MANAGEMENT PUBLISHING HOUSE

图书在版编目（CIP）数据

中国制造业比重下降研究/李未无著 . —北京：经济管理出版社，2022.10
ISBN 978-7-5096-8770-3

Ⅰ.①中… Ⅱ.①李… Ⅲ.①制造工业—工业经济—经济发展趋势—研究—中国
Ⅳ.①F426.4

中国版本图书馆 CIP 数据核字（2022）第 187239 号

组稿编辑：吴　倩
责任编辑：吴　倩
责任印制：许　艳
责任校对：王淑卿

出版发行：经济管理出版社
　　　　　（北京市海淀区北蜂窝 8 号中雅大厦 A 座 11 层　　100038）
网　　　址：www. E-mp. com. cn
电　　　话：(010) 51915602
印　　　刷：唐山玺诚印务有限公司
经　　　销：新华书店
开　　　本：720mm×1000mm/16
印　　　张：15
字　　　数：261 千字
版　　　次：2022 年 11 月第 1 版　　2022 年 11 月第 1 次印刷
书　　　号：ISBN 978-7-5096-8770-3
定　　　价：88.00 元

前　言

　　制造业是立国之本、兴国之器和强国之基，对于中国经济持续、健康、高质量发展具有举足轻重的作用。然而，统计数据显示，2006~2020年，按当年价格计算的中国制造业增加值占GDP比重呈持续下降趋势，从2006年的32.45%降至2020年的26.18%。近年来，中国制造业比重下降问题受到各界高度关注，引发了有关中国"过早""过快"去工业化（制造业是工业的主体）问题的大量思考，"十四五"规划也提出了保持制造业比重基本稳定的要求。

　　本书从多角度深入剖析了导致中国制造业比重下降的各种因素，提出制造业数字化转型升级是应对该问题的最佳思路。本书主要由四部分组成，按照事实、成因、后果和对策的逻辑逐次展开。第一部分利用大量统计数据，主要展示国际和国内制造业比重变动的特征事实，为后面的分析打下坚实基础和提供启迪。第二部分详细剖析可能导致中国制造业比重下降的需求面、供给面（技术和成本）、经济金融化和全球产业链重构等各种诱因。第三部分围绕中国制造业比重下降可能产生的两个后果展开：一是阐述中国制造业比重下降是否"过早"和"过快"、中国"过早去工业化"的特征及解释；二是阐述在中国制造业比重下降的同时，是否伴随着技术水平、核心零部件、关键装备和产品质量等转型升级关键内容的协同发展。第四部分基于本书前面分析，就保持中国制造业比重基本稳定与转型升级协同发展提出政策建议。

目　录

第一章　引言

习近平总书记指出，制造业是立国之本、强国之基。工业涵盖采矿业，制造业，电力、热力、燃气及水的生产和供应业三个行业，不管是从产值规模还是从就业人数来看，制造业都是工业的主体或核心，因而制造业有时成为工业的替代词，"工业化"和"去工业化"在某种意义上等同于"制造业化"和"去制造业化"。在很长一段时间里，工业化被认为是美国、德国和日本等高收入国家经济强盛的主要原因。新兴工业化国家不同凡响的经济进步被认为与20世纪六七十年代制造业快速发展紧密相关。

随着一个国家越来越富裕，人均收入不断提高，工业化步伐一般会逐渐放缓甚至最终逆转，美国、日本和大多数欧洲发达国家，以及一些新兴工业化国家或地区都随着服务业的增长而逐步踏上去工业化进程。研究发现，第二次世界大战以后，在大多数工业化国家和许多中高收入发展中国家，制造业就业人数出现快速下降。大多数工业化国家在20世纪六七十年代进入去工业化阶段，而一些高收入发展中国家或地区则在20世纪80年代开始去工业化进程。

虽然去工业化是大多数国家在经济发展的某个阶段注定要经历的普遍现象，但人们发现在某些区域（如非洲和拉丁美洲）去工业化进程出现得过早。拉丁美洲大多数国家达到的工业化高峰水平远低于早期工业化国家，而且这种高峰水平是在较低经济发展水平或较低人均收入水平上达到的。达斯古普塔和辛格（Dasgupta & Singh，2006）称之为"过早去工业化"（Premature Deindustrialization），意指在一些发展中国家或地区，制造业在全部增加值或就业中所占比重达到峰值时，对应的人均收入远低于高收入国家制造业达到峰值时所对应的人均收入。

鉴于制造业对于经济持续、健康、高质量发展具有关键性作用，"过早去工业化"现象日益引起国际学界和政界的关注。随着近年来中国制造业比重出现持续下降趋势,笔者认为,深入分析中国制造业比重下降的深层诱因、判断中国是否存在"过早去工业化"并给出有效的政策建议具有重大现实意义和理论价值。

一、中国制造业比重下降引发关注

2006~2019 年,中国工业增加值占国内生产总值(GDP)比重由 42% 下降到 32%,同期制造业比重也从 32.45% 降至 27.17%。2021 年 7 月,世界银行陆续更新了部分经济体 2020 年制造业增加值占 GDP 比重,中国为 26.18%,这是自 2012 年以来连续第九年下降,意味着中国制造业增加值的增长速度继续低于同期 GDP 的增速。这一现象引发了部分人士的高度关注。杨伟民(2018)指出,美国、日本和德国分别在人均 GDP 为 1.6 万美元、1.7 万美元和 2 万美元时制造业比重达到历史最高点,美国达到峰值的具体时间是 1953 年,日本和德国则都在 1970 年。他还强调,这几个国家制造业比重下降是生产率提高的结果,生产率提高引起产品价格下降,因此按现价计算的比重减小,而按不变价计算的比重基本没有变化。中国 2017 年人均 GDP 只有 8000 多美元,远未达到高收入国家水平,但已提前进入制造业比重下降的"产业空心化"时代。至于制造业比重过快下滑的原因,杨伟民归纳为产能过剩的市场出清、创新能力不强进而中高端产品供给能力不足、劳动年龄人口减少、民营企业投资制造业意愿降低、金融对制造业支持力度减弱和房地产过度膨胀六个因素。

自 2020 年以来,越来越多有识之士关注中国制造业比重下降问题。在 2020 年 11 月举办的第二届中国发展规划论坛上,工业和信息化部(以下简称工信部)时任副部长王志军认为,当前我国制造业比重正处于下降状态,而且降幅跟其他国家相比明显过快。他进一步指出,随着产业分工水平不断提高,制造业中的非制造环节不断分离出来,形成了服务性产业,所以制造业占经济的比重会出现结构性下降。但是,鉴于中国仍是发展中国家,工业化进程还未结束,产业链、供应链仍处于中低端水平,且断点和缺陷很多,制造业还有很大的发展空间。王志军认为,中国制造业比重过快下降的一个重要原因是制造业与虚拟经济之间发展不平衡，这样的结构性矛盾导致近年来中国制造业从业人数和资金流入都呈现放缓甚至下降趋势。

2021年3月，工信部原部长李毅中在第六届中国制造强国论坛上明确指出，尽管制造业比重下降是工业化的客观发展规律，但在制造业还未高端化的现实下，我国制造业在GDP中的比重出现过早、过快下降，尤其是不少省份出现超常态的跌落，必须予以高度重视。中国社会科学院国家高端智库首席专家蔡昉在2021中国实体经济论坛上也指出，中国制造业比重下降有早熟的性质。从世界发展规律来看，一般是进入高收入国家行列后，制造业比重才开始下降，但我国2006年开始下降的时候，人均GDP只有2000多美元，距离高收入还很遥远。

南开大学经济与社会发展研究院教授杜传忠（2021）详细对比了中国和发达国家的制造业比重下降速度发现，美国和英国等发达国家制造业比重经历了几十年缓慢下降的过程，并且在2008年金融危机之后，通过实施再工业化战略，这些国家制造业比重下降趋势得到一定程度的遏制。美国制造业从1997年的16.1%下降到2017年的11.2%，用了20年。英国制造业比重从1999年的14.4%下降到2017年的9.0%，用了18年。日本和德国的制造业比重20年内几乎没有变动，始终保持在20%左右。与之形成鲜明对照的是，中国制造业比重从2006年的峰值32.5%下降到2019年的27.2%，只用了13年的时间，下滑速度远快于发达国家。

中国制造业比重过早、过快下降问题已经引起政府的高度重视。2020年10月，党的十九届五中全会审议通过的《中共中央关于制定国民经济和社会发展第十四个五年规划和二〇三五年远景目标的建议》明确提出保持制造业比重基本稳定，这是我国在制定国民经济和社会发展五年规划建议中第一次专门针对制造业比重问题。2021年3月正式发布的《中华人民共和国国民经济和社会发展第十四个五年规划和2035年远景目标纲要》中提出，保持制造业比重基本稳定，增强制造业竞争优势，推动制造业高质量发展，并且取消了服务业增加值比重目标。

自2021年7月以来，各省市"十四五"规划陆续出台，很多省市都将稳定甚至提升制造业比重作为未来五年的奋斗目标。浙江省政府制定的《浙江省全球先进制造业基地建设"十四五"规划》明确指出，到2025年，该省制造业比重将在保持基本稳定的基础上略有上升，预计由2020年的32.7%提高至33.3%左右。近年来福建省制造业增加值占 GDP 比重超过 1/3，福建"十四五"目标是将制造业比重保持在 33.3%左右。《广东省制造业高质量发展"十四五"规划》中提出，到 2025 年，广东省制造业增加值占 GDP 比重将保持在 30%以上。《天津市制造业高质量发展"十四五"规划》明确指出，坚持把制造业作为立市之本、强市之基，加快建设制造强市，制造业增加值占 GDP 比重将从 2020 年的 21.8%提高到 2025 年的 25%。

二、为什么中国需要稳定制造业比重

为什么中国需要稳定制造业比重呢？回答该问题的前提是判断中国制造业比重下降是否过快、过早出现，或者说，当前中国制造业增加值比重是否与经济社会目前的发展阶段相匹配。笔者认为，制造业比重下降是否过快、过早，需要将经济理论与中国实际情况紧密结合，同时借鉴其他国家的发展经验。下面仅从常识出发，初步给出中国需要稳定制造业比重的几个理由：

第一，有助于中国跨越"中等收入陷阱"，进入高收入经济体行列。根据世界其他国家的发展经验，在迈入高收入阶段之前，"过早去工业化"可能会使一国经济落入"中等收入陷阱"。巴西和阿根廷等拉美国家在未完全跨越中等收入之前出现了去工业化过程，结果至今仍然没有跨过发达经济体门槛。德国、日本和韩国等成功跨越中等收入，转变为高收入国家，其制造业占 GDP 比重在跨越中等收入的发展历程中基本保持稳定，甚至在实现高收入水平以后，这些国家的制造业比重仍继续保持了一段时期之后才开始下降。2020 年，中国人均 GDP 为 10504 美元，对照世界银行标准，仅达到中上收入水平，距离高收入水平还有一段距离，需要继续大力发展制造业，避免落入"中等收入陷阱"。

第二，有助于解决中国庞大劳动人口的就业压力。根据新加坡丰树工业信托（Mapletree Industrial Trust，MIT）数据，平均每增加 1 个制造业装配线上的岗位，便能刺激增加 6 个供应链的岗位以及 3 个其他行业的岗位，倍增系数如此之高，体现了制造业拉动就业的效果十分显著。一直以来，中国制造业既是吸纳就业的重要载体，也承担着"保就业"的重要任务。制造业具有多元化的市场主体，可以吸纳高端、中端和低端各层次劳动人口。另外，制造业发展存在的区域不平衡也为就业创造了上升空间，中西部地区承接劳动密集型、资源加工型产业，以及高技术产业的劳动密集环节还有较大提升空间，东部发达地区发展新兴战略性产业动能强劲，这些都意味着中国制造业承载新增就业的潜力还很大。

第三，有助于在日益严峻的国际地缘政治摩擦中维护中国经济安全。自2018年以来，以美国为首的一些发达国家借口政治和经济安全，从贸易、投资和技术等方面加大对中国的围堵，特别是禁止出口一批"卡脖子"的关键产品和核心技术，给中国一些高科技产业和企业带来不利影响，产业链和供应链的安全性受到严重冲击。这就需要中国加快攻克"卡脖子"的关键产品和核心技术，构建自主可控和安全可靠的国内生产供应体系，进而实现自我循环，保证在极端情况下国内经济仍可正常运转。目前，中国制造业整体大而不强，主要集中在中低端环节。因此，在还未完全掌控高端制造环节的情况下，中国经济不宜过早出现去工业化趋势，有必要保持制造业比重基本稳定。与此同时，抓紧宝贵的时间窗口，锻长板、补短板、强弱项、填空缺，尽快迈进高端制造业，摆脱受制于人的不利境地。

第四，有助于科技创新活动。工业革命的发展历程充分表明，制造业是技术创新的主要源泉，80%左右的技术进步和创新应用都在制造业，该产业最能体现一个国家的科技实力，也是生产率进步最突出的领域。加里·皮萨诺（Gary P. Pisano）和威利·史（Willy C. Shih）在《制造繁荣：美国为什么需要制造业复兴》中明确指出，当一个国家失去制造能力，就意味着丧失了创新能力，因为在创新过程中，很多时候制造与研发是不可分离的。总之，就科技创新而言，制造业可为创新活动搭建底层系统，为创新成果提供产业化和商业化应用的验证场所，因而是创新的"母体"。瓦科拉夫·斯米尔（Vaclav Smil）在《美国制造：国家繁荣为什么离不开制造业》中大力颂扬制造业对于经济繁荣的贡献。他认为，如果没有制造业的支撑和驾驭，美国或许根本没有机会摆脱当前的经济困境，也无力应对来自其他更具竞争力的大国挑战，更无从谈及为下一代创造一个充满活力和创新精神的社会。

第五，有助于中国继续保持出口竞争力。埃蒙·芬格尔顿（Eamonn Fingleton，2014）指出，按每单位产能来说，制造业公司是比服务业公司强大近10倍的出口商，美国在后工业活动（如电脑软件、互联网开发、金融和法律服务）领域中进行的投资无法弥补制造业滑坡所带来的贸易差额，一个很重要的原因是制造业产品通常情况下几乎不需要适应什么东西，就能在整个世界范围内出售。

就中国目前的国际贸易而言,对外贸易顺差几乎全部来自制造业,而贸易逆差主要集中在服务业。进一步分析制造业出口产品结构可以发现,高科技含量和高附加值的制造业产品出口占比相对较低,高端制造业总体还是贸易逆差,真正具有比较优势的制造业出口产品仍以中低端产品为主。在此情况下,如果中国制造业比重持续下降,必将带来一定程度的贸易逆差和外汇储备快速减少的压力,最终不利于人民币汇率稳定。

三、理论渊源及研究评述

制造业比重过快、过早下降的原因较为复杂,是多种因素共同推动的结果,既有客观经济规律的影响,也有资源配置不当和激励机制扭曲等原因。本部分将挖掘该问题的理论渊源,试图从理论演化视角挖掘现象背后的逻辑关系和深层机理。

与本书密切相关的理论渊源主要包括两类:一是去工业化方面的研究,二是"过早去工业化"方面的研究。从实际情况和已有研究来看,去工业化与制造业比重下降是最为接近的经济现象,二者内涵几乎相同,基本上可以替换使用。已有大量文献从理论上分析了去工业化的原因及后果,还有许多学者对此进行大量的经验研究,有些针对单个国家,有些则涉及众多国家或地区。另外,"过早去工业化"与制造业比重过早下降也几乎被等同看待。自 2005 年以来,国外经济学家越发关注"过早去工业化"现象,产生了大量理论研究和实证分析成果。

(一) 国际研究评述

从本质上看,关于去工业化和"过早去工业化"的理论渊源可以追溯到 20 世纪中叶的早期结构学派,代表人物包括克拉克(Clark, 1957)、钱纳里(Chenery, 1960)、库兹涅茨(Kuznets, 1966)和赛尔昆(Syrquin, 1988)等。在结构学派的研究中,卡尔多(Kaldor, 1967)、钱纳里等(Chenery et al., 1986)特别强调制造业部门对一国经济增长的关键作用。

一般而言,工业化、现代化进程中产业结构演进服从配第—克拉克法则。该理论指出,随着经济发展,人均收入水平提高,第一产业国民收入和劳动力的比重逐渐下降，第二产业国民收入和劳动力的比重先升后降，第三产业国民收入和劳动力的比重持续上升。克拉克（Clark，1957）认为，导致配第—克拉克法则的原因有二：一是从需求面来看，随着收入提高，消费者对不同类型商品和服务的需求出现相对变化，特别是对初级产品的消费下降，第一产业的占比出现下跌；二是从供给面来看，某些产业生产效率提高更快，因而人均产量相比其他产业增长也更快，结果是生产效率高的产业劳动比重逐步降低。依据配第—克拉克法则，近些年来中国工业（主要是制造业）比重下降，第三产业（主要是服务业）比重上升似乎符合社会经济发展的客观规律。经济学者认为去工业化是经济结构转型过程的自然延续，即生产资源从低附加值部门转移到高附加值部门，随着人均收入的增加，所有国家最终都会经历这种发展过程。因此，制造业在经济中的比重呈现倒 U 形的发展趋势，即先上升，然后在一个高峰上稳定下来，最终走向下降（Rowthorn & Coutts，2004）。

去工业化最初主要是指发达经济体出现的制造业比重下降现象，但在过去 30 年间出现了一个较少被注意到的趋势，那就是在低收入和中等收入国家出现了更加引人注目、令人费解的去工业化模式。换句话说，富国和穷国的去工业化具有很大差异。近年来，人们普遍担心，一些发展中国家的制造业比重峰值在人均收入水平较低、在经济总量中所占比重过低的情况下达到，即"过早去工业化"。也就是说，一些发展中国家的制造业在全部增加值或就业中所占比重达到峰值时，其人均收入水平远低于高收入国家制造业到达峰值时的人均收入水平，这些发展中国家没有经历充分的工业化发展阶段，就开始向服务经济转型。例如，撒哈拉以南非洲国家和拉丁美洲发展中国家制造业比重达到峰值时对应的人均收入水平一直在缩小，远低于几十年前工业化国家制造业比重达到峰值时的人均收入水平。根据已有研究，制造业发展不仅是经济增长本身的一部分，而且还是促进经济增长的主要动力之一，因此，"过早去工业化"现象令人忧虑。

对于人们之所以担心制造业过早下跌这一经济现象，卡尔多定律提供了一个较为系统的重要依据。卡尔多定律是指 1966 年英国经济学家尼古拉斯·卡尔多提出的三个经济增长典型特征：一是 GDP 增长与制造业产出增长高度正相关，不仅因为制造业产出是总产出的组成部分，更是由于制造业的生产特征与经济增长之间存在因果联系；二是制造业劳动生产率增长与制造业产出增长高度正相关，这主要与规模收益递增有关；三是整个经济的劳动生产率增长与非制造业部门的就业增长之间存在负相关。

卡尔多定律是工业化带动经济增长这一观点的理论基础，卡尔多本人也成为"制造业是经济增长发动机"这一论点的积极倡导者和传播者，由于他在国际经济学界的重要学术地位，该观点在经济学界被广为接受。另一个影响深远的工业化理论是刘易斯的二元经济理论。该理论认为，农业部门的劳动生产率大大低于工业部门，把劳动力从生产率低的农业部门转移到生产率高的工业部门，整个社会的生产率会显著提高（Lewis，1954）。进入 21 世纪以来，新结构经济学的兴起引发了一些经济学家对制造业重要性的研究兴趣。罗德里克（Rodrik，2013）强调制造业与经济发展具有较强的相关性，指出国家之间劳动生产率的无条件趋同只会体现在制造业部门。

李和克蒙（Lee & Kim，2020）指出，当去工业化过早出现的时候，不应掉以轻心。相比其他行业，制造业被认为是一个特殊的行业，因为它有许多独特的性质。首先，制造业对整个经济具有显著的直接效应和溢出效应。其次，人们普遍认为它能促进技术进步。再次，制造业的许多产品比初级产品或服务业产品表现出更大的需求收入弹性。最后，制造业被认为是一个回报不断增长的行业。

对于发达国家是否真正实现去工业化，或者说依据什么判断是否去工业化，经济学家之间存在不同看法。罗德里克（Rodrik，2016）指出，发达经济体已经失去相当多的就业岗位（尤其是低技能岗位），但以不变价计算，它们的制造业产出占比仍表现得较为平稳。世界上大多数发达经济体早已进入新的后工业化发展阶段，几十年来这些经济体一直在去工业化，从制造业的就业比重来看，这一趋势尤为明显。就业去工业化一直是富裕国家的关注焦点，这些国家将其与好工作流失、不平等加剧和创新能力下降联系起来。就产出而言，去工业化实际上并不那么引人注目，由于经常以当前价格（现价）而非不变价格计算增加值规模，去工业化模式显得有些模糊不清。就发达国家整体而言，一旦控制了收入和人口的变化，实际制造业产出水平就能保持得相当好。

对于一些发展中国家是否存在持续的、趋势性的"过早去工业化"现象也存在争议。2021 年 3 月，《经济学人》中的一篇文章"如何推动非洲工业发展"指出，2017 年通用汽车工厂关闭，标志着南非汽车产业的没落，2009~2017 年，汽车行业的就业岗位减少近 1/4。南非制造业没落是整个非洲大陆制造业广泛倒退的一个缩影。撒哈拉以南地区的制造业所占 GDP 比重从 1975 年的 19% 下跌到 2014 年的 11%。制造业衰落的原因很多，在赞比亚等国，制造业企业被收归国有后，便被官僚作风拖垮了。在尼日利亚等资源丰富的国家，原油或其他商品的出口使得本国货币估值过高，造成制成品进口价格低于本国制造价格的不利局面。大部分非洲国家在20世纪90年代开放进口以后，面对凭借规模优势压缩成本的外国公司，本土制造商在激烈的竞争中只能勉力维持。有人担心，助力数亿亚洲人口脱贫的制造业"梯子"在非洲人民刚踏上第一层阶梯时，就被撤走了。值得庆幸的是，最新数据表明情况似乎有所好转，撒哈拉以南的制造业衰退在21世纪头十年里已触底。自2010年以来，非洲工厂的工人数量稳步上升，工厂产量也是如此。现在看来，对非洲去工业化的担忧似乎为时过早，但必须时刻监测，未雨绸缪。

大量文献探讨了"过早去工业化"的原因。纳亚、科鲁兹和朱（Nayyar，Cruz & Zhu，2018）指出，"过早去工业化"现象的部分原因可能是以前被归入制造业的活动现在变成了服务业，即通过一种新的统计手段，早先归入制造业增加值的部分，现在计入服务业对 GDP 的贡献。随着规模变大和生产复杂性增强，有些制造业公司发现将服务活动外包给专门供应商比自己在内部生产更有利可图。例如，工业部门的公司可能会更多地利用专业供应商来提供法律、会计、物流和研发等服务，而以前这些服务是公司内部提供的。里博雷、费兰德和卡西亚（Liboreiro，Fernández & García，2021）利用投入产出分析法，将制造业比重的变化分解为价格、国内需求、技术和对外贸易等去工业化驱动因素变化的影响之和，通过动态结构分解法来计算这些效应。结果发现以下几个规律：第一，价格和国内需求的变化是解释去工业化的两个最重要因素；第二，以进口取代国内生产的过程也有助于去工业化；第三，出口对制造业参与全球价值链做出了积极贡献，但在2008年金融危机之后，这一贡献无法抵消进口替代的负面影响。

李和克蒙（Lee & Kim，2020）基于1990~2018年191个国家的面板数据，实证分析表明拉丁美洲大部分地区出现的"过早去工业化"是诸多去工业化力量相互作用的结果。具体而言，这是人口、收入、时间趋势等传统因素与"荷兰病"、外国直接投资、深化对华贸易等非传统因素共同作用的结果。帕尔玛（Palma，2005）指出，第二次世界大战以后，最显著的典型事实之一是大多数工业国家和许多中高收入发展中国家制造业就业人数的快速下降，并给出四个解释，分别是统计幻觉、对制造业产品的需求收入弹性下降、制造业部门生产率快速提高、新的国际劳动分工。

（二）国内研究评述

中国经济学者对于去工业化现象也有较多探讨，而且持续了较长一段时期，取得了许多重要研究成果。早期研究较少涉及"过早去工业化"这个概念，随着中国制造业下降在最近几年被各界人士逐渐关注，并出现了"过早和过快"下降的观点，学界逐渐就此问题展开深入研究，产生了一些颇有见地的研究成果。

从笔者目前掌握的资料来看，樊纲是国内较早涉及该问题的经济学者之一。他在2002年国家统计局举办的中国经济增长论坛上指出，中国经济已经出现了一定程度的"离制造业"现象，也就是"去工业化"。程晓农和仲大军（2005）从两个方面看待去工业化：第一，由于中国正规制造业的萎缩趋势非常明显，如果今后引进外资的速度放慢，中国将出现工业化程度下降的"去工业化"态势。第二，中国工业增长中出现了正规制造业被技术简单、规模很小的非正规生产活动替代的去工业化现象。遗憾的是，对于正规制造业和非正规生产活动究竟指什么，作者没有具体说明。总之，21世纪初有关中国去工业化的探讨较为简单，基本属于直觉性判断，缺乏坚实的理论分析和实证研究。

2008年，美国金融危机爆发，欧美等发达经济体在危机过后掀起了一股再工业化浪潮。受此影响，2010年以后中国经济学界对于去工业化和再工业化的研究不仅数量增多而且更有深度，推出了一批重要的创新性成果，特别是出现了一些基于翔实数据的实证分析。

中国社会科学院学部委员蔡昉教授是国内近年来少数密切关注并深入研究中国制造业比重过早、过快下降问题的学者之一。他在2021年发文指出，制造业比重下降和出口相对减少，都是这个产业相对于国民经济整体增长速度减慢的结果，其背后的驱动因素则是劳动年龄人口在2010年到达峰值之后，劳动力持续短缺导致的单位劳动成本上升。与此同时，由于未能充分挖掘生产率提高的既有潜力，造成中国制造业过快减速，制造业占GDP比重过早下降。蔡昉延续其一贯的研究视角，即主要从人口结构变动探讨制造业比重下降问题。显然，制造业作为经济增长的重要部分，必然受到中国人口因素累积变动的巨大冲击。

中国社会科学院张斌博士在其专著《从制造到服务》的第一章研究了以下四个问题：第一，为什么会有从制造到服务的经济结构转型？第二，高收入国家从制造到服务的经济结构转型轨迹如何？第三，中国从什么时期开始了从制造到服务的经济结构转型？第四，中国有没有"过早去工业化"？这四个问题与本书内容具有一定的重合性，因为从制造业到服务业的经济结构转型往往对应着制造业比重和服务业比重的变化过程。张斌指出，技术进步和从制造品到服务的消费支出升级是经济结构从制造到服务转型最重要的两股推动力量，前者属于供给面变动，后者则属于需求面变动。张斌基于人均收入、增加值份额、就业份额和消费构成变化得出，中国在 2012 年以后全面进入从制造到服务的经济结构转型期，而且中国从制造到服务经济结构转型的经历与高收入经济体基本一致。

黄群慧等（2017）明确指出，如果忽视中国的基本国情，在全面建成小康社会的决胜阶段，可能会酿成"过早去工业化"的风险，以致因新旧动能转换失灵而落入中等收入陷阱。他们坚持认为，中国要想跨越中等收入陷阱，必须立足于中国的发展阶段和发展模式，对于仍处于工业化中后期的中国而言，制造业转型升级才是新旧动能转换的关键，加快制造强国建设是实现创新型国家的重要支撑。因此，只要准确把握经典工业化理论的内涵在于提高生产要素的动态配置效率，就可以超越其政策主张的时代局限性。在新的技术经济范式和发展阶段充分发掘潜在增长率，即便一个中等收入国家达到较高的工业化水平，只要制造业仍具有生产效率提升空间，就可以推动更高水平的工业化，提高潜在经济增长率，成功迈向高收入阶段。对中国而言，黄群慧等的理论分析无疑具有较强的现实意义，其超越第二产业和第三产业之间的动力之争，聚焦新兴工业化国家进入中上等收入阶段以后的制造业发展问题。

如何识别"过早去工业化"及其经济影响是一个难题，原因在于"过早"本质上属于规范性概念，再加上各国产业结构转型差异较大，工业化进程不同，学术界对于衡量一国（地区）"过早去工业化"没有公认的评估方法。李国民（2020）提出了一种可操作的定量识别方法，通过计算全部样本国家的制造业比重峰值以及对应的人均收入水平，识别出具体发生"过早去工业化"的国家。就中国而言，李国民认为，没有出现全国层面的"过早去工业化"现象，但由于地区间的资源禀赋和经济发展水平迥异，有些地区存在"过早去工业化"的潜在风险。

盛朝迅（2020）提出了区分"正常去工业化"和"过度去工业化"的五条较为详细且全面的判断（识别）标准：标准一是看"去工业化"的发生时点与经济发展阶段是否相适应。如果一个国家处于工业化后期，在制造业发展达到峰值之后出现比重下降，属于"正常去工业化"；反之，如果一个国家没有完成工业化过程，尚处工业化中期，甚至在工业化初期就开始去工业化，则被认为是"过度去工业化"。标准二是分析去工业化的速率。如果工业比重下降是一个长周期（30~50年）内逐步缓慢下降的过程（年均下降低于 0.5 个百分点），则被认为是"正常去工业化"。如果在一个较短时期（5~10年）内出现工业比重快速下降的情况（年均下降超过 1 个百分点），则被认为是"过度去工业化"。标准三涉及去工业化的效率提升作用。标准四为去工业化的结构提升作用。标准五是看宏观经济结果，去工业化以后，如果越过"中等收入陷阱"，成功跻身发达国家行列，就是"正常去工业化"，反之则是"过度去工业化"。

乔晓楠和杨成林（2013）、魏后凯和王颂吉（2019）都将去工业化做了进一步分类，强调"数量型"和"质量型"去工业化的区别、"好的"和"坏的"去工业化的差异，这种划分视角带给笔者较大启迪。乔晓楠和杨成林（2013）基于经济发展水平、工业部门内部结构以及产业升级效率三个维度，在对不同国家呈现的去工业化现象进行比较的基础上，进一步将其区分为三种类型，即"彻底的去工业化""适度的去工业化"和"早熟的去工业化"。从经济绩效来看，"彻底的去工业化"和"早熟的去工业化"是"坏的去工业化"，而"适度的去工业化"才是"好的去工业化"。从产生原因来看，"彻底的去工业化"是产业资本为了避免利润率下滑全面转向金融资本的产物，由其导致的持续性贸易逆差将会引发金融危机或主权债务危机。"适度的去工业化"是利用工业生产的迂回性，凭借技术创新形成的壁垒，逐步退出竞争性消费品工业，转向垄断性资本品工业的一种表现，有助于突破低工资与出口依赖的怪圈。"早熟的去工业化"则由承接了产业转移的发展中国家在劳动力成本优势丧失之前没有形成工业技术优势导致，被迫停滞的工业化使其无法跨越中等收入陷阱。显然，只有"好的去工业化"才有利于构筑竞争优势，推动经济持续稳定增长。本书认为，考虑到中国的人口大国特质，特别是劳动力总量庞大，教育水平较低的中低端劳动力仍然占据相当大比例，消费品工业仍然具有很大的发展空间，不能盲目推动消费品工业转型。

魏后凯和王颂吉（2019）指出，从广义角度来看，工业化可分为浅度工业化和深度工业化两个阶段，前者属于以提高工业比重为目标的扩张型或数量型工业化，后者则属于以提高工业质量和竞争力为核心的收缩型或质量型工业化。传统工业化阶段理论划分的工业化实现阶段即工业化初期、中期和后期，实际上只是实现了浅度工业化目标，而工业经济发展任务并没有真正终结。从浅度工业化到深度工业化的转型升级，是一个国家提升工业经济发展质量和竞争力的必经阶段。中国目前尚未真正完全实现工业化，在工业化发展不平衡、不充分的情况下，近年来工业增加值及就业的比重快速下降，呈现"过度去工业化"特征。魏后凯和王颂吉认为，中国现阶段的"过度去工业化"不仅受"一哄而上"的产业升级冲动影响，而且是要素价格上涨、阶段性产能过剩等多重因素共同作用的结果，这会对中国经济增长、生产率提升、现代服务业发展和农业劳动力转移产生消极影响。他们给出的政策建议是在东部发达地区加快推进深度工业化，在中西部地区建立一批先进制造业基地，同时促进先进制造业与现代服务业深度融合发展。

前文提及的关于中国去工业化和"过早""过快"去工业化的文献基本上都是定性的、思辨性的研究，缺乏基于大量数据样本之上的更为严格的实证分析。刘洋（2021）利用大量数据和计量方法，研判中国是否呈现"过早去工业化"的现象，这是一篇少有的实证分析论文。刘洋收集和整理了1981~2014年31个省级面板数据，建立面板实证模型，计量结果显示中国的工业化水平与人均收入之间存在稳健的倒U形关系，即随着人均收入水平上升，工业在经济中的比重先上升，达到峰值后呈下降趋势。与发达国家相比，中国工业比重达到峰值时，人均GDP水平相对较低，呈现"过早去工业化"的现象。分地区研究发现中国东部地区和中西部地区的工业化发展尽管都呈倒U形趋势，但是中西部地区比东部地区在人均收入较低时开始出现去工业化。深入分析后发现中西部地区由于在改革开放初期国企占比和采掘业比重较高，存在一定的"资源诅咒"效应，因此，初始国有企业产出比重和采掘业就业比重较高的地区更早出现去工业化。

四、本书的逻辑框架、主要内容和创新之处

（一）逻辑框架

本书按照事实、成因、后果和对策的逻辑逐次展开，具体逻辑框架如图1-1所示。

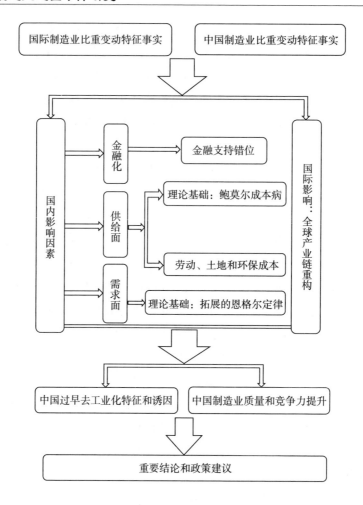

图 1-1　本书的逻辑框架

（二）主要内容

中国的去工业化问题既不同于发达国家，也异于发展中国家，有其独特性，不能完全照搬已有针对发达国家或发展中国家的解释。本书从多角度深入剖析中国制造业比重下降问题，由四部分组成，按照事实、成因、后果和对策的逻辑逐次展开。

第一部分包括两章，主要展示国内外制造业比重变动的特征事实。第二章利用大量统计数据，深入挖掘世界各大洲和各大洲主要国家制造业比重变化的特征事实。第三章从中国制造业总体及其细分行业和省级层面制造业等视角，结合制造业的增加值比重和就业比重，力求全面、准确地描绘中国制造业比重变化的特征事实，为本书后面的分析打下坚实基础和提供启迪。

第二部分包括五章，详细剖析可能导致中国制造业比重下降的需求面、供给面（技术和成本）、经济金融化和全球产业链重构等各种诱因。第四章聚焦需求侧，以广义的恩格尔定律为理论基础，分析居民在不同制造业产品和服务产品的消费支出占比、居民消费需求结构的演变特征、制造业和服务业需求收入弹性的变化差异、制造业比重下降与制造业产品需求收入弹性显著降低的联系。第五章和第六章转向市场供给方面。第五章以拓展的鲍莫尔定律作为主要理论依据，利用大量统计数据，研究中国制造业比重下降与制造业和服务业的技术差异及相对价格变化之间的内在联系。第六章探讨劳动成本、土地成本、住房成本和环保成本等各种生产成本快速大幅上升与制造业投资回报率和投资增速下降的内在联系，进而对中国制造业比重下降的冲击效应。国内外已有研究发现，经济金融化往往会给一国制造业带来不利影响。第七章剖析中国金融业的非理性繁荣，在推高实体经济成本的同时，诱使大量资金和人才脱离制造业，转向各类金融市场，背离了服务实体经济的初衷，最终可能导致制造业比重下降问题。除了以上诸多国内因素，国际环境变化也可能会影响中国制造业比重变动。第八章研究发达国家"再工业化"政策，特别是在中美贸易摩擦和新冠肺炎疫情背景下，全球产业链重构对中国制造业发展带来的重大影响。

第三部分由两章构成，围绕中国制造业比重下降的两个后果展开。第九章首先辨析中国制造业比重下降是否"过早"和"过快"（特别是"过早"），国外"过早去工业化"的事实、特征及原因，中国"过早去工业化"的特征及解释以及由此可能会给中国经济发展带来的诸多不良后果。制造业强大不仅体现在总量规模和比重数字，更体现在高质量、核心竞争力、产业链和供应链的稳定安全等方面。第十章探讨在中国制造业比重下降的同时，是否伴随着技术水平、核心零部件、关键装备和产品质量等转型升级关键内容的协同发展。

第四部分包括第十一章。该章基于本书前面所有分析，就保持中国制造业比重基本稳定与转型升级协同发展提出政策建议。

（三）创新之处

本书创新之处有两个方面：第一，尽管已有许多关于中国去工业化和"过早去工业化"的学术研究成果，但据笔者掌握的信息来看，目前似乎还没有系统论述该问题的专著。本书将现有研究成果整合在一个逻辑框架之内，可为今后的探索提供较为全面的参考和启迪。第二，现有研究主要集中在供给侧，本书则专门用一章的篇幅深入探讨需求面对中国制造业比重下降的重大影响。

第二章　全球及代表性国家制造业比重变化的特征事实

为了更好地把握中国制造业比重下降的特征、原因和后果，需要深入了解全球及代表性国家制造业比重的演化规律，归纳总结中国与其他国家之间的差异性和相似性，进而预先研判和有效应对中国制造业未来的发展趋势。笔者首先从总体视角，计算全球制造业增加值、各大洲制造业增加值分别占 GDP 的比重，从宏观上展示世界制造业比重的演变特征。其次详细剖析各个代表性国家制造业比重的变化历程并给予解释。

一、全球制造业增加值占全球 GDP 比重变化

已有大量文献探讨单个国家或地区的制造业比重变动特征，但是有关全球制造业比重总体演变状况的研究较为稀缺，这就类似"只见树木而不见森林"。图 2-1 给出了 1970~2019 年按 2015 年不变价统计和按现价统计的全球制造业增加值占全球 GDP 比重的变化趋势。

从图 2-1 中可以看出：第一，1970~2019 年，按现价统计的全球制造业增加值占全球 GDP 比重呈明显的下降趋势，从 1970 年的 24.94% 跌至 2019 年的 15.96%，下降了 8.98 个百分点。特别是 1970~2003 年，比重持续快速下降，之后略有反弹，然后保持基本稳定。第二，1970~2019 年，按 2015 年不变价计算的全球制造业增加值占全球 GDP 比重呈小幅波动，没有显著的上升或下跌趋势。在此期间，比重最小值是 2002 年的 13.23%，最大值出现在 2019 年，为 16.53%。具

体而言，1970~2002 年呈小幅下降，从 15.73% 跌至 13.23%，之后小幅上涨，从 2003 年的 13.27% 升至 2019 年的 16.53%。由此推知，全球制造业的实际产出规模占全球实际总产出比重长期保持基本稳定，变动范围较小，这说明全球居民对于制造业产品的需求保持基本稳定，没有明显的大起大落。另外，这也表明按现价计算的全球制造业增加值比重在 1970~2003 年出现显著下降的原因主要是制造业产品的价格相对于其他产品和服务的价格不断下降，背后的决定因素很可能是制造业产品的生产率相对于其他产品和服务提升更快。

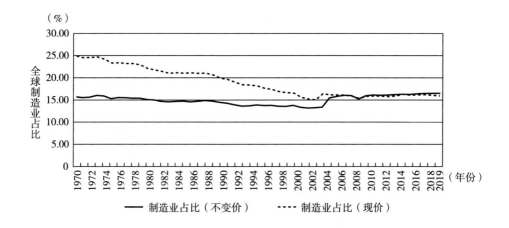

图 2-1　1970~2019 年全球制造业增加值占全球 GDP 比重的变化趋势

资料来源：笔者根据联合国经济和社会事务部统计司官网数据计算得到。

世界各大洲的经济发展差异较大，对全球经济增长的影响力截然不同。笔者推断各大洲制造业增加值占其 GDP 比重也存在显著差异，进而对全球制造业比重变化具有的作用大小不同，究竟哪些大洲是主要的决定力量呢？

由图 2-2 可知，北美洲制造业增加值占该洲 GDP 比重呈现以下两个特征：第一，1970~2019 年，按现价计算的北美洲制造业增加值占该洲 GDP 比重呈显著持续下降趋势，从 1970 年的 23.02% 跌至 2019 年的 10.86%，减少了 12.16 个百分点，跌去一半多。第二，1970~2019 年，按 2015 年不变价计算的北美洲制造业增加值占该洲 GDP 比重呈小幅下跌走势，从 1970 年的 14.98% 跌至 2019 年的 11.38%，仅下跌 3.6 个百分点。

由此推知，北美洲制造业的实际产出规模占该洲实际总产出比重保持基本稳定，变动范围较小，这说明北美洲居民对于制造业产品的需求长期保持基本稳定，没有明显的大起大落。另外，这也表明按现价统计的北美洲制造业增加值比重在此期间出现显著下降的原因是制造业产品的价格相对于其他产品和服务的价格下降较多，背后的关键因素可能是制造业产品的生产率相对于其他产品和服务提升更快。

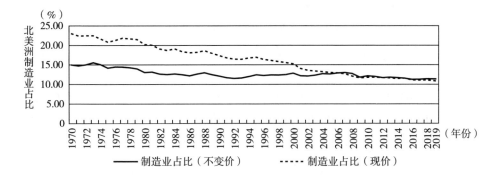

图 2-2　1970~2019 年北美洲制造业增加值占北美洲 GDP 比重的变化趋势

资料来源：笔者根据联合国经济和社会事务部统计司官网数据计算得到。

从图 2-3 可知，1970~2009 年，按现价计算的欧洲制造业增加值占该洲 GDP 的比重呈显著持续下降趋势，从 1970 年的 29.49% 跌至 2009 年的 13.26%，共下跌了 16.23 个百分点，跌去一半多。2009 年以后，占比变动很小，保持基本稳定。与北美洲一样，1970~2019 年，按 2015 年不变价计算的欧洲制造业增加值占该洲 GDP 比重呈小幅下跌走势，从 1970 年的 17% 跌至 2019 年的 14.1%，仅下跌 2.9 个百分点。

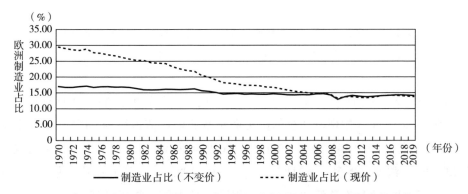

图 2-3　1970~2019 年欧洲制造业增加值占欧洲 GDP 比重的变化趋势

资料来源：笔者根据联合国经济和社会事务部统计司官网数据计算得到。

对比图 2-2、图 2-3 和图 2-4 可以发现，亚洲制造业比重的变化特征与欧洲和北美洲截然不同。最大的不同之处是，1970~2019 年，按现价计算的亚洲制造业增加值占该洲 GDP 比重长期呈水平波动态势，1970 年比重是 20.47%，2019 年为 22.29%，近半个世纪里仅微微提高 1.82 个百分点，但该比重在短期内有较大波动。例如，1973 年该比重达到 22.09% 的高位，然后持续降至 1980 年的 18.67%，接着又上升到 1991 年的 22.69%，之后持续大幅降至 2002 年的 16.54%，2004 年该比重突然从 2003 年的 16.60% 上涨为 22.18%，此后一直较为平稳，保持水平小幅波动。

1970~2004 年，按 2015 年不变价计算的亚洲制造业增加值占该洲 GDP 比重呈小幅波动状态，从 1970 年的 13.5% 升至 1991 年的 14.95%，随后跌至 2004 年的 12.74%。2004 年以后，该比重突然大涨，2005 年升至 20.38%，短短一年增长 7.64 个百分点，此后占比一直较为稳定，保持水平小幅波动。

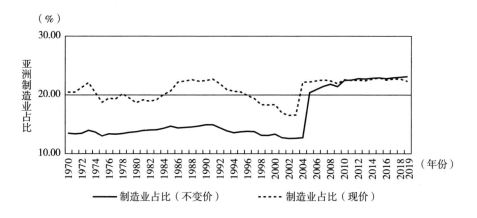

图 2-4　1970~2019 年亚洲制造业增加值占亚洲 GDP 比重的变化趋势

资料来源：笔者根据联合国经济和社会事务部统计司官网数据计算得到。

图 2-5 显示出南美洲制造业比重变化相比北美洲、欧洲和亚洲具有较大差异。1970~2019 年，按现价计算的南美洲制造业增加值占该洲 GDP 比重长期呈明显下跌态势，1970 年比重是 24.14%，2019 年为 10.71%，半个世纪里大幅下降 13.43%，跌去一半多。分时间段看，1970~1989 年，占比表现较为平稳，基本呈水平波动，之后在连续快速下跌几年后，进入小幅波动下降阶段。

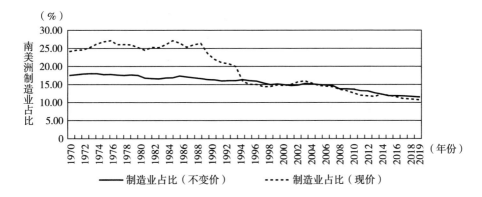

图 2-5　1970~2019 年南美洲制造业增加值占南美洲 GDP 比重的变化趋势

资料来源：笔者根据联合国经济和社会事务部统计司官网数据计算得到。

1970~2019 年，按 2015 年不变价计算的南美洲制造业增加值占该洲 GDP 比重呈长期波动下降趋势，从 1970 年的 17.52% 跌至 2019 年的 11.51%，下降 6.01个百分点。1995 年以前，按现价计算的制造业比重始终显著高于按 2015 年不变价计算的制造业比重，这意味着在 1995 年以前，南美洲制造业产品的价格上涨幅度相比其他产品和服务大很多。

从图 2-6 可知，相比其他几个大洲，1970~2019 年，按 2015 年不变价和按现价计算的非洲制造业比重数值最为接近，变动方向也基本一致，表明非洲制造业产品的价格变动率与其他产品和服务较为接近，没有太大差异。

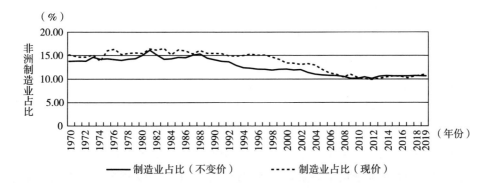

图 2-6　1970~2019 年非洲制造业增加值占非洲 GDP 比重的变化趋势

资料来源：笔者根据联合国经济和社会事务部统计司官网数据计算得到。

非洲制造业增加值比重长期呈小幅下跌趋势。以现价为例，从 1970 年的 15.15% 降到 2019 年的 11.05%，50 年间共下跌了 4.1 个百分点。鉴于非洲制造业比重本来基数就较低，历经 20 世纪 90 年代，特别是自 2000 年以来的波动下降，目前非洲制造业增加值比重相对于该洲较低的人均 GDP 而言显然偏小了。

图 2-7 显示，1970~2019 年，大洋洲制造业增加值占大洋洲 GDP 比重呈明显的单调下降趋势，几乎没有任何反弹或水平波动。

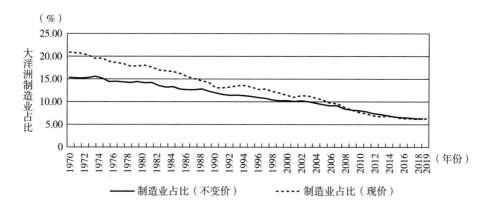

图 2-7　1970~2019 年大洋洲制造业增加值占大洋洲 GDP 比重的变化趋势

资料来源：笔者根据联合国经济和社会事务部统计司官网数据计算得到。

按现价计算，1970 年比重是 20.88%，2019 年降为 6.27%，降幅高达 14.61%。按 2015 年不变价计算可知，1970 年比重是 15.31%，2019 年降为 6.3%，降幅为 9.01%，远小于按现价得到的结果。总的来看，大洋洲制造业增加值比重的下跌幅度是所有大洲中最大的，其次是非洲和美洲，相比之下，欧洲制造业增加值比重下降程度较轻。

笔者发现，自 20 世纪 70 年代到 21 世纪初，全球制造业比重的总体变化趋势与北美洲和欧洲的变化非常一致，主要是因为这段时期全球制造业产出很大程度上来自这两个大洲。但是，进入 21 世纪中期以后，亚洲制造业产出占比越来越高，而且仍处于明显的上升阶段。由此推知，2005~2019 年全球制造业增加值占全球 GDP 比重上升主要源自亚洲的独特贡献。

需要注意的是，一方面全球制造业产出主要集中于欧洲、亚洲和北美洲，这三大洲约占全球制造业产出的 90% 以上；另一方面西欧、美国和东亚及东南亚又是这几个洲主要的制造业生产区域，因此，深入分析西欧、美国和东亚及东南亚的制造业生产情况对于了解世界制造业发展变化趋势极为重要。

二、代表性国家和地区工业化和去工业化的特征事实

前文对于各大洲制造业比重变化的分析可以带来一个有关全球制造业发展变化的初步印象。由于初始年份是 1970 年，在那之前的变动特征无从知晓，在国家层面可获得更早年份数据。此外，对各大洲制造业比重变动起关键作用的往往是少数几个国家，考虑到本书关注焦点是去工业化，特别是"过早去工业化"背后的诸多诱因，只有在国家层面才能准确获得各种影响制造业比重下降的因素。为此，下面将针对各代表国家展开深入探讨，力求给中国制造业比重变动的研究带来启迪。

工业化一般是指制造业占 GDP 比重在一段时期内持续增长，去工业化是指制造业占 GDP 比重在一段时期内持续减小。现有文献中关于工业化或去工业化的测度方法主要有两种：一是制造业就业人数占全部就业的比重；二是制造业增加值占 GDP 比重，这又细分为按不变价计算的增加值和按当前价或现价计算的增加值。

（一）美国制造业比重演变的特征事实

利用荷兰格罗宁根增长与发展中心（Groningen Growth and Development Centre）1947~2010 年的数据，按现价或当前价算出制造业增加值占 GDP 的比重、按不变价算出制造业增加值占 GDP 的比重、制造业就业人员占全部就业的比重。从图 2-8 中可知，1947~2010 年，美国制造业的就业比重总体上呈波动下降趋势。1953 年达到最高值 25.6% 以后不断下跌，20 世纪 60 年代跌幅较为平缓，之后下跌速度明显加快，2010 年仅为 8.7%，相比最高值减少了 16.9 个百分点。

1947~2010 年，美国按现价计算的制造业增加值比重的变动状态和制造业就业比重的变动状态非常相似，总体也呈波动下降趋势。从 1947 年的 24.4% 开始上升，1953 年达到最大值 26.8%，20 世纪 50 年代中期至 60 年代中后期，该比重的跌幅较为平缓，之后下降速度明显加快，2010 年仅为 11.1%。从美国制造

业就业比重和按现价计算的增加值比重这两个指标的变动趋势来看，可以认为美国 20 世纪 50 年代中期以前属于工业化阶段，之后开始进入去工业化阶段。

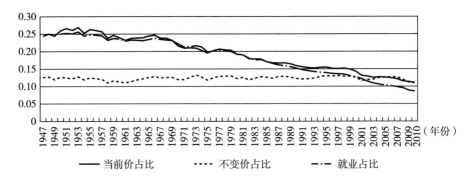

图 2-8　1947~2010 年美国制造业比重的变动情况

资料来源：笔者根据荷兰格罗宁根增长与发展中心数据计算得到。

令人感兴趣的是，1947~2010 年，美国按不变价计算的制造业增加值比重却并未出现明显的持续下跌趋势，该指标长期在 11%~13% 波动，很难得出美国去工业化的判断。笔者认为，美国制造业按现价计算的增加值比重和按不变价计算的增加值比重之间之所以出现如此明显的变化差异，主要原因是美国服务业价格不断快速上涨，服务业按现价计算的产值增长太快。因此，关于美国制造业衰退的论点还需仔细推敲。

（二）欧洲八国制造业比重演变的特征事实

欧洲是工业革命的起源地，在人类制造业发展史上具有举足轻重的地位。下面集中探讨西德、法国、英国、意大利、瑞典和西班牙等国家的制造业比重演变状况。

（1）从图 2-9 中可知，1968~1991 年，西德按现价计算出的制造业增加值占 GDP 比重呈波动下降态势，从 1969 年的最高值 36.8% 下跌至 1991 年的 28.7%，表现出明显的去工业化进程。1950~1991 年，由于时间拉长，可以看出西德按不变价计算的制造业增加值占 GDP 比重和制造业就业占全部就业比重呈先升后降的倒 U 形特征，也就是说，1950~1970 年，西德处于工业化进程，大约 1970 年以后，西德开始去工业化。

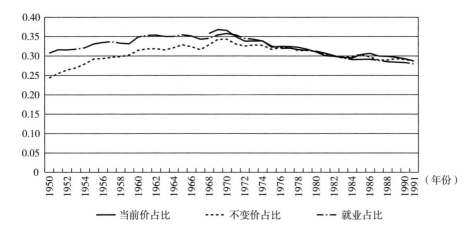

图 2-9　1950~1991 年西德制造业比重的变动情况

资料来源：笔者根据荷兰格罗宁根增长与发展中心数据计算得到。

（2）从图 2-10 中可知，1954 年至 20 世纪 70 年代中后期，法国制造业就业比重小幅上升，由 23.9% 上升至 25.8%，之后持续下降，2011 年仅为 11.3%。法国按不变价计算的制造业增加值占 GDP 比重呈现较为独特的双峰现象。1950年至 20 世纪 70 年代后期，该比值呈上升趋势，从 1950 年的 11.3% 升至 1978 年的 18.6%，之后不断下降，直到 20 世纪 90 年代初期。1993 年以后，该比值波动上升至 2005 年左右，之后又开始下降。1970~2011 年，法国当前价制造业增加值比重走势与不变价基本一致。总体来看，法国似乎先是经历工业化，然后开始去工业化，之后又进行时间相对较短的再工业化。

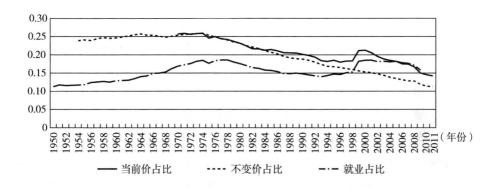

图 2-10　1950~2011 年法国制造业比重的变动情况

资料来源：笔者根据荷兰格罗宁根增长与发展中心数据计算得到。

（3）从图2-11中可知，1960~2011年，英国按当前价计算的制造业增加值占GDP比重呈波动下跌趋势，表现出去工业化态势。但1948~2011年，英国按不变价计算的制造业增加值占GDP比重和制造业就业比重基本上呈现先升后降的趋势。1948年至20世纪70年代初，英国制造业就业比重从1948年的29.7%小幅升到1972年的31.7%，之后则持续下降，2011年该比重仅为11.2%。1949年至20世纪70年代中期，英国按不变价计算的制造业增加值占GDP比重波动上升，从1949年的20%升到1976年的26%，之后不断下跌，2009年该比重为14%。也就是说，英国从1948年至20世纪70年代中期一直推进工业化进程，之后开始去工业化。

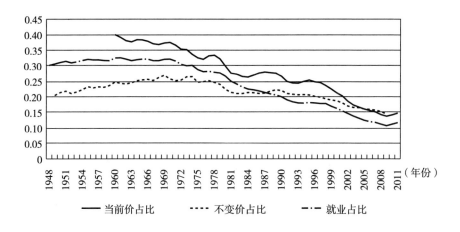

图2-11　1948~2011年英国制造业比重的变动情况

资料来源：笔者根据荷兰格罗宁根增长与发展中心数据计算得到。

（4）从图2-12中可知，1970~1980年，意大利当前价制造业增加值占GDP比重总体呈上升趋势，从1970年的31.9%升至1980年的34%，表现出工业化态势。1980年以后，该比重波动下降，2009年为23.2%，表现出去工业化态势。1951~2011年，意大利制造业就业比重呈明显的先升后降趋势，该比值从1951年的20%升至1980年的29.2%，之后逐渐下降，2011年该比重降至19%。1951~1980年，意大利不变价制造业增加值占GDP比重不断走高，从1951年的14.6%升至1980年的26.7%。但是，在1980以后直至2007年，该比重保持水平小幅震荡，没有明显的下降趋势。

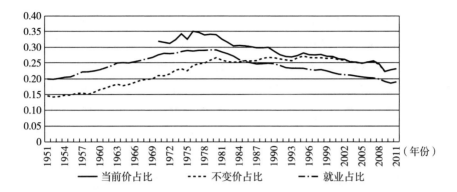

图 2-12 1951~2011 年意大利制造业比重的变动情况

资料来源：笔者根据荷兰格罗宁根增长与发展中心数据计算得到。

（5）从图 2-13 中可知，1960~2011 年，瑞典制造业就业比重呈明显的波动下降趋势，该比值从 1960 年的 30.2% 降至 2011 年的 14.4%。1970~2011 年，瑞典当前价制造业增加值占 GDP 比重长期呈水平震荡态势，直到 21 世纪中后期才出现下降趋势。1950~2009 年，瑞典不变价制造业增加值占 GDP 比重呈现阶段式上升态势。该比重从 1950 年的 9.8% 升为 1974 年的 16.1%，20 世纪 70 年代中期至 90 年代中期，该比重呈水平震荡，之后明显波动上升，2007 年该比重高达25.7%。从不变价比重来看，瑞典自 1950 年以来，直到 21 世纪初，没有去工业化的明显证据。

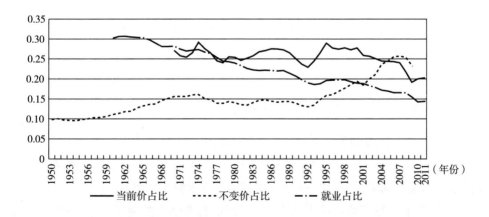

图 2-13 1950~2011 年瑞典制造业比重的变动情况

资料来源：笔者根据荷兰格罗宁根增长与发展中心数据计算得到。

（6）从图 2-14 中可知，1970~2011 年，西班牙当前价制造业增加值占 GDP 比重长期呈下降趋势，该比重从 20 世纪 70 年代初的最高值 34.5% 下降至 2011 年的 16.8%，表现为去工业化。1956~2011 年，西班牙制造业就业比重呈明显的先升后降态势，该比值从 1956 年的 17.9% 升至 1979 年的 23.6%，之后逐渐下降，2011 年该比重降至 12.9%。基于该指标，1956 年至 20 世纪 70 年代末，西班牙进行工业化，之后进入去工业化进程。1947~2009 年，西班牙不变价制造业增加值占 GDP 比重先升后降，该比重从 1947 年的 11.2% 上升到 1988 年的峰值 22.8%，之后持续下降，2009 年该比重为 15.8%。基于该指标，1947 年至 20 世纪 80 年代末，西班牙属于工业化阶段，之后进入去工业化进程，这与按照西班牙制造业就业比重得出的工业化和去工业化时间有近十年差异。

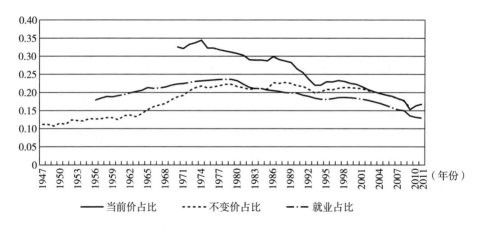

图 2-14　1947~2011 年西班牙制造业比重的变动情况

资料来源：笔者根据荷兰格罗宁根增长与发展中心数据计算得到。

（三）亚洲国家和地区制造业比重演变的特征事实

亚洲在当今世界制造业具有举足轻重的地位，主要集中在东亚和东南亚。下面集中探讨日本、韩国、印度、印度尼西亚、新加坡、中国香港、马来西亚、中国台湾、泰国和菲律宾等国家或地区的制造业比重演变趋势。

（1）日本和韩国都是发达经济体，且两国都有强大的制造业。从图 2-15 中可知，日本、韩国的工业化和去工业化路径存在较大差别。1953~2011 年，日本当前价制造业增加值占 GDP 比重呈先升后降趋势，从 1953 年的 29.7% 升至 1971

年的 33.5%，之后逐渐下降，2011 年该比重降至 21.5%。1953～2012 年，日本制造业就业比重也呈明显的先升后降趋势，从 1953 年的 16.8% 升至 1973 年的 24.6%，之后逐渐下降，2012 年该比重降至 14.2%。基于以上两个比重指标，日本"二战"后到 20 世纪 70 年代初经历工业化进程，之后进入去工业化阶段。1953～2011 年，日本不变价制造业增加值占 GDP 比重变化较为复杂，1953 年至 20 世纪 70 年代初达到峰值以后，一直到 20 世纪 90 年代初，该比重长期保持水平震荡，之后 20 年持续下降，2011 年为 23.2%。因此，从该指标来看，日本去工业化似乎是从 20 世纪 90 年代初开始的。

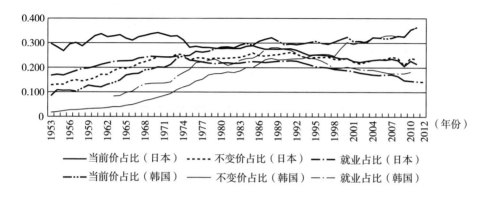

图 2-15　1953～2012 年日本、韩国制造业比重的变动情况

资料来源：笔者根据荷兰格罗宁根增长与发展中心数据计算得到。

1953～2011 年，韩国当前价制造业增加值占 GDP 比重和不变价制造业增加值占 GDP 比重基本上都呈单调波动增长态势，也就是说一直在推进工业化进程。1963～2010 年，韩国制造业就业比重呈先升后降，该比值从 1963 年的 8.3% 升至 1989 年的 28.1%，之后逐渐下降，2010 年该比重降至 18.2%。基于该指标，韩国 1963 年至 20 世纪 80 年代末属于工业化阶段，之后进入去工业化。

（2）印度和印度尼西亚都是发展中国家中的人口大国。从图 2-16 中可知，这两个国家的工业化和去工业化存在较大差异。先看印度，从 1950 年至 20 世纪 90 年代中期，印度当前价制造业增加值占 GDP 比重和不变价制造业增加值占 GDP 比重总体上都呈单调波动增长态势，前者占比从 1950 年的 12% 提高到 1995 年的峰值 19.7%，后者从 1950 年的 9.6% 增长到 1996 年的峰值 19.3%，这段时间印度一直在推进工业化进程。20 世纪 90 年代中期之后，这两个比重都出现波动下降趋势，2012年分别降低至14.8%和16.8%。1960~2010年，印度制造业就业比重变动较小，基本围绕10%上下小幅波动。

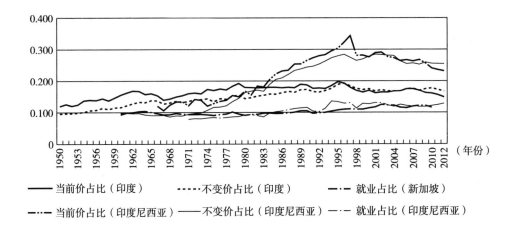

图2-16　1950~2012年印度、印度尼西亚制造业比重的变动情况

资料来源：笔者根据荷兰格罗宁根增长与发展中心数据计算得到。

20世纪60年代至2012年，印度尼西亚当前价制造业增加值占GDP比重和不变价制造业增加值占GDP比重都呈先增后减态势。1966~1997年，印度尼西亚当前价制造业增加值占GDP比重波动上升，从1966年的12%增至1997年的峰值34.3%，之后不断递减，2012年该比重降至23.2%。1960~2001年，印度尼西亚不变价制造业增加值占GDP比重总体波动增长，从1960年的9.2%增长至1996年的峰值28.4%，由于亚洲金融危机，之后几年该比重小幅下降，但2001年又重回峰值28.4%，之后持续小幅下降，2012年该比重为25.4%。1971~2012年，印度尼西亚制造业就业比重变动较小，总体上呈小幅波动上行态势。

（3）新加坡和中国香港都是典型的城市经济和发达经济体，从图2-17中可知，两地工业化和去工业化路径存在很大差异。先看新加坡，1970年至20世纪80年代初，该国当前价制造业增加值占GDP比重上升，之后保持水平震荡。1960年至20世纪80年代初，该国不变价制造业增加值占GDP比重持续上升，之后也保持水平震荡。基于这两个指标，1960至20世纪80年代初，新加坡处于工业化阶段，直至2012年也没有进入去工业化阶段的明显证据。1970~2011年，新加坡制造业就业比重先升后降，但总体而言下降幅度不大。

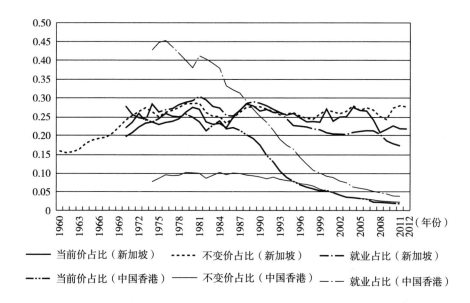

图 2-17　1960~2012 年新加坡、中国香港制造业比重的变动情况

资料来源：笔者根据荷兰格罗宁根增长与发展中心数据计算得到。

1970~2011 年，中国香港当前价制造业增加值占 GDP 比重、不变价制造业增加值占 GDP 比重和制造业就业比重这三个指标几乎都呈单调快速下降态势，而且降幅明显。中国香港当前价制造业增加值占 GDP 比重在 1970 年为 27.8%，2011 年降至 1.8%，制造业就业比重在 1970 年为 42.7%，2011 年仅为 3.8%，降幅非常明显，由此可以看出，中国香港在 20 世纪 70 年代末就开始去工业化进程。

综上所述，中国香港相比新加坡，去工业化进程推进较快。另外也说明，城市经济也可以保持制造业基本稳定，实现可持续的良性发展，新加坡就是一个好的案例。

（4）中国台湾比马来西亚更为发达，二者没有太多的可比性。从图 2-18 中可知，中国台湾当前价制造业增加值占 GDP 比重、不变价制造业增加值占 GDP 比重和制造业就业比重总体上都呈先升后降趋势。从 20 世纪五六十年代到 80 年代末期，中国台湾当前价制造业增加值占 GDP 比重从 1951 年的 15.6% 升至 1986 年的峰值 41.6%，之后持续下降，2012 年为 24.8%。不变价制造业增加值占

GDP 比重从 1961 年的 13.4% 升至 1987 年的峰值 38.6%，之后持续下降，2012 年为 28.3%。制造业就业比重也从 1963 年的 13.5% 升至 1987 年的峰值 33.7%，之后持续下降，2012 年为 27.4%。由此可知，20 世纪五六十年代到 80 年代末是中国台湾推进工业化进程的重要时期，之后进入去工业化阶段。

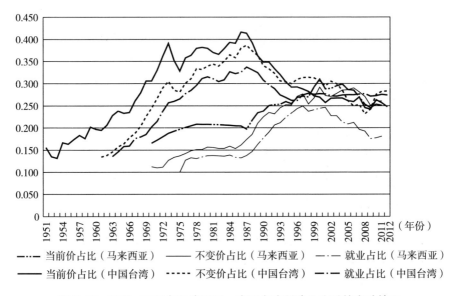

图 2-18　1951~2012 年马来西亚、中国台湾制造业比重的变动情况

资料来源：笔者根据荷兰格罗宁根增长与发展中心数据计算得到。

马来西亚当前价制造业增加值占 GDP 比重从 1970 年的 16.6% 升至 2000 年的峰值 31%，之后波动下降，2011 年为 25.1%。不变价制造业增加值占 GDP 比重从 1970 年的 11.2% 升至 2000 年的峰值 29.2%，之后进入下跌状态，2011 年为 26%。制造业就业比重从 1975 年的 9.9% 升至 1997 年的峰值 24.9%，之后转为下降，2011 年为 18.1%。由此可知，20 世纪 70 年代到 21 世纪初是马来西亚推进工业化进程的重要时期，之后开始去工业化。

（5）从图 2-19 中可知，1951~2010 年，泰国当前价制造业增加值占 GDP 比重和不变价制造业增加值占 GDP 比重总体上波动上升，分别从 1951 年的 14.7% 和 12.9% 升至 2010 年的 36.5% 和 37.9%，表现出持续的工业化进程。1960~2010 年，泰国制造业就业比重波动增长，从 1960 年的 4.3% 升至 2010 年的 14.1%，同样显示出持续的工业化过程。

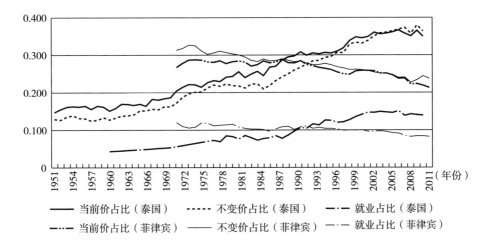

图2-19　1951~2011年泰国、菲律宾制造业比重的变动情况

资料来源：笔者根据荷兰格罗宁根增长与发展中心数据计算得到。

菲律宾的情况几乎相反。1971~2011年，菲律宾当前价制造业增加值占GDP比重、不变价制造业增加值占GDP比重和制造业就业比重总体上都是波动下跌，反映出持续的去工业化进程。

（四）拉丁美洲国家制造业比重演变的特征事实

这里集中探讨巴西、墨西哥、智利、阿根廷、秘鲁和哥斯达黎加等国家的工业化和去工业化趋势。

（1）巴西和墨西哥是拉丁美洲两大经济体。从图2-20中可知，1990~2011年，巴西当前价制造业增加值占GDP比重呈下跌趋势。1950~1974年，巴西不变价制造业增加值占GDP比重呈上涨态势，从1950年的18.4%上升为1974年的23%，之后进入下跌趋势，2011年降至17.6%。因此，巴西1950年至20世纪70年代中期属于工业化阶段，之后开始去工业化。1950~1986年，巴西制造业就业比重从11.5%升为15.4%，之后波动下降，2011年为11.5%，该指标也体现出巴西先工业化，然后去工业化的发展特征。

1950年至20世纪90年代末期，墨西哥当前价制造业增加值占GDP比重和不变价制造业增加值占GDP比重总体都呈上涨趋势，分别从1950年的19.1%和13.9%上升到24.9%和22.4%，之后进入下降通道，2011年分别是19.3%和19%。1950年至20世纪90年代初期，墨西哥制造业就业比重从11.8%升为20%，

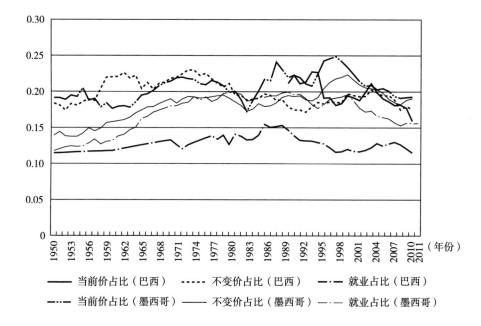

图 2-20   1950~2011 年巴西、墨西哥制造业比重的变动情况

资料来源：笔者根据荷兰格罗宁根增长与发展中心数据计算得到。

之后持续下降，2011 年为 15.6%。这三个指标显示出，墨西哥 1950 年至 20 世纪 90 年代是工业化阶段，之后开始去工业化进程。墨西哥进入去工业化进程的时间相比巴西晚了近 20 年。

（2）阿根廷和智利都是南美洲国家。由图 2-21 可知，1984~2011 年，阿根廷当前价制造业增加值占 GDP 比重呈下降趋势。1950~1974 年，阿根廷不变价制造业增加值占 GDP 比重持续上升，从 1950 年的 29.4% 上涨到 1974 年的峰值 34.6%，之后进入下跌趋势。由此可见，阿根廷 1950 年至 20 世纪 70 年代中期属于工业化阶段，之后进入去工业化。1963 年至 20 世纪 90 年代初，智利当前价制造业增加值占 GDP 比重震荡上行，从 1963 年的 14% 上升至 1991 年的峰值 17.8%，之后波动下行。1950 年至 20 世纪 70 年代初，智利不变价制造业增加值占 GDP 比重震荡上行，从 1950 年的 12.5% 上升至 1972 年的 23.6%，之后波动下行，2011 年降为 15.5%。由此可见，智利显然也经历了先工业化，再去工业化的过程，但在不同指标下具体发生时间有差异。

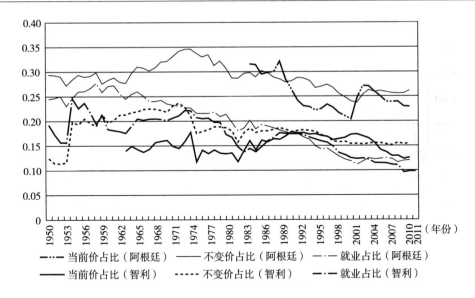

图 2-21　1950~2011 年阿根廷、智利制造业比重的变动情况

资料来源：笔者根据荷兰格罗宁根增长与发展中心数据计算得到。

（3）从图 2-22 中可知，1950 年至 20 世纪 90 年代末，哥斯达黎加当前价制造业增加值占 GDP 比重和不变价制造业增加值占 GDP 比重总体都呈上涨态势，分别从 1950 年的 20.1% 和 13% 上升到 1999 年的峰值 29.5% 和 23.6%，之后进入下降通道，2011 年分别是 17% 和 19.7%。哥斯达黎加制造业就业比重从 1950 年的 10.8% 升至 1992 年的峰值 20.5%，之后开始下降。由此可见，1950 年至 20 世纪 90 年代中后期，哥斯达黎加属于工业化阶段，之后开始去工业化。秘鲁情况较为复杂，该国当前价制造业增加值占 GDP 比重在 1950 年至 20 世纪 60 年代初期出现大幅上涨，从 1950 年的 19.4% 上升到 1962 年的峰值 39.7%，之后波动下降，2011 年为 14.6%。但该国不变价制造业增加值占 GDP 比重在 1950 年至 20 世纪 70 年代中期不断走高，从 1950 年的 15% 上涨为 1976 年的峰值 20.2%，之后震荡下行，2011 年为 16.1%。秘鲁制造业就业比重从 1960 年至 20 世纪 90 年代末期基本水平震荡，之后出现明显下降。因此，虽然秘鲁经历了工业化和去工业化，但难以准确划分时间界限。

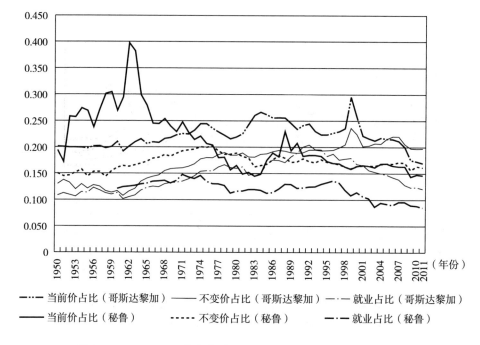

图 2-22　1950~2011 年哥斯达黎加、秘鲁制造业比重的变动情况

资料来源：笔者根据荷兰格罗宁根增长与发展中心数据计算得到。

（五）非洲国家制造业比重演变的特征事实

下面集中探讨南非、博茨瓦纳、埃塞俄比亚、加纳、肯尼亚和坦桑尼亚等国家的工业化和去工业化趋势。

（1）从图 2-23 中可知，1960 年至 20 世纪 80 年代初期，南非当前价制造业增加值占 GDP 比重和不变价制造业增加值占 GDP 比重都呈明显上涨态势，分别从 1960 年的 21.2% 和 15.3% 上升到 1981 年的峰值 25.1% 和峰值 24.5%，之后进入下降通道，2011 年分别是 14.3% 和 18.3%。由此可见，1960 年至 20 世纪 80 年代初期，南非处于工业化进程，之后开始去工业化。在此期间，南非制造业就业比重也表现为先升后降，1981 年到达峰值 16.8%。1964~2010 年，博茨瓦纳当前价制造业增加值占 GDP 比重和不变价制造业增加值占 GDP 比重都呈明显的先增后降趋势，转折点在 20 世纪 70 年代中后期。因此，此转折点之前是工业化，之后进入去工业化。

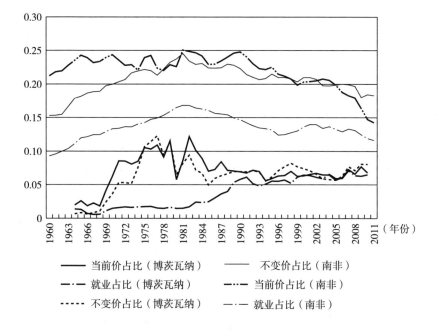

图2-23　1960~2011年南非、博茨瓦纳制造业比重的变动情况

资料来源：笔者根据荷兰格罗宁根增长与发展中心数据计算得到。

（2）从图2-24中可知，1961年至21世纪初，埃塞俄比亚当前价制造业增加值占GDP比重和不变价制造业增加值占GDP比重都呈明显的上涨态势，分别从1961年的2%上升到21世纪初期的峰值6.4%和峰值5.6%，之后略微下降，2012年分别是3.7%和5.4%。但该国制造业就业比重长期没有明显下降，1992年以后出现单调上升态势。总体而言，埃塞俄比亚的工业化进程还未结束，没有明显的去工业化趋势。1960年至20世纪70年代中期，加纳不变价制造业增加值占GDP比重呈明显上涨态势，从1960年的13.7%上升到1975年的峰值18.7%，之后呈下跌趋势，2011年跌至8.8%。根据该指标，可以认为加纳经历了工业化和去工业化进程。

（3）从图2-25中可知，1960年到20世纪70年代末，肯尼亚当前价制造业增加值占GDP比重呈明显上涨态势，从1960年的8.9%上升到1979年的峰值20.4%，之后波动下降，2011年为10.9%。1964年至20世纪90年代初，肯尼亚不变价制造业增加值占GDP比重也呈明显上涨态势，从1964年的6.6%上升到1993年的峰值13.8%，之后小幅波动下降，2011年为12%。综合这两个指标，

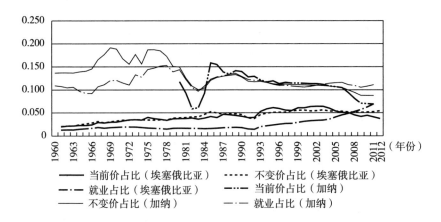

图 2-24 1960~2012 年埃塞俄比亚、加纳制造业比重的变动情况

资料来源：笔者根据荷兰格罗宁根增长与发展中心数据计算得到。

可以得出肯尼亚先工业化，然后去工业化的发展特征。1960 年至 20 世纪 70 年代中后期，坦桑尼亚当前价制造业增加值占 GDP 比重和不变价制造业增加值占 GDP 比重都呈明显上涨态势，分别从 1960 年的 14.6% 和 6.9% 上升到 20 世纪 70 年代中后期的峰值 26.1% 和峰值 13.2%，之后开始下降，2011 年分别是 10.9% 和 10.4%。由此可见，1960 年至 20 世纪 70 年代中后期，坦桑尼亚属于工业化阶段，之后开始去工业化进程。

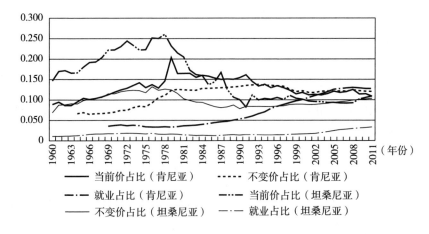

图 2-25 1960~2011 年肯尼亚、坦桑尼亚制造业比重的变动情况

资料来源：笔者根据荷兰格罗宁根增长与发展中心数据计算得到。

三、制造业比重变化的解释

制造业比重变动究竟有无较为明显的规律特性呢？蔡昉（2021）认为，首先，可以把人均 GDP 在 10000 美元以下的国家排斥在考查范围之外，因为这些国家的制造业比重分布仅仅反映国家之间的产业发展差异，而不存在什么变化规律。并且，由于这些国家制造业比重如此悬殊，难以纳入规律性变化的分析范围。其次，当主要观察人均 GDP 在 10000 美元以上国家的情形时，规律性变得明朗了许多，此时仍可以忽略那些数量不在少数的极端值，而进一步集中观察那些高密度聚集在一起的国家。于是，得到一条倒 U 形曲线。最终发现，至少要到按 2010 年不变价计算的人均 GDP 到达约 20000 美元，即进入相对稳定的高收入发展阶段时，制造业比重从上升到下降的转折才成为一种符合大多数规律的现象。

显然，蔡昉（2021）认为制造业比重的下降具有一定的内在规律或可以归纳出一些普遍性结论。首先，人均 GDP 作为一个标志性指标，揭示出在一定的发展阶段传统比较优势迅速弱化，高速工业化的源泉逐渐式微，在转向以创新和升级为内涵的工业化阶段的同时，制造业比重的下降具有必然性。其次，农业比重下降到足够低的水平，说明一个国家不再存在农业剩余劳动力转移的压力，同时服务业也处于较高的价值链地位，因此，制造业比重下降不会导致生产率降低。最后，制造业比重下降，绝不意味着该产业的重要性从此降低，相反，新的工业化阶段对制造业攀升价值链阶梯提出更高要求。以上三条普遍结论是依据按 2010 年不变价计算的人均 GDP 达到约 20000 美元，即进入相对稳定的高收入发展阶段的国家总结归纳的。

笔者也认为制造业比重下降是有规律的，但是这种规律具有异质性，也就是说对于数量相对较少的国家（一般是发达国家）存在人均收入较高时才出现制造业比重下降，而对于数量更多的发展中国家则存在人均收入较低时就可能会出现制造业比重下降的局面。这种规律性显然不同于蔡昉（2021）归纳的普遍性结论，理由如下所述：

制造业持续发展需要的基础性条件之一是必须具备完善的产业配套体系，特别是对于产品构成和制造工艺较为复杂、工序和零部件较多的现代工业产品。大多数发展中国家很难具备这个条件，因为需要国家具有较大规模的国内市场容量、丰裕的各层次人力资源、足够数量的高等院校和科研机构、发达的金融体系提供充足资金、不断完善的优良基础设施、善于制定且坚定执行各类经济政策（如产业政策）的强有力政府等。

制造业持续发展需要的基础性条件之二是具有足够的产业公地。在《制造繁荣：美国为什么需要制造业复兴》中，产业公地是由各种专有技术、产业运作能力和专业化技能的网络交织而成，这些能力和要素嵌入劳动者、竞争者、供应商、消费者合作型研发项目以及大学之中，并且通常向多个产业部门提供支持。显然，能够满足这一条件的发展中国家少之又少。

根据现有研究，国际金融一体化允许少数具有良好金融制度和合理经济结构的国家借助外国储蓄为其投资提供资金，从而刺激制造业。然而，对于那些缺乏适当金融发展和健全宏观经济政策的发展中国家更容易受到资本流动突然停止的影响，从而引发金融危机，进而影响包含制造业在内的实体经济。另外，金融一体化程度提高以及随之而来的外国资本大量流入导致的"荷兰病"，可能通过从制造业出口转向初级产品出口，最终导致"过早去工业化"现象。例如，许多非洲国家经济发展的典型特点是国内财政拮据，一直严重依赖外国储蓄来进行投资和维持经济增长，但自身并不具备良好金融制度和合理经济结构，最终反而导致制造业比重持续下降。更高的国际金融一体化使得那些宏观经济及体制机制较为完善的国家，能通过外国储蓄为制造业投资提供资金。需要指出的是，较高的金融开放度可能会加快那些已经拥有相对发达工业基础的国家步入去工业化进程，如东亚和拉美国家。

贸易开放的影响往往在不同国家群体之间存在显著差异。贸易开放导致发达国家获取更高的制造业附加值份额。更高的贸易开放程度以及随之而来的投资和生产的重新分配，以及与全球价值链的更紧密联系，往往会促进发达国家集中于附加值最高的品牌、设计、研发和营销等环节。由于东亚和拉美国家与全球价值链的联系越来越紧密，对国际贸易的开放程度越高，这些国家的制造业份额就越高。此外，更高的贸易开放度会导致非洲国家的去工业化，因为这些国家与全球价值链的联系最弱。因此，贸易开放可能导致发展中国家（尤其是非洲国家）的去工业化。

第三章　中国制造业比重变动的
特征事实

　　中国制造业比重下降是个复杂的多层次和多角度问题，不能简单地计算历年中国制造业增加值占 GDP 比重而轻易地得出有关结论。本章从中国制造业总体及其细分行业层面和省级层面，基于增加值和就业两个视角，全面归纳总结中国制造业比重变动的特征事实。现有文献主要包含两种测度制造业比重的方法：一是制造业就业人员占总就业比重；二是制造业增加值占 GDP 比重，制造业增加值可按不变价和当前价（现价）计算得到，不同测度方法往往会对应不同结果。制造业比重下降本质上就是去工业化，而去工业化又分为相对和绝对，中国去工业化是相对去工业化还是绝对去工业化？哪一种占主流？笔者将结合不同视角下的制造业比重指标给出判断。制造业比重的计算一般基于供给面，其实还可以从需求面进行，这个视角对于缺乏增加值数据时较为有用。

一、中国制造业总体及其细分行业的比重变动

　　本书第一章表明，近年来，许多有识之士非常关注中国制造业比重下降问题，但都集中于中国制造业总体增加值占 GDP 比重，而对于制造业不同细分行业在制造业总体比重下降中起到的差异性作用却缺少深入研究。笔者认为，从结构视角出发，找准问题根源，对于制定应对策略至关重要。

（一）中国制造业总体占 GDP 和全部就业的比重

为了保证数据的权威性，利用国家统计局的相关数据。由于《中国统计年鉴》只提供 2004 年以来中国制造业的现价增加值数据，为了在更长的时间观察其占 GDP 比重的变化趋势，笔者给出 1978～2019 年中国工业的现价增加值占 GDP 比重作为替代和补充。工业包括制造业、采掘业以及电力、燃气和水的生产及供应业，其中制造业是工业的主体。在国家统计局公布的统计数据中，工业增加值（按现价）的时间序列数据较长，因此，中国历年工业增加值占 GDP 比重可作为制造业增加值比重的代理变量。

从图 3-1 可知，2004～2020 年，按现价计算的中国制造业增加值占 GDP 比重总体呈下跌趋势，最高点是 2006 年的 32.45%，最低点是 2020 年的 26.18%。分阶段看，2004～2014 年，下降速度较慢且降幅较小，从 2004 年的 31.98% 到 2014 年的 30.40%，10 年间共下跌了 1.58 个百分点。2015 年占比为 28.95%，首次低于 30%，之后持续较快下降。2015～2020 年，在短短 5 年之内就下降了 2.77%。2004 年之前的中国制造业比重变化特征可借助中国工业增加值的比重变动信息加以展示。1978～1990 年，工业增加值占 GDP 比重不断下滑，从 44.1% 降至 36.60%。20 世纪 90 年代到 20 世纪中期（美国金融危机之前），该比重总体呈震荡上行态势，2006 年达到峰值 42%，之后进入明显的下行通道。

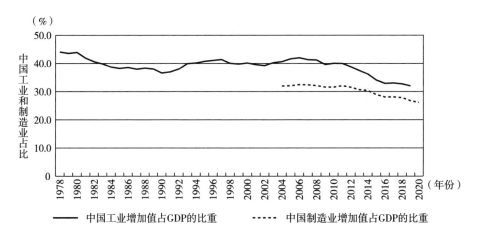

图 3-1　1978～2020 年中国工业增加值、制造业增加值占 GDP 比重

资料来源：笔者根据历年《中国统计年鉴》数据计算得到。

笔者还利用了荷兰格罗宁根大学增长与发展中心的相关数据，该中心除了给出中国 1990~2018 年制造业按现价和不变价的增加值以外，还提供了制造业部门的就业数据。

　　图 3-2 显示，2006~2011 年，按现价计算的中国制造业增加值比重变动趋势与按不变价计算的中国制造业增加值比重变化存在较大差异。在此期间，按现价计算的中国制造业增加值占 GDP 比重呈小幅下降态势，而按不变价计算的中国制造业增加值比重却呈持续上升趋势，2011 年达到峰值 32.21%。这表明中国制造业实际产出比重下降出现的时间相对于名义产出晚了 5 年。2011 年之后，不管是按现价还是按不变价，中国制造业增加值比重都保持快速下降走势。

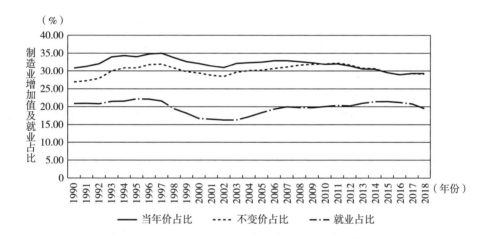

图 3-2　1990~2018 年中国制造业增加值及就业比重

资料来源：笔者根据荷兰格罗宁根增长与发展中心数据计算得到。

　　人们之所以如此关注制造业比重下降问题，一个重要的原因是制造业对于解决中低端劳动力就业极其重要。从图 3-2 可知，中国制造业部门就业人数占全部就业的比重在 20 世纪 90 年代基本保持在 20% 以上，20 世纪 90 年代末到 21 世纪初，伴随亚洲金融危机的巨大冲击，该比重出现较大下滑，从 1995 年的最高值 22.16% 降至 2003 年的 16.28%。2001 年底，中国加入了世界贸易组织（WTO），大量外资企业投资中国制造业，吸纳了大量劳动力，该比重在 2003 年之后不断增加，逐步又回到 20% 以上，2015 年高达 21.43%，之后又出现持续下滑。考虑到中国庞大的劳动人口基数，中低端劳动力规模巨大，近年来制造业就业比重出现持续下降需要引起各界的高度重视。

（二）制造业不同细分行业营业收入比重的差异性

不管是从增加值，还是从就业来看，近年来中国制造业比重下降是个不争的事实，政界和学界已认识到这个问题的严重性，必须想方设法缓解，努力扭转持续下滑的趋势。但目前对于这个总量概念仍缺乏结构层面的深入剖析，很难把握其发展变化特征，进而不利于形成有效的解决方案。

中国制造业是个种类繁多的庞大部门，根据国家统计局发布的《2017 国民经济行业分类》，制造业部门包含 31 个二位码大类，每个大类又进一步细分为三位码和四位码的小类，涉及成千上万种产品。近年来，究竟哪些大类和小类出现了明显的比重下跌趋势？哪些对制造业总体比重下降的贡献最大？内在原因是什么？回答这一系列问题对于判断和解决中国制造业比重过快、过早下降极其重要。

考虑到没有制造业各细分行业的增加值统计数据，这里从支出角度，将营业收入作为消费支出的代理变量（因为厂商收入源于消费支出），计算制造业各细分行业的比重。从表 3-1 中可知，2007~2019 年制造业各细分行业的营业收入比重发展趋势（即相对变化）存在明显差异，另外，还出现营业收入绝对变化的异质性特征，具体表现如下：

表 3-1　2007~2019 年制造业各细分行业营业收入比重　　　单位：%

行业名称＼年份	2007	2008	2009	2010	2011	2012	2013	2014	2015	2016	2017	2018	2019
农副食品加工业	4.92	5.45	5.85	5.72	6.01	6.47	6.60	6.51	6.59	6.57	5.87	5.13	5.02
食品制造业	1.68	1.72	1.88	1.84	1.90	1.97	2.01	2.09	2.21	2.29	2.17	2.01	2.07
酒、饮料和精制茶制造业	1.44	1.42	1.58	1.51	1.61	1.68	1.68	1.67	1.75	1.77	1.68	1.67	1.63
烟草制品业	1.07	0.98	1.03	0.93	0.91	0.94	0.92	0.92	0.94	0.83	0.87	1.12	1.18
纺织业	5.22	4.79	4.76	4.64	4.43	4.00	4.01	3.91	4.03	3.90	3.54	2.99	2.61
纺织服装、服饰业	2.11	2.10	2.15	1.98	1.81	2.15	2.13	2.15	2.24	2.27	2.05	1.87	1.66
皮革、毛皮、羽毛及其制品	1.43	1.32	1.32	1.28	1.20	1.40	1.39	1.42	1.48	1.45	1.38	1.30	1.26
木材加工和木、竹、藤制品业	0.97	1.07	1.19	1.18	1.21	1.28	1.33	1.35	1.40	1.41	1.27	0.99	0.94
家具制造业	0.68	0.69	0.71	0.71	0.68	0.70	0.72	0.74	0.79	0.84	0.86	0.76	0.78

续表

行业名称＼年份	2007	2008	2009	2010	2011	2012	2013	2014	2015	2016	2017	2018	2019
造纸和纸制品业	1.77	1.73	1.70	1.68	1.62	1.55	1.49	1.38	1.40	1.40	1.46	1.50	1.41
印刷和记录媒介复制业	0.59	0.60	0.61	0.57	0.52	0.56	0.59	0.69	0.75	0.77	0.77	0.69	0.72
文教、工美、体育和娱乐用品	0.58	0.56	0.54	0.50	0.43	1.28	1.33	1.53	1.60	1.62	1.56	1.44	1.37
石油、煤炭及其他燃料加工业	5.16	5.23	4.50	4.83	5.11	4.89	4.51	4.20	3.49	3.30	3.96	5.15	5.15
化学原料和化学制品制造业	7.61	7.70	7.69	7.83	8.24	8.41	8.46	8.50	8.42	8.33	8.03	7.74	7.02
医药制造业	1.72	1.71	1.93	1.88	1.99	2.15	2.28	2.39	2.59	2.69	2.66	2.61	2.53
化学纤维制造业	1.14	0.90	0.81	0.83	0.91	0.84	0.81	0.73	0.73	0.74	0.78	0.90	0.97
橡胶和塑料制品业	3.24	3.18	3.23	3.20	3.09	3.00	3.03	3.06	3.12	3.10	2.99	2.67	2.72
非金属矿物制品业	4.31	4.70	5.10	5.16	5.39	5.46	5.69	5.87	5.93	5.92	5.81	5.26	5.96
黑色金属冶炼和压延加工业	10.04	10.55	9.30	8.99	9.04	8.88	8.46	7.60	6.35	5.92	6.33	7.22	7.46
有色金属冶炼和压延加工业	5.15	4.78	4.45	4.81	5.06	5.12	5.16	5.25	5.17	5.10	5.31	5.61	5.72
金属制品业	3.19	3.36	3.28	3.24	3.15	3.61	3.64	3.72	3.75	3.81	3.53	3.69	3.87
通用设备制造业	5.13	5.51	5.64	5.67	5.51	4.72	4.74	4.81	4.74	4.60	4.47	4.11	4.19
专用设备制造业	2.95	3.26	3.49	3.52	3.57	3.56	3.55	3.56	3.61	3.57	3.51	3.21	3.20
汽车制造业	—	—	—	—	—	6.36	6.71	6.93	7.16	7.76	8.30	8.95	8.52
铁路、船舶、航空航天和其他运输设备制造业	—	—	—	—	—	1.95	1.83	1.86	1.92	1.84	1.66	1.27	1.56
交通运输设备制造业	7.66	7.61	8.71	9.08	8.66	8.31	8.54	8.79	9.08	9.6	9.96	10.22	10.08
电气机械和器材制造业	6.67	6.79	6.86	6.95	6.88	6.77	6.77	6.85	6.97	7.03	7.03	6.94	6.88
计算机、通信和其他电子设备制造业	11.21	9.98	9.37	9.10	8.70	8.74	8.56	8.74	9.23	9.51	10.42	11.56	11.86
仪器仪表制造业	1.21	1.12	1.05	1.04	1.02	0.83	0.85	0.85	0.88	0.91	0.98	0.88	0.81
其他制造业	0.95	0.93	0.93	0.94	0.99	0.26	0.26	0.26	0.27	0.26	0.26	0.18	0.24
废弃资源综合利用业	0.20	0.27	0.31	0.39	0.36	0.36	0.37	0.38	0.38	0.39	0.38	0.44	0.53

资料来源：笔者根据历年《中国工业统计年鉴》数据计算得到。

（1）在制造业全部 31 个细分行业中，有约 1/3 行业的比重最近几年呈明显下降趋势，包括农副食品加工业，纺织业，纺织服装、服饰业，皮革、毛皮、羽毛及其制品，木材加工和木、竹、藤制品业，化学原料和化学制品制造业，橡胶和塑料制品业，通用设备制造业，专用设备制造业，铁路、船舶、航空航天和其他运输设备制造业等。

（2）特别需要注意的是，纺织业，纺织服装、服饰业，木材加工和木、竹、藤制品业，化学原料和化学制品制造业，黑色金属冶炼和压延加工业等细分行业的营业收入不但相对下降而且还绝对减少。2012 年纺织业营业收入为 32241.14 亿元，2019 年降至 24665.8 亿元，8 年间减少了 7575.34 亿元。纺织服装、服饰业，化学原料和化学制品制造业，木材加工和木、竹、藤制品业，黑色金属冶炼和压延加工业同期分别减少了 1668.14 亿元、1530.81 亿元、1394.94 亿元和 1182.77 亿元。

（3）纺织业是下降趋势最显著的细分行业，2007 年营业收入比重为 5.22%，然后逐年下降，2019 年仅为 2.61%，下跌了一半。由于纺织业属于劳动密集型产业，反映了随着中国劳动力成本不断上升，纺织业生产逐渐失去竞争力。另外像纺织服装、服饰业，农副食品加工业，皮革、毛皮、羽毛及其制品，木材加工和木、竹、藤制品业等处于下跌趋势的产业也具有劳动密集型特征。

（4）在制造业全部 31 个细分行业中，最近几年有 7 个行业营业收入比重呈明显的上升趋势，包括医药制造业，化学纤维制造业，有色金属冶炼和压延加工业，汽车制造业，电气机械和器材制造业，计算机、通信和其他电子设备，废弃资源综合利用业。计算机、通信和其他电子设备表现最为突出，该产业比重从 2012 年的 8.74% 上升为 2019 年的 11.86%，8 年间上涨了 3.12 个百分点。汽车制造业增长也较为显著，该产业比重从 2012 年的 6.36% 上升为 2019 年的 8.52%，8 年间上涨了 2.16%。鉴于计算机、通信和其他电子设备及汽车制造业属于资本技术密集型行业，这在一定程度上反映了中国制造业在资本技术密集型产业已具有一定的竞争优势。

（5）在 31 个细分行业中，有十几个行业的营业收入比重基本上水平波动，没有明显的趋势性上升或下跌走势，包括食品制造业，酒、饮料和精制茶制造业，烟草制品业，家具制造业，造纸和纸制品业，印刷和记录媒介复制业，文教、工美、体育和娱乐用品，石油、煤炭及其他燃料加工业，非金属矿物制品业，黑色金属冶炼和压延加工业，金属制品业和仪器仪表制造业等。食品制造业，酒、饮料和精制茶制造业，烟草制品业等是生活必需品部门，具有生产平稳、波动小的特点。

近年来，中国制造业总体上比重下跌，主要与纺织业，纺织服装、服饰业，木材加工和木、竹、藤制品业，化学原料和化学制品制造业，黑色金属冶炼和压延加工业等行业生产相对衰退有关。医药制造业,化学纤维制造业,有色金属冶炼和压延加工业,汽车制造业,电气机械和器材制造业,计算机、通信和其他电子设备,废弃资源综合利用业等行业的相对进步缓解了制造业总体比重下滑趋势。

(三) 制造业不同细分行业就业人数比重的差异性

从表3-2中可知,2007~2019年制造业各细分行业就业人数存在比重发展趋势(即相对变化)的明显差异,而且还出现就业人数绝对变化的异质性,具体表现如下:

表3-2　2007~2019年制造业各细分行业就业人数比重　　　　单位:%

行业名称 ＼ 年份	2007	2008	2009	2010	2011	2012	2013	2014	2015	2016	2017	2018	2019
农副食品加工业	3.86	4.08	4.37	4.40	4.48	4.68	4.85	4.97	4.88	4.92	4.61	4.43	4.05
食品制造业	1.97	2.00	2.11	2.10	2.20	2.27	2.33	2.33	2.43	2.50	2.45	2.53	2.48
酒、饮料和精制茶制造业	1.47	1.46	1.54	1.55	1.70	1.77	1.83	1.83	1.92	1.92	1.84	1.83	1.68
烟草制品业	0.27	0.26	0.26	0.25	0.25	0.24	0.25	0.24	0.24	0.25	0.23	0.23	0.23
纺织业	9.14	8.43	7.99	7.71	7.31	6.46	5.65	5.54	5.33	5.15	4.85	4.67	4.89
纺织服装、服饰业	6.04	5.93	5.82	5.33	4.75	5.03	5.28	5.22	5.16	5.08	4.80	4.73	4.24
皮革、毛皮、羽毛及其制品	3.75	3.53	3.34	3.29	3.23	3.34	3.45	3.43	3.37	3.24	3.11	3.01	2.97
木材加工和木、竹、藤制品业	1.55	1.70	1.69	1.70	1.60	1.60	1.60	1.61	1.62	1.64	1.55	1.43	1.32
家具制造业	1.33	1.35	1.28	1.33	1.32	1.33	1.34	1.36	1.38	1.44	1.55	1.55	1.59
造纸和纸制品业	2.02	1.96	1.98	1.88	1.82	1.72	1.63	1.56	1.55	1.50	1.48	1.50	1.63
印刷和记录媒介复制业	1.06	1.06	1.06	1.01	0.88	0.98	1.07	1.08	1.13	1.17	1.19	1.19	1.19
文教、工美、体育和娱乐用品	1.74	1.72	1.59	1.53	1.37	2.00	2.59	2.57	2.69	2.74	2.69	2.68	2.51
石油、煤炭及其他燃料加工业	1.18	1.11	1.10	1.10	1.19	1.14	1.10	1.09	1.07	1.03	1.02	1.16	1.13
化学原料和化学制品制造业	5.55	5.56	5.71	5.65	5.65	5.70	5.75	5.64	5.66	5.67	5.39	5.25	4.95
医药制造业	2.00	1.95	2.08	2.06	2.22	2.33	2.42	2.51	2.65	2.78	2.74	2.92	2.81
化学纤维制造业	0.66	0.58	0.54	0.52	0.57	0.57	0.54	0.53	0.54	0.56	0.56	0.61	0.62
橡胶和塑料制品业	4.54	4.56	4.63	4.60	4.32	2.57	3.89	3.86	3.90	3.94	4.00	3.97	4.13
非金属矿物制品业	6.54	6.45	6.59	6.49	6.42	4.94	6.60	6.73	6.77	6.81	6.65	6.34	6.40
黑色金属冶炼和压延加工业	4.44	4.05	4.18	4.12	4.22	5.60	4.83	4.57	4.19	3.84	3.64	3.21	3.16
有色金属冶炼和压延加工业	2.28	2.40	2.30	2.28	2.39	3.27	2.38	2.36	2.32	2.31	2.70	2.37	2.37

行业名称＼年份	2007	2008	2009	2010	2011	2012	2013	2014	2015	2016	2017	2018	2019
金属制品业	3.99	4.23	4.14	4.11	3.87	3.39	4.32	4.30	4.37	4.30	4.37	4.80	4.99
通用设备制造业	6.14	6.38	6.30	6.43	6.14	4.73	5.53	5.53	5.41	5.30	5.31	5.46	5.59
专用设备制造业	3.74	3.99	4.01	3.98	4.02	5.08	4.09	4.01	4.07	4.04	4.13	4.26	4.34
汽车制造业	—	—	—	—	—	4.50	4.95	5.39	5.42	5.71	6.05	6.46	6.34
铁路、船舶、航空航天和其他运输设备制造业	—	—	—	—	—	4.61	2.18	2.18	2.19	2.15	2.09	1.68	2.05
交通运输设备制造业	5.96	6.12	6.46	6.84	7.19	9.11	7.12	7.58	7.61	7.85	8.14	8.14	8.39
电气机械和器材制造业	6.55	6.83	6.93	7.20	7.44	7.34	7.24	7.21	7.23	7.34	7.49	7.70	7.69
计算机、通信和其他电子设备制造业	8.58	8.76	8.60	9.21	10.17	10.21	10.22	10.24	10.44	10.51	11.31	12.02	12.42
仪器仪表制造业	1.56	1.51	1.46	1.49	1.55	1.38	1.21	1.21	1.21	1.23	1.30	1.24	1.24
其他制造业	2.00	1.85	1.77	1.67	1.54	1.00	0.48	0.49	0.49	0.49	0.48	0.37	0.50
废弃资源综合利用业	0.10	0.18	0.18	0.17	0.19	0.20	0.21	0.20	0.21	0.22	0.22	0.23	0.25

资料来源：笔者根据历年《中国工业统计年鉴》数据计算得到。

（1）在全部31个细分行业中，有9个细分行业就业比重近年来呈明显下降趋势，包括农副食品加工业，纺织业，纺织服装、服饰业，皮革、毛皮、羽毛及其制品，木材加工和木、竹、藤制品业，造纸和纸制品业，化学原料和化学制品制造业，黑色金属冶炼和压延加工业，铁路、船舶、航空航天和其他运输设备制造业等。

（2）值得注意的是，在全部31个细分行业中，有21个出现就业人数的绝对下降。黑色金属冶炼和压延加工业及铁路、船舶、航空航天和其他运输设备制造业的就业人数下降最多，分别减少了241.4万和237.8万。此外，纺织业，纺织服装、服饰业，化学原料和化学制品制造业，有色金属冶炼和压延加工业，专用设备制造业的就业人数也出现较大下滑。这些数据表明中国制造业吸纳就业的能力确实在走下坡路。

（3）铁路、船舶、航空航天和其他运输设备制造业是中国制造业中就业比重下降趋势最突出的行业，2012年占比为4.61%，然后逐年下降，2019年仅为2.05%，下跌了一半多。黑色金属冶炼和压延加工业的就业比重也出现较大降幅，从2012年的5.60%下滑到2019年的3.16%。纺织业和纺织服装、服饰业作

为典型的劳动密集型行业，2012~2019 年，就业比重分别下降了 1.57%
和 0.79%。

（4）在全部 31 个细分行业中，近年来有 11 个行业的就业人数比重呈明显上
升趋势，包括食品制造业，家具制造业，印刷和记录媒介复制业，文教、工美、
体育和娱乐用品，医药制造业，橡胶和塑料制品业，金属制品业，通用设备制造
业，汽车制造业，电气机械和器材制造业，计算机、通信和其他电子设备制造业
等。其中，计算机、通信和其他电子设备制造业最为突出，其就业人数比重从
2012 年的 10.21%增至 2019 年的 12.42%，8 年间上涨了 2.21 个百分点。汽车制
造业的就业人数比重也有明显提升，2012 年为 4.50%，2019 年升至 6.34%，8
年间上涨了 1.84%。

二、中国各省制造业及其细分行业的比重变动

中国幅员辽阔，东部、西部、中部和北部的自然资源、人力禀赋、营商环境
和人文历史具有较大差异，各地区制造业及其细分行业的发展水平明显不同。

（一）各省制造业营业收入相对变化和绝对变化

利用中国第三次经济普查（2013 年）和第四次经济普查（2018 年）数据，
本书首先计算各省制造业 2013 年和 2018 年的营业收入比重，其次算出这两年之
间的比重差值，最后给出这两年之间各省制造业营业收入的绝对差值，如表 3-3
所示，并获得以下发现：

表 3-3　2013 年和 2018 年各省制造业营业收入比重及两年间的比重差值和绝对差值

省份	2013 年比重（%）	2018 年比重（%）	比重差值（%）	绝对差值（亿元）
北京	1.46	1.72	0.26	2830.34
天津	2.54	1.66	−0.87	−7449.17
河北	4.19	3.66	−0.53	−3758.32
山西	0.99	1.10	0.10	1243.30
内蒙古	1.31	0.95	−0.36	−2993.50

省份	2013 年比重（%）	2018 年比重（%）	比重差值（%）	绝对差值（亿元）
辽宁	5.07	2.73	-2.34	-20487.15
吉林	2.19	1.35	-0.84	-7219.76
黑龙江	1.06	0.65	-0.41	-3502.83
上海	3.65	4.13	0.47	5460.24
江苏	14.06	13.36	-0.71	-2640.00
浙江	6.21	7.05	0.85	9698.76
安徽	3.20	3.68	0.48	5379.19
福建	3.36	5.16	1.80	17868.68
江西	2.74	3.27	0.53	5748.52
山东	13.21	8.79	-4.42	-37695.21
河南	5.68	4.85	-0.83	-6149.57
湖北	3.87	4.43	0.56	6332.13
湖南	3.13	3.46	0.33	4022.76
广东	10.82	14.24	3.42	35125.57
广西	1.67	1.58	-0.09	-336.12
海南	0.14	0.20	0.06	601.26
重庆	1.57	2.04	0.47	4879.97
四川	3.34	3.93	0.59	6503.20
贵州	0.52	0.79	0.27	2664.10
云南	0.84	1.22	0.38	3828.84
西藏	0.01	0.01	0.01	80.14
陕西	1.37	1.93	0.55	5550.69
甘肃	0.79	0.78	-0.01	117.94
青海	0.15	0.16	0.01	104.76
宁夏	0.25	0.37	0.12	1175.35
新疆	0.62	0.75	0.13	1361.18

资料来源：笔者根据 2013 年和 2018 年《中国经济普查年鉴》数据计算得到。

（1）2013～2018 年，中国 31 个省份中有 11 个出现制造业营业收入比重下降，其中山东省下降最为严重，从 2013 年的 13.21%下滑至 2018 年的 8.79%，5 年间下降了 4.42 个百分点。辽宁省占比下降幅度紧随其后，从 2013 年的 5.07%下滑至 2018 年的 2.73%，5 年间下降了 2.34%。鉴于辽宁省 2013 年制造业营业收入比重已较低，短期内如此大幅度下滑，反映了该省制造业发展状况堪忧，需要认真寻找背后的深层原因。

（2）除了山东和辽宁，制造业营业收入比重在 2013～2018 年出现明显下跌的省份几乎全属北方地区，天津、吉林、河南、河北、黑龙江和内蒙古等分别下降了 0.87%、0.84%、0.83%、0.53%、0.41% 和 0.36%。南方地区出现明显下跌的是江苏省，从 2013 年的 14.06% 下滑至 2018 年的 13.36%。考虑到江苏省 2013 年制造业营业收入比重全国第一，远高于其他省份，出现小幅下跌无须过于担心。但北方地区制造业营业收入比重普遍下滑值得深入研究。

（3）2013～2018 年，制造业营业收入比重出现上涨的省份有 20 个，其中广东和福建上升最为突出，分别从 2013 年的 10.82% 和 3.36% 提高为 2018 年的 14.24% 和 5.16%，上升了 3.42% 和 1.80%，广东由此一跃成为中国制造业营业收入比重第一名。令人意想不到的是，北京和上海的制造业比重不但没有下降，反而分别上升了 0.26% 和 0.47%。

（4）本书还计算了 2013～2018 年各省制造业营业收入的绝对变化情况，进而深化对中国制造业发展趋势的认识。在此期间，中国 31 个省份中有 10 个出现了制造业营业收入的绝对降低，其中山东和辽宁最为严重，分别下降了 37695.21 亿元和 20487.15 亿元。天津、吉林和河南也出现了较为显著的下跌。

（5）2013～2018 年，制造业营业收入绝对值出现上涨的省份有 21 个，其中广东、福建和浙江上升幅度最为显著，分别增长 35125.57 亿元、17868.68 亿元和 9698.76 亿元。四川、湖北、江西、陕西、上海和安徽等省市的营业收入绝对值升幅也较为明显，上涨均超过 5000 亿元以上。

（二）各省制造业不同细分行业营业收入比重的变化情况

以上分析给出了 2013～2018 年各省制造业发展趋势的总体概况，通过对制造业不同细分行业在各省差异性发展特征的深入分析，可以从结构视角了解各省制造业总体发展趋势主要由哪些细分行业决定，进而可以对相关细分行业制定针对性较强的政策。

（1）2013～2018 年，在中国 31 个省份中，山东省制造业营业收入比重下降最为严重，绝对值也大幅下降 37695.21 亿元。分析山东省制造业不同细分行业的同期变化，发现导致该省制造业整体大幅下降的几个细分行业：第一，纺织业相对变化和绝对变化最显著，营业收入比重下滑 15.51%（见表 3-4），营业收值减少了 6462.75 亿元，鉴于纺织业属劳动密集型产业，这反映了山东省劳动力成本上升对劳动密集型产业带来较为严重的不利影响。第二，化学原料和化学制品制造业的相对变化和绝对变化也较为严重，营业收入比重下滑 5.15%，营业收入值减少 4816.69 亿元。由于该产业属资源密集型，能耗高且环境不友好，大幅下滑表明山东产业调整向环保节能偏移。第三，通用设备制造业、专用设备制造业和金属制品业是三个收缩较为明显的行业，营业收入比重分别下降 8.08%、8.33% 和 7.56%，营业收入值各自减少了 3909.01 亿元、2941.62 亿元和 2426.03 亿元。这三个行业属于资本密集型，大幅度下滑表明山东省资本密集型产业的竞争力出现问题。第四，令人担忧的是，该省电气机械和器材制造业，计算机、通信和其他电子设备制造业，仪器仪表制造业等高科技行业的营业收入比重和营业收入值双双下跌。第五，在此期间，只有少数几个行业的营业收入比重和营业收入值出现明显上升。石油、煤炭及其他燃料加工业和有色金属冶炼及压延加工业的占比分别上升了 5.76% 和 1.8%，营业收入值各自增加了 3890.75 亿元和 1852.92 亿元。

（2）辽宁省比重下降幅度紧随山东省之后，导致该省制造业整体大幅下滑的主要细分行业包括：第一，农副食品加工业的营业收入比重和营业收入值双双下跌，比重下降 4.72%，营业收入减少 2995.25 亿元；第二，木材加工和木、竹、藤制品业也出现大幅度下滑，占比下降 5.88%，营业收入从 2013 年的 804.58 亿元锐减为 2018 年的 71.21 亿元；第三，类似于山东省，辽宁省的通用设备制造业和专用设备制造业也出现较为明显的收缩，营业收入比重分别下降 7.29% 和 5.4%，营业收入值各自减少了 3306.57 亿元和 1811.41 亿元；第四，辽宁的电气机械和器材制造业出现明显下降，占比下跌 2.56%，营业收入值从 2234.12 亿元锐减为 695.39 亿元；第五，在此期间，只有个别行业的营业收入比重和营业收入值出现明显上升。

（3）除了山东和辽宁，制造业营业收入比重在 2013~2018 年呈明显下跌趋势的省份几乎全属北方地区，包括天津、吉林、河南、河北、黑龙江和内蒙古等。导致这些北方省份制造业营业收入比重下降的细分行业存在较大差异，比如河北省纺织业营业收入比重和营业收入值下降幅度就远大于其他几个省份。

（4）2013~2018 年，广东省制造业营业收入比重提高最为突出。笔者发现，导致广东省制造业比重增长的主要细分行业之一是计算机、通信和其他电子设备制造业，该行业比重增加 6.04%，营业收入值提高 16572.87 亿元，占该省制造业同期全部营业收入增加值的 47.18%。电气机械和器材制造业对广东制造业总体增长做出较大贡献，该行业比重提高 5.19%，营业收入值上涨 4017.88 亿元。

（5）纺织业是制造业中下降趋势最明显的细分行业。从表 3-4 中可知，山东省不仅比重下降最多，而且绝对变化也最大，比重从 2013 年的 23.52% 下滑为 2018 年的 8.01%，降低了 15.51%，营业收入从 2013 年的 8485.39 亿元降至 2018 年的 2022.64 亿元，减少 6462.75 亿元。河北省比重下降排第二，减少 2.18%，营业收入值降低 1038.33 亿元。江苏和浙江两省的比重分别上升 3.27% 和 1.03%，但营业收入值分别下降 1098.16 亿元和 1458.03 亿元。福建和湖北是少有的比重和营业收入都明显增加的省份，占比分别上升 7.42% 和 2.99%，营业收入分别增加 1338.07 亿元和 189.52 亿元。

表 3-4　2013 年和 2018 年各省纺织业营业收入、比重及两年间的比重差值

省份	2013 年营业收入（亿元）	2018 年营业收入（亿元）	差值（亿元）	2013 年占比（%）	2018 年占比（%）	差值（%）
北京	46.92	17.14	-29.78	0.13	0.07	-0.06
天津	102.45	102.25	-0.20	0.28	0.41	0.12
河北	1622.21	583.88	-1038.33	4.50	2.31	-2.18
山西	41.69	26.64	-15.05	0.12	0.11	-0.01
内蒙古	432.35	44.66	-387.69	1.20	0.18	-1.02
辽宁	491.94	81.51	-410.43	1.36	0.32	-1.04
吉林	119.24	14.54	-104.70	0.33	0.06	-0.27
黑龙江	78.87	22.33	-56.54	0.22	0.09	-0.13
上海	243.70	196.84	-46.86	0.68	0.78	0.10
江苏	6404.39	5306.23	-1098.16	17.75	21.02	3.27
浙江	5716.89	4258.86	-1458.03	15.85	16.87	1.03
安徽	828.53	706.04	-122.49	2.30	2.80	0.50
福建	1780.57	3118.64	1338.07	4.94	12.35	7.42
江西	811.83	861.31	49.48	2.25	3.41	1.16
山东	8485.39	2022.64	-6462.75	23.52	8.01	-15.51
河南	2276.26	1253.44	-1022.82	6.31	4.97	-1.34
湖北	1885.96	2075.48	189.52	5.23	8.22	2.99
湖南	562.27	635.49	73.22	1.56	2.52	0.96
广东	2375.58	2142.54	-233.04	6.58	8.49	1.90

续表

省份	2013年营业收入（亿元）	2018年营业收入（亿元）	差值（亿元）	2013年占比（%）	2018年占比（%）	差值（%）
广西	198.82	163.77	−35.05	0.55	0.65	0.10
海南	2.59	5.99	3.40	0.01	0.02	0.02
重庆	187.09	64.02	−123.07	0.52	0.25	−0.26
四川	826.31	672.26	−154.05	2.29	2.66	0.37
贵州	8.89	18.01	9.12	0.02	0.07	0.05
云南	21.18	28.89	7.71	0.06	0.11	0.06
西藏	0.63	0.28	−0.35	0.00	0.00	0.00
陕西	189.03	272.91	83.88	0.52	1.08	0.56
甘肃	22.26	9.09	−13.17	0.06	0.04	−0.03
青海	22.60	2.01	−20.59	0.06	0.01	−0.05
宁夏	157.09	97.78	−59.31	0.44	0.39	−0.05
新疆	133.07	436.75	303.68	0.37	1.73	1.36

资料来源：笔者根据2013年和2018年《中国经济普查年鉴》数据计算得到。

（6）表3-5中显示，2013~2018年，通用设备制造业出现了营业收入比重和营业收入值双双下降。但仔细分析各省通用设备制造业变动情况可以发现，山东省和辽宁省是最主要的下降贡献者，比重分别降低8.08%和7.29%，营业收入分别减少3909.01亿元和3306.57亿元。在此期间，江苏、广东、浙江和上海等几个南方发达地区却出现营业收入比重和营业收入值双双走高，比重分别增加4.25%、4.03%、2.84%和2.35%，营业收入分别提高846.55亿元、1223.68亿元、654.22亿元和622.46亿元。

表3-5　2013年和2018年各省通用设备制造业营业收入、比重及两年间的比重差值

省份	2013年营业收入（亿元）	2018年营业收入（亿元）	差值（亿元）	2013年占比（%）	2018年占比（%）	差值（%）
北京	563.02	599.36	36.34	1.29	1.54	0.25
天津	1010.82	641.20	−369.62	2.32	1.65	−0.67
河北	1209.07	692.67	−516.40	2.77	1.78	−0.99
山西	197.31	125.92	−71.39	0.45	0.32	−0.13
内蒙古	201.31	35.02	−166.29	0.46	0.09	−0.37

续表

省份	2013 年营业收入（亿元）	2018 年营业收入（亿元）	差值（亿元）	2013 年占比（%）	2018 年占比（%）	差值（%）
辽宁	4368.07	1061.50	-3306.57	10.02	2.73	-7.29
吉林	393.15	88.79	-304.36	0.90	0.23	-0.67
黑龙江	336.21	239.13	-97.08	0.77	0.62	-0.16
上海	2649.01	3271.47	622.46	6.08	8.43	2.35
江苏	7361.65	8208.20	846.55	16.89	21.14	4.25
浙江	4093.48	4747.70	654.22	9.39	12.23	2.84
安徽	1685.33	1524.70	-160.63	3.87	3.93	0.06
福建	824.18	1281.09	456.91	1.89	3.30	1.41
江西	577.85	751.25	173.40	1.33	1.94	0.61
山东	7068.52	3159.51	-3909.01	16.22	8.14	-8.08
河南	2394.96	1967.72	-427.24	5.50	5.07	-0.43
湖北	1101.27	1241.61	140.34	2.53	3.20	0.67
湖南	1287.85	1405.88	118.03	2.96	3.62	0.67
广东	3127.16	4350.84	1223.68	7.18	11.21	4.03
广西	304.49	298.74	-5.75	0.70	0.77	0.07
海南	0.54	1.02	0.48	0.00	0.00	0.00
重庆	474.29	762.04	287.75	1.09	1.96	0.87
四川	1657.51	1658.00	0.49	3.80	4.27	0.47
贵州	59.33	79.73	20.40	0.14	0.21	0.07
云南	76.01	72.74	-3.27	0.17	0.19	0.01
陕西	418.38	456.41	38.03	0.96	1.18	0.22
甘肃	55.27	41.78	-13.49	0.13	0.11	-0.02
青海	19.01	12.36	-6.65	0.04	0.03	-0.01
宁夏	38.17	40.84	2.67	0.09	0.11	0.02
新疆	21.78	4.90	-16.88	0.05	0.01	-0.04

资料来源：笔者根据 2013 年和 2018 年《中国经济普查年鉴》数据计算得到。

（7）2013~2018 年，专用设备制造业也出现与通用设备制造业非常类似的结构变动。山东省和辽宁省是最主要的下降贡献者，比重分别降低 8.33% 和 5.4%，营业收入分别减少 2941.62 亿元和 1811.41 亿元。在此期间，广东、江苏、浙江和上海几个南方发达地区出现营业收入比重和营业收入双双上升，比重分别增加

6.18%、5.96%、1.68%和1.14%，营业收入分别提高1718.73亿元、1388.18亿元、383.98亿元和251.53亿元。

（三）各省制造业就业的比重变化

正如第一章所言，目前国内外关于去工业化或制造业比重下降的研究主要涉及增加值比重和就业比重两个方面，因此，本部分将探讨中国各省制造业就业的比重变化。

根据《中国经济普查年鉴》数据，2018年相比2013年，中国制造业总就业人数减少了1116.3万，平均每年减少223.26万。那么究竟是哪些省份的制造业就业衰退更为严重呢？从表3-6可知，在31个省份中，只有福建、江西、河南、湖南、重庆、贵州、陕西和新疆8个省份的制造业就业人数出现绝对增长，其中河南、福建、贵州和江西较为突出，分别增长了44.92万、24.27万和12.84万。

表3-6 2013年和2018年各省制造业就业人数、比重及两年间的比重差值

省份	2013年就业人数（万）	2018年就业人数（万）	差值（万）	2013年比重（%）	2018年比重（%）	差值（%）
北京	104.02	79.99	−24.03	1.21	1.07	−0.14
天津	151.22	88.59	−62.63	1.76	1.18	−0.57
河北	309.47	248.55	−60.92	3.59	3.32	−0.28
山西	103.17	86.95	−16.22	1.20	1.16	−0.04
内蒙古	76.82	48.11	−28.71	0.89	0.64	−0.25
辽宁	333.76	154.94	−178.82	3.87	2.07	−1.81
吉林	118.10	77.11	−40.99	1.37	1.03	−0.34
黑龙江	83.04	42.52	−40.52	0.96	0.57	−0.40
上海	255.18	196.07	−59.11	2.96	2.62	−0.35
江苏	1120.72	931.40	−189.32	13.01	12.42	−0.59
浙江	704.72	655.65	−49.07	8.18	8.75	0.56
安徽	266.88	259.74	−7.14	3.10	3.46	0.37
福建	407.26	431.53	24.27	4.73	5.76	1.03
江西	207.95	220.79	12.84	2.41	2.94	0.53
山东	835.92	594.27	−241.65	9.70	7.93	−1.78

·56··56·

续表

省份	2013 年就业人数（万）	2018 年就业人数（万）	差值（万）	2013 年比重（%）	2018 年比重（%）	差值（%）
河南	531.03	575.95	44.92	6.17	7.68	1.52
湖北	315.99	293.64	-22.35	3.67	3.92	0.25
湖南	281.08	282.78	1.70	3.26	3.77	0.51
广东	1423.41	1324.91	-98.50	16.53	17.67	1.15
广西	144.97	114.41	-30.56	1.68	1.53	-0.16
海南	10.30	8.15	-2.15	0.12	0.11	-0.01
重庆	145.52	151.40	5.88	1.69	2.02	0.33
四川	315.64	262.82	-52.82	3.66	3.51	-0.16
贵州	47.61	60.73	13.12	0.55	0.81	0.26
云南	71.59	67.25	-4.34	0.83	0.90	0.07
西藏	0.99	0.97	-0.02	0.01	0.01	0.00
陕西	122.38	126.76	4.38	1.42	1.69	0.27
甘肃	44.33	35.51	-8.82	0.51	0.47	-0.04
青海	15.06	11.88	-3.18	0.17	0.16	-0.02
宁夏	22.71	20.23	-2.48	0.26	0.27	0.01
新疆	42.71	43.67	0.96	0.50	0.58	0.09

资料来源：笔者根据 2013 年和 2018 年《中国经济普查年鉴》数据计算得到。

其余 23 个省份的制造业就业人数全都出现绝对下跌，其中山东、江苏和辽宁的就业衰减最为严重，分别减少了 241.65 万、189.32 万和 178.82 万，表明这三个省份的制造业可能出现较大问题，需要引起高度重视，弄清究竟是哪些细分产业的就业出现锐减。广东和浙江是中国制造业较为发达的省份，制造业就业人数也分别减少 98.50 万和 49.07 万。令人吃惊的是，四川这一传统的西部人口大省，其制造业就业人数居然减少 52.82 万。

从比重来看，2018 年相对于 2013 年，有 14 个省份的制造业就业人数比重增加，其中河南表现最为抢眼，不仅制造业就业人数出现绝对上升，而且比重上升最多，高达 1.52%，表明河南近年来发展制造业取得较好成效。福建与河南类似，不仅就业人数出现绝对增长，而且比重也上升 1.03%，表明该省推动制造业发展取得明显效果。值得注意的是广东省，尽管该省就业人数绝对减少近 100万，但占比却大幅提高 1.15%，2018 年升至 17.67%。广东制造业的就业人数在全国雄踞榜首，2018 年高达 1324.91 万，是唯一超过千万级别的省份。另一个制造大省是江苏，与广东相比，其就业人数不仅出现绝对下降，而且占比也减少了 0.59%，发展势头稍弱于广东。山东和辽宁的比重下跌最为严重，分别高达 1.78% 和 1.81%，这两个省的就业人数减少也最多，表明近年来山东和辽宁的制造业发展出现较为严峻的问题，需要查明深层原因究竟是什么，进而采取有效对策。

（四）各省制造业不同细分行业的就业发展情况

前文分析了 2013~2018 年各省制造业就业的总体演变情况，通过深入分析各省制造业不同细分行业就业的差异性变化，可以从结构视角了解各省制造业就业的总体变动主要受哪些细分行业影响，进而可以对相关细分行业制定针对性较强的政策措施。

在全国 31 个省份中，山东、江苏和辽宁的制造业就业衰减最为严重，这三个省份制造业中究竟哪些细分行业就业出现较大问题？通过分析 2013 年和 2018 年山东省制造业各细分行业的就业人数及两年间的变动情况，发现 28 个细分行业中，除医药制造业和有色金属冶炼及压延加工业的就业人数分别增加 4.4 万和 0.6 万，其余细分行业的就业人数全都减少（见表 3-7）。纺织业、农副产品加工业和非金属矿物制品业就业人数下降最为严重，分别减少 32.8 万、25.3 万和 20.0 万。纺织业和农副产品加工业属于劳动密集型产业，随着劳动成本快速上升，这类产业往往受到不利影响，非金属矿物制品业是高耗能、高污染产业，属于政府极力控制发展的产业，这三个细分行业就业减少较为正常。黑色金属冶炼及压延加工业、化学原料及化学制品制造业的就业人数分别减少 17.5 万和 18.7 万，考虑到这两个行业的耗能和污染特性，就业下降也可以理解。但是，电气机械及器材制造业、通用设备制造业和专用设备制造业的就业人数出现较大幅度下降，分别减少 12.8 万、17.7 万和 9.6 万，尤其是计算机、通信和其他电子设备制造业的就业人数减少了 4.0 万。这些都是属于技术含量和附加值较高，对于国民经济发展具有基础性作用的关键性产业，弄清就业下降的深层原因极其重要。

表 3-7　2013 年和 2018 年山东省制造业细分行业的就业人数及两年间的变动情况

行业名称	2013 年就业人数（万人）	2018 年就业人数（万人）	差值（万人）
农副食品加工业	86.0	60.7	−25.3

续表

行业名称	2013 年就业人数（万人）	2018 年就业人数（万人）	差值（万人）
食品制造业	20.4	16.2	-4.2
酒、饮料和精制茶制造业	12.0	8.3	-3.7
烟草制品业	1.3	0.6	-0.7
纺织业	81.1	48.3	-32.8
纺织服装、服饰业	37.8	30.1	-7.7
皮革、毛皮、羽毛及其制品和制鞋业	13.1	6.8	-6.3
木材加工及木竹、藤、棕、草制品业	18.7	16.1	-2.6
家具制造业	8.3	5.6	-2.7
造纸及纸制品业	18.6	12.6	-6.0
印刷和记录媒介复制业	6.4	5.9	-0.5
文教、工美、体育和娱乐用品制造业	21.5	17.8	-3.7
石油加工、炼焦和核燃料加工业	12.4	12.3	-0.1
化学原料和化学制品制造业	66.4	47.7	-18.7
医药制造业	22.6	27.0	4.4
化学纤维制造业	2.1	1.6	-0.5
橡胶和塑料制品业	35.8	28.2	-7.6
非金属矿物制品业	59.0	39.0	-20.0
黑色金属冶炼及压延加工业	33.2	15.7	-17.5
有色金属冶炼及压延加工业	16.2	16.8	0.6
金属制品业	35.4	27.4	-8.0
通用设备制造业	59.1	41.4	-17.7
专用设备制造业	40.0	30.4	-9.6
汽车制造业	37.3	34.3	-3.0
铁路、船舶、航空航天及其他运输设备制造业	11.1	9.9	-1.3
电气机械及器材制造业	37.6	24.8	-12.8
计算机、通信和其他电子设备制造业	34.2	30.2	-4.0
仪器仪表制造业	5.8	5.0	-0.8

资料来源：笔者根据 2013 年和 2018 年《中国经济普查年鉴》数据计算得到。

江苏是经济大省和制造业大省，其经济发展成效对于中国总体而言非常重要。自 2013 年以来，江苏制造业就业出现大幅下降。通过分析 2013 年和 2018

年江苏省制造业各细分行业的就业人数及两年间的变动情况，笔者发现在 28 个细分行业中，除了汽车制造业、医药制造业、家具制造业与石油加工、炼焦和核燃料加工业的就业人数分别增加 10.3 万、4.0 万和 0.9 万和 0.1 万，其余细分行业的就业人数全都减少（见表 3-8）。

表 3-8　2013 年和 2018 年江苏省制造业细分行业的就业人数及两年间的变动情况

行业名称	2013 年就业人数（万人）	2018 年就业人数（万人）	差值（万人）
农副食品加工业	19.3	14.36	-5.0
食品制造业	8.5	8.05	-0.4
酒、饮料和精制茶制造业	8.4	7.06	-1.3
烟草制品业	0.6	0.59	0.0
纺织业	91.2	60.50	-30.7
纺织服装、服饰业	75.6	51.19	-24.4
皮革、毛皮、羽毛及其制品和制鞋业	16.1	9.03	-7.0
木材加工及木竹、藤、棕、草制品业	19.3	9.46	-9.8
家具制造业	4.8	5.69	0.9
造纸及纸制品业	11.7	8.24	-3.4
印刷和记录媒介复制业	9.3	9.00	-0.3
文教、工美、体育和娱乐用品制造业	22.3	21.44	-0.9
石油加工、炼焦和核燃料加工业	3.1	3.19	0.1
化学原料和化学制品制造业	68.9	49.18	-19.7
医药制造业	17.6	21.54	4.0
化学纤维制造业	18.0	15.49	-2.5
橡胶和塑料制品业	33.7	31.33	-2.4
非金属矿物制品业	38.5	29.83	-8.6
黑色金属冶炼及压延加工业	42.0	23.44	-18.5
有色金属冶炼及压延加工业	13.9	12.32	-1.6
金属制品业	50.5	47.05	-3.5
通用设备制造业	74.3	69.30	-5.0
专用设备制造业	53.6	51.12	-2.5
汽车制造业	36.6	46.90	10.3
铁路、船舶、航空航天和其他运输设备	42.0	23.77	-18.2

续表

行业名称	2013 年就业人数（万人）	2018 年就业人数（万人）	差值（万人）
电气机械及器材制造业	103.2	90.84	-12.4
计算机、通信和其他电子设备制造业	188.4	162.18	-26.2
仪器仪表制造业	24.8	20.39	-4.4

资料来源：笔者根据 2013 年和 2018 年《中国经济普查年鉴》数据计算得到。

具体而言，纺织业的就业人数减少最多，高达 30.7 万，纺织服装、服饰业减少 24.4 万。鉴于江苏省劳动成本提升较快，作为典型劳动密集型行业的纺织业和纺织服装、服饰业出现就业大幅下降基本上是一种正常现象。另外，化学原料及化学制品制造业、黑色金属冶炼及压延加工业的就业人数也出现较大幅度下跌，分别减少 19.7 万和 18.5 万。这两个细分行业一般认为具有高耗能和高污染特征，属于政府压缩对象，就业减少受制于较强的政策调控，企业往往无能为力。

江苏省在计算机、通信及其他电子设备制造业，电气机械及器材制造业，铁路、船舶、航空航天及其他运输设备制造业的就业人数出现大幅下跌，分别减少了 26.2 万、12.4 万和 18.2 万。这三个细分行业属于典型的高技术、高附加值和低污染行业，本应是江苏省大有可为的重点行业，毕竟江苏省拥有量多质高的一流高等学府和科研院所，是中国著名的人才大省，具有深厚的研发基础，因此，该现象是一个值得深入调研的问题。

辽宁是中国东北三省之一，可作为研究北方经济特征（尤其是东北工业基地）的典型代表。该省制造业就业衰减较为严重。通过分析 2013 年和 2018 年辽宁省制造业各细分行业的就业人数及两年间的变动情况，发现该省除了烟草制品业以外，27 个细分行业的就业人数全都减少（见表 3-9）。黑色金属冶炼及压延加工业和非金属矿物制品业的就业人数分别减少了 22.76 万、16.02 万，考虑到这两个产业的高耗能、高污染特性，属于政府不鼓励发展的压缩型产业，就业人数大幅下降也算正常。但是，通用设备制造业、专用设备制造业的就业人数分别大幅减少了 26.18 万和 12.60 万，作为东北老工业基地的两大传统优势产业，现在却面临日益萎缩的衰败状态，究竟是由什么因素造成的？另外，计算机、通信和其他电子设备制造业是现代高新技术产业的代表，该行业的就业人数也呈下滑趋势，2018 年相比 2013 年减少了 3.18 万人。这些数据意味着辽宁在逐渐丢失传统优势产业的同时，也没有在新兴的高技术产业形成强大竞争优势，未来制造业发展可能面临更加艰难的局面。

表 3-9　2013 年和 2018 年辽宁省制造业细分行业的就业人数及两年间的变动情况

行业名称	2013 年就业人数（万人）	2018 年就业人数（万人）	差值（万人）
农副食品加工业	29.72	11.30	-18.42
食品制造业	6.53	2.82	-3.71
酒、饮料和精制茶制造业	3.90	1.69	-2.21
烟草制品业	0.22	0.23	0.01
纺织业	5.44	1.53	-3.91
纺织服装、服饰业	13.93	5.23	-8.70
皮革、毛皮、羽毛及其制品和制鞋业	1.58	0.51	-1.07
木材加工及木竹、藤、棕、草制品业	5.95	1.14	-4.81
家具制造业	4.06	1.46	-2.60
造纸及纸制品业	3.75	1.15	-2.60
印刷和记录媒介复制业	1.47	0.48	-0.99
文教、工美、体育和娱乐用品制造业	1.93	0.45	-1.48
石油加工、炼焦和核燃料加工业	10.01	8.25	-1.76
化学原料和化学制品制造业	16.83	7.37	-9.46
医药制造业	5.38	3.78	-1.60
化学纤维制造业	0.67	0.26	-0.41
橡胶和塑料制品业	14.99	4.60	-10.39
非金属矿物制品业	25.33	9.31	-16.02
黑色金属冶炼及压延加工业	40.43	17.67	-22.76
有色金属冶炼及压延加工业	6.69	5.09	-1.60
金属制品业	17.69	10.44	-7.25
通用设备制造业	40.51	14.33	-26.18
专用设备制造业	18.73	6.13	-12.60
汽车制造业	14.96	13.93	-1.03
铁路、船舶、航空航天和其他运输设备	11.72	10.39	-1.33
电气机械及器材制造业	15.63	6.97	-8.66
计算机、通信和其他电子设备制造业	8.27	5.09	-3.18

续表

行业名称	2013 年就业人数（万人）	2018 年就业人数（万人）	差值（万人）
仪器仪表制造业	2.60	1.69	-0.91

资料来源：笔者根据 2013 年和 2018 年《中国经济普查年鉴》数据计算得到。

尽管广东绝对就业人数减少近百万，但在全国的比重却提高了 1.15%，2018年升至 17.67%，究竟是哪些细分行业对该省就业人数的绝对减少和比重增加做出了主要贡献呢？从表 3-10 中可知，在制造业 28 个细分行业中，2018 年有 7 个行业的就业人数实现增长，其中提高幅度较大的是专用设备制造业、汽车制造业和通用设备制造业，就业人数分别增加了 18.71 万、10.76 万和 5.29 万，这三个行业具有资本—技术密集型特征，表明广东省产业结构加快转向更多使用资本和技术要素的产品生产。在就业人数减少的 21 个细分行业中，皮革、毛皮、羽毛及其制品和制鞋业，纺织服装、服饰业，纺织业，文教、工美、体育和娱乐用品制造业位居前四，就业人数分别减少 34.15 万、31.70 万、16.07 万和 13.46 万，全部加起来接近 100 万人。这四个行业属于典型的劳动密集型产业，考虑到近年来广东劳动力成本快速提高，这几个行业就业人数大幅下跌也就不难理解。

表 3-10 2013 年和 2018 年广东省制造业细分行业的就业人数、比重及两年间的比重差值

行业名称	2013 年就业人数（万人）	2018 年就业人数（万人）	差值（万人）	2013 年占比（%）	2018 年占比（%）	差值（%）
农副食品加工业	17.21	15.30	-1.91	1.22	1.17	-0.05
食品制造业	19.91	17.46	-2.45	1.41	1.33	-0.08
酒、饮料和精制茶制造业	8.66	7.05	-1.61	0.61	0.54	-0.08
烟草制品业	0.82	0.70	-0.12	0.06	0.05	0.00
纺织业	43.76	27.69	-16.07	3.10	2.11	-0.99
纺织服装、服饰业	100.92	69.22	-31.70	7.15	5.27	-1.87
皮革、毛皮、羽毛及其制品和制鞋业	82.96	48.81	-34.15	5.87	3.72	-2.16
木材加工及木竹、藤、棕、草制品业	8.91	6.53	-2.38	0.63	0.50	-0.13
家具制造业	34.15	35.73	1.58	2.42	2.72	0.30
造纸及纸制品业	23.43	22.22	-1.21	1.66	1.69	0.03

行业名称	2013年就业人数（万人）	2018年就业人数（万人）	差值（万人）	2013年占比（%）	2018年占比（%）	差值（%）
印刷和记录媒介复制业	24.14	21.24	-2.90	1.71	1.62	-0.09
文教、工美、体育和娱乐用品制造业	82.45	68.99	-13.46	5.84	5.26	-0.58
石油加工、炼焦和核燃料加工业	2.61	2.62	0.01	0.18	0.20	0.01
化学原料和化学制品制造业	34.33	32.43	-1.90	2.43	2.47	0.04
医药制造业	11.81	12.84	1.03	0.84	0.98	0.14
化学纤维制造业	1.43	1.13	-0.30	0.10	0.09	-0.02
橡胶和塑料制品业	85.46	84.31	-1.15	6.05	6.42	0.37
非金属矿物制品业	59.16	55.69	-3.47	4.19	4.24	0.05
黑色金属冶炼及压延加工业	11.71	7.74	-3.97	0.83	0.59	-0.24
有色金属冶炼及压延加工业	16.30	14.46	-1.84	1.15	1.10	-0.05
金属制品业	80.05	83.39	3.34	5.67	6.35	0.68
通用设备制造业	46.38	51.67	5.29	3.28	3.94	0.65
专用设备制造业	33.92	52.63	18.71	2.40	4.01	1.61
汽车制造业	32.57	43.33	10.76	2.31	3.30	0.99
铁路、船舶、航空航天和其他运输设备	15.74	11.43	-4.31	1.11	0.87	-0.24
电气机械及器材制造业	180.15	169.95	-10.2	12.76	12.95	0.19
计算机、通信和其他电子设备制造业	330.90	329.08	-1.82	23.43	25.07	1.64
仪器仪表制造业	22.37	19.00	-3.37	1.58	1.45	-0.14

资料来源：笔者根据2013年和2018年《中国经济普查年鉴》数据计算得到。

需要指出的是，广东在计算机、通信及其他电子设备、电气机械及器材等高科技产业的就业人数虽然绝对数量分别减少1.82万和10.2万，但比重或相对数量却增加了，分别提高1.64%和0.19%。医药制造业也是一个典型的高科技产业，广东在该产业的就业人数和比重双双提高。由此可见，广东在高科技产业仍然拥有较强的竞争态势，并未显现衰弱迹象。

第四章 相对需求减少与制造业
比重下降

制造业比重下降是一个世界性的、普遍的经济现象，已有许多经济学者对此问题展开大量的理论分析和实证研究，结果发现价格效应、内需效应、技术效应和贸易效应（进口效应和出口效应）是主要推动因素。笔者将这些因素进一步归结为需求和供给两个方面，内需效应和贸易效应属于需求面，而价格效应和技术效应归于供给面。本章聚焦需求侧，以广义的恩格尔定律为理论基础，分析居民在不同制造业产品和服务产品的消费支出占比、居民消费需求结构的演变特征、制造业和服务业需求收入弹性的变化差异、制造业比重下降与制造业产品需求收入弹性显著降低的联系。这些都是需要进行详细实证研究的问题。

一、理论基础：广义的恩格尔定律

（一）恩格尔定律

相对需求减少导致制造业比重下降的理论渊源可以追溯到恩格尔定律，该定律是 19 世纪德国统计学家恩斯特·恩格尔从比利时居民家庭的消费行为中观察到的经验规律，其内容是居民家庭的收入越少，家庭收入中（或总支出中）用来购买食物的支出占比越大；随着家庭收入增加，家庭收入中（或总支出中）用来购买食物的支出占比会下降。该定律也可表述为，对于一个国家或一个家庭来说，随着收入水平不断提高，食物需求或支出的收入弹性会越来越小。显然，食品是人类生存的必需品，无论收入高低，必然包含在购物组合之中。而珠宝、豪车、旅游和娱乐等产品的必需性质很弱，当居民家庭收入较低时，往往不会出现在购物篮子里。因此，随着居民家庭收入水平的日益增长，其支出中用于生活必需品（如食品和衣物）的占比会减小，而用于制造业产品（如计算机和洗衣机）和服务业产品（如旅游和娱乐）的支出占比则会逐渐提高。

从定义可知，恩格尔定律的定量测度主要有两种方法，其中一种方法是计算食品支出金额与总支出金额之比，也就是恩格尔系数，具体计算公式如下：

$$恩格尔系数 = \frac{食品支出金额}{总支出金额}$$

另一种方法是计算食品支出（需求）的收入弹性，具体计算公式如下：

$$食品支出（需求）的收入弹性 = \frac{食品支出（需求）变动百分比}{收入变动百分比}$$

第一种计算方法简单直观，由于根据绝对数计算，难以用于不同产品支出（需求）变动对于收入变动反应程度的比较研究。第二种方法则规避了第一种的缺点，本章将主要采用产品支出或需求的收入弹性法，从而可以比较制造业需求和服务业需求应对收入提高的变化情况，进而获得制造业占比下降的需求面诱因。图4-1给出了中国不同收入水平居民群组的食品支出占比，最低收入、较低收入、中等偏下、中等收入、中等偏上、较高收入和最高收入的占比依次下降，其中最低收入居民的食品支出占比是45.34%，而最高收入居民的占比为27.41%，两个群组的比值相差高达17.93%。从图4-1可知，恩格尔定律在中国也是成立的。

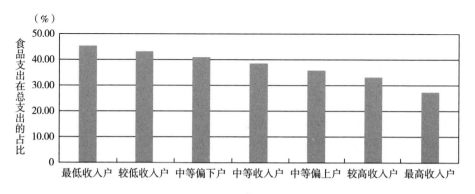

图4-1　2012年中国不同收入居民的恩格尔系数

资料来源：笔者根据《中国统计年鉴2013》数据计算得到。

(二) 广义的恩格尔定律

广义的恩格尔定律包含三个内容：第一，随着居民收入水平的不断提高，物质性消费占消费支出的比重逐步下降，非物质性的服务消费比重持续上升；第二，从物质性消费的内部结构来看，随着居民收入逐渐增长，用于工业品消费的收入比重会提升，而用于初级产品（如食品）消费的收入比重则会下降；第三，居民收入提高以后，更加重视消费品质，高质量产品及服务在居民消费支出中的占比越来越高。

克拉克（Clark，1957）在《经济进步的条件》中指出，由于制造业产品的需求收入弹性低于服务业，经济体全部增加值中的制造业占比一般存在结构性下降趋势。关于结构变化的部分文献表明，跨部门经济活动重新分配的过程可能源自实际收入变动引发的需求结构变化，即收入变动→偏好结构→需求结构→经济结构变化。经济学家往往将需求与偏好挂钩，后者决定前者，为了从理论上获得收入变动影响需求结构的推论，往往需要假设消费者需求是非位似的。因为位似偏好意味着不同商品的需求收入弹性始终相等，而这与现实数据常常不吻合。非位似偏好则可以使不同商品的需求收入弹性具有明显差异。卡明、拉斯卡瑞和梅斯特瑞（Comin，Lashkari & Mestieri，2021）指出，偏好的非位似特征增强了需求层次，成为大多数工业化经济体结构变化的主要决定因素，由非位似偏好引起的结构变化有时被称为偏好驱动性结构变化。具体而言，随着居民收入不断增加，不同商品之间的边际替代率出现内生变化，导致更多的生产活动被重新分配给满足相对较高等级需求的商品部门，最终引致经济结构变动。按照这种分析思路，农业、制造业和服务业这三个广泛的生产部门应该分别对应于迫切的需求、不迫切的需求和奢侈的需求。

从理论上讲，通过将非位似偏好纳入多部门增长模型，可以获得引发经济结构变化的收入效应。理论分析表明，不同商品部门的需求收入弹性差异被认为是经济结构变化的一个潜在驱动因素，已有诸多文献对各部门收入弹性的差异性进行了实证检验。卡戎、法笠和马库森（Caron，Fally & Markusen，2014）的研究显示，不同商品部门的需求收入弹性存在很大差异，复杂劳动密集型部门的需求收入弹性往往更高一些。克拉克（Clark，1957）把恩格尔定律扩展到制造业产品部门，利用跨国统计数据获得以下结论：在经济发展的早期阶段，用于制造业产品的收入占比先增长一段时间，然后逐渐稳定下来，最终在超过人均收入的某个阈值后下降，这种变化过程也被称为"贝尔定律"。

令人遗憾的是，"贝尔定律"的经验证据在实证文献中较具争议性。"贝尔定律"隐含地假设，在经济发展的后期阶段，制造业产品的收入弹性小于1，而服务业产品的收入弹性大于1。但是，随着人类科技的快速进步，制造业和服务业的产品种类日益繁多，新产品层出不穷且质量不断提高，一些制造业产品的需求收入弹性可能大于1，而一些服务业产品的需求收入弹性可能小于1。另外，用于制造业产品的名义收入占比确实呈明显的下降趋势，但近几十年来，在一些发达国家或地区，制造业产品的实际收入占比却并没有出现类似的减小趋势，这就意味着必须考虑价格对经济结构变化的重要作用。因此，纯粹基于需求或支出的去工业化解释是不完整的，忽视了生产率和价格对需求结构、产出和就业的影响。

　　收入分配不平等已成为世界性难题，在发达国家和发展中国家都普遍存在，从需求侧给经济增长和结构调整带来严峻挑战。格瓦波斯基（Grabowski，2017）从收入不平等对工业制成品需求的影响，进而导致制造业占比下降的视角研究发展中国家"过早去工业化"问题。实证分析表明，一些发展中国家日益加剧的收入分配不平等减少了劳动密集型制成品的国内市场，导致制造业发展停滞。此外，发达国家日益加剧的不平等也降低了国际市场对劳动密集型制造业产品的需求，最终使得发展中国家出口劳动密集型制成品的机会较少，进而加重了国内制造业的衰退。从需求面出发研究中国经济结构变化的高质量文献较为稀缺。李山奥、潘珊和龚六堂（Li，Pan & Gong，2016）构建了涵盖农业、制造业和服务业三个行业的经济增长模型，并将非位似偏好引入模型。他们利用中国数据对理论模型进行了校准，进而探讨生产结构和消费结构变化的定量性质。结果发现，中国低收入阶层消费增长缓慢，而中高收入阶层消费增长较快。由于中国收入不平等现象比较严重，低收入阶层人数较多，导致整体消费水平和消费增长率低于社会创造的财富数量及其增长率，这正是中国消费需求不足的根本原因。他们认为，政府可以使用财政政策来调节经济和刺激消费，还可以利用加速技术进步的政策来增加国家财富，增强人力资本，使低收入阶层摆脱贫困，从根本上解决收入分配不均和消费需求不足的问题。

二、中国从制造业到服务业的需求变动初探

　　通过比较2006~2012年与2013~2019年的中国居民消费支出增速（见图4-2

和图 4-3），可以初步判断中国是否存在从制造业到服务业的消费升级。

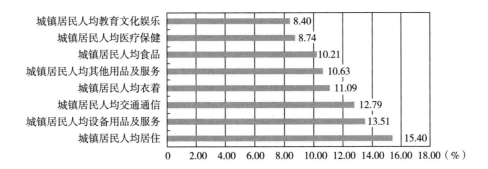

图 4-2 2006~2012 年中国居民消费支出平均增速

资料来源：笔者根据历年国家统计局网站年度数据计算得到。

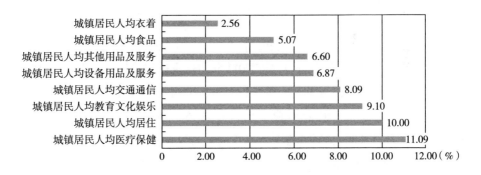

图 4-3 2013~2019 年中国居民消费支出平均增速

资料来源：笔者根据历年国家统计局网站年度数据计算得到。

比较图 4-2 和图 4-3 可以发现，2006~2012 年，中国居民消费支出增长最快的是居住，其次是设备用品及服务（主要是家用电器类产品），然后是交通通信和衣着，这期间消费支出增长最慢的是教育文化娱乐和医疗保健。2013~2019 年，中国居民消费支出增长出现很大变化，增长最快的是医疗保健，居住则屈居第二，教育文化娱乐增长速度名列第三。与此同时，衣着和食品支出增长分别位于倒数第一和倒数第二。设备用品及服务的平均增速仅 6.87%，远低于前一个时期的 13.51%。总体而言，随着中国居民收入水平不断提高，居民消费结构出现了从制造业向服务业的明显转变，这与世界上发达国家的发展规律是一致的。

三、居民在不同产品和服务上的消费支出占比

根据恩格尔系数，本部分将计算历年居民在不同产品和服务上的消费支出占总支出的比重，归纳总结中国居民消费需求结构的变化特征，进而推断生产结构或经济结构的演化路径。

从表4-1中的数据可见，中国城市居民在制造业产品上的消费支出占比在2011年达到6.75%的峰值，之后呈明显下降趋势，而在服务业产品上的消费支出总体上保持增长态势。具体而言，家庭设备用品主要包括洗衣机、冰箱、电视机、空调和微波炉等典型的制造业产品，2005年其占比为5.62%，2011年达到峰值6.75%，之后呈下降趋势，2019年降至6.02%。由此可见，中国城市居民对于制造业产品的需求在2011年已经出现饱和，之后需求明显减弱。衣着和部分食品（如农副产品加工）也属于制造业产品，在2011年占比也达到峰值，分别是11.05%和36.32%，之后出现大幅快速下跌，到2019年，各自分别下降了4.52%和8.76%。

与此同时，服务业产品的消费支出占比总体上保持上升态势。具体来看，2005~2019年医疗保健、交通和通信、居住的消费支出占比保持增长，医疗保健、交通和通信分别从2005年的7.56%和12.55%上涨为2019年的8.14%和13.08%。但是，教育文化娱乐服务的消费支出占比出现下降，从2005年的13.82%降至2019年的11.86%。居住服务的支出占比增长尤为突出，2005年为10.18%，2019年大幅攀升至24.16%，14年里提高了近14个百分点，平均每年提高1个百分点。显然，中国城市居民之所以在制造业产品上消费支出占比下降的同时，在服务业产品上的支出占比提高幅度并不大，甚至出现少数服务业产品的消费支出比重下降，很大一部分原因在于城市居民把较多收入用于不断快速上涨的居住支出了。

表4-1 2005~2019年中国城市居民在不同产品和服务上的消费支出占比变化

单位：%

年份	家庭设备用品及服务	食品	衣着	居住	医疗保健	交通和通信	教育文化娱乐服务	其他商品和服务
2005	5.62	36.69	10.08	10.18	7.56	12.55	13.82	3.50

续表

年份	家庭设备用品及服务	食品	衣着	居住	医疗保健	交通和通信	教育文化娱乐服务	其他商品和服务
2006	5.73	35.78	10.37	10.40	7.14	13.19	13.83	3.56
2007	6.02	36.29	10.42	9.83	6.99	13.58	13.29	3.58
2008	6.15	37.89	10.37	10.19	6.99	12.60	12.08	3.72
2009	6.42	36.51	10.47	10.02	6.98	13.72	12.01	3.87
2010	6.74	35.67	10.72	9.89	6.47	14.73	12.08	3.71
2011	6.75	36.32	11.05	9.27	6.39	14.18	12.21	3.83
2012	6.69	36.23	10.94	8.90	6.38	14.73	12.20	3.94
2013	6.11	30.13	8.40	23.27	6.15	12.54	10.75	2.65
2014	6.18	30.05	8.15	22.48	6.54	13.21	10.73	2.67
2015	6.11	29.73	7.95	22.09	6.75	13.53	11.14	2.70
2016	6.18	29.30	7.53	22.16	7.07	13.75	11.43	2.58
2017	6.24	28.64	7.19	22.76	7.27	13.59	11.65	2.67
2018	6.24	27.72	6.92	23.95	7.84	13.30	11.39	2.63
2019	6.02	27.56	6.53	24.16	8.14	13.08	11.86	2.66

资料来源：笔者根据 Wind 数据库数据计算得到。

中国农村居民在不同产品和服务上的消费支出占比变动与城市居民相比，有哪些相同和不同之处呢？考虑到中国庞大的农村人口，其潜在的需求能力还未得到充分挖掘，因此这个问题具有重大意义，值得探索。

1980~2020 年，中国农村居民的恩格尔系数总体呈下降趋势（见图 4-4）。分时期来看，1980~1995 年，恩格尔系数在 60% 左右波动，表明直至 20 世纪 90 年代中期，中国农村居民的收入水平仍然较低，生活水平基本处于解决温饱阶段。1995年之后，随着中国经济的高速发展，农民的收入水平也保持较快增长，恩格尔系数真正实现持续性显著下降，从 1995 年的 58.6% 降至 2019 年的 30%，农民的生活发生了翻天覆地的变化，不用为温饱发愁，也有更多的财力用于制造业产品和服务业产品的消费了。

对比表 4-1 和表 4-2 可以发现，中国农村居民在家庭设备用品及服务（主要是制造业产品）上的消费支出占比与城市居民一样，呈先增后减走势，但达到峰值的时间为 2013 年，相比城市居民晚了 2 年，峰值为 6.29%，相比城市小了 0.46%。具体而言，2005 年农村居民在家庭设备用品及服务上的支出占比为 4.36%，2013

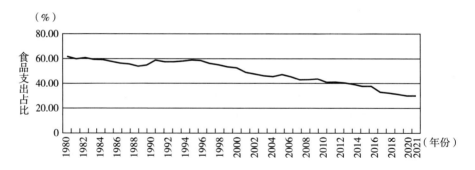

图 4-4　1980~2021 年中国农村居民的恩格尔系数

资料来源：笔者根据 Wind 数据库数据计算得到。

年达到峰值之后呈下降趋势，2019 年降至 5.73%。由此可推知，中国农村居民对于制造业产品的需求在 2013 年已经出现饱和，之后需求开始减弱。衣着属于制造业产品，农村居民衣着支出的占比也呈先增后减走势，在 2013 年达到峰值 7.16%，之后持续下跌，2019 年降至 5.35%。可见，农村居民对纺织服装产品的需求在 2013 年就已经出现饱和了，相比城市居民晚了 2 年。农村居民在食品上的支出比重则一直呈下降趋势，从 2005 年的 45.48% 下跌至 2019 年的 30%。总而言之，中国农村居民对于制造业产品的消费需求自 2013 年以后不断减弱，这种发展趋势显然不利于制造业扩大生产，最终可能导致制造业占比不断下降。

表 4-2　2005~2019 年中国农村居民在不同产品和服务上的消费支出占比变化

单位：%

年份	家庭设备用品及服务	食品	衣着	居住	医疗保健	交通和通信	教育文化娱乐服务	其他商品和服务
2005	4.36	45.48	5.81	14.49	6.58	9.59	11.56	2.13
2006	4.47	43.02	5.94	16.58	6.77	10.21	10.79	2.23
2007	4.63	43.08	6.00	17.80	6.52	10.19	9.48	2.30
2008	4.75	43.67	5.79	18.54	6.72	9.84	8.59	2.09
2009	5.13	40.97	5.82	20.16	7.20	10.09	8.53	2.11
2010	5.34	41.09	6.03	19.06	7.44	10.52	8.37	2.15
2011	5.92	40.36	6.54	18.41	8.37	10.48	7.59	2.34
2012	5.78	39.33	6.71	18.39	8.70	11.05	7.54	2.50
2013	6.29	33.61	7.16	19.13	10.04	13.02	7.94	2.81

续表

年份	家庭设备用品及服务	食品	衣着	居住	医疗保健	交通和通信	教育文化娱乐服务	其他商品和服务
2014	6.04	33.57	6.09	21.03	8.99	12.08	10.25	1.94
2015	5.92	33.05	5.97	20.89	9.17	12.61	10.51	1.89
2016	5.88	32.24	5.68	21.20	9.17	13.43	10.57	1.84
2017	5.79	31.18	5.58	21.48	9.66	13.78	10.69	1.83
2018	5.94	30.07	5.34	21.94	10.23	13.94	10.74	1.80
2019	5.73	30.00	5.35	21.54	10.66	13.78	11.12	1.81

资料来源：笔者根据 Wind 数据库和历年《中国统计年鉴》数据计算得到。

中国农村居民在服务业产品上的支出占比与城市居民一样，总体上看也是不断提高的。具体而言，在居住上的支出占比增长最大，从 2005 年的 14.49% 提高到 2019 年的 21.54%，提高 7.05 个百分点，这反映了农村居民和城市居民一样，也把较多收入用于不断上涨的居住支出了。在医疗保健、交通和通信上的消费支出占比呈显著增长趋势，分别从 2005 年的 6.58% 和 9.59% 上涨为 2019 年的 10.66% 和 13.78%。农村居民在教育文化娱乐服务上的支出占比先减后增，从 2005 年的 11.56% 降至 2012 年的 7.54%，之后上升至 2019 年的 11.12%。

四、中国制造业和服务业的需求收入弹性比较

根据前文的理论分析，我们将分别计算中国制造业和服务业需求收入弹性的变化趋势，从而推断需求因素是否与中国制造业占比的显著变化相关。由于制造业包含一些与居民消费没有直接关系的细分行业，如黑色金属冶炼和压延加工业，有色金属冶炼和压延加工业，化学原料和化学制品制造业，专用设备制造业和铁路、船舶、航空航天及其他运输设备制造业等，因此我们将集中于计算与居民消费直接相关的制造业细分行业的需求收入弹性。

（一）与居民日常消费直接相关的制造业细分行业的需求收入弹性

从表 4-3 中可知：

（1）对比 2000~2010 年与 2011~2019 年的长期需求收入弹性可知，所有 8 个

与中国居民日常消费需求密切相关的制造业都表现出需求收入弹性下降的趋势，而且该数值从 2000~2010 年的全部大于 1 变成 2011~2019 年的全部小于 1，也就是说从富有弹性变为缺乏弹性。这就意味着随着中国居民收入不断提高，对于食品类、饮料类、服装类、家具类和医药类等基本生活必需品的相对需求在萎缩，需求增长幅度小于收入增长幅度。由此可见，不仅食品类表现出恩格尔效应，服装类、饮料类、家具类和医药类也表现出类似效应，符合广义的恩格尔定律。

表 4-3　2000~2019 年制造业细分行业的需求收入弹性

年份	2000~2005	2006~2010	2011~2015	2016~2019	2000~2010	2011~2019
农副产品加工业	2.46	2.10	1.17	-0.66	3.18	0.08
食品制造业	2.12	1.83	1.38	-0.27	2.56	0.40
酒、饮料和精制茶制造业	-0.36	6.16	1.13	-0.28	1.62	0.30
烟草制品业	1.23	0.87	0.95	0.46	1.04	0.66
纺织业	1.95	1.14	0.57	-0.92	1.72	-0.23
纺织服装、服饰业	1.54	1.35	1.62	-0.72	1.64	0.18
家具制造业	3.76	1.88	1.41	-0.16	4.08	0.48
医药制造业	1.83	1.65	1.84	-0.17	2.13	0.64

资料来源：笔者根据历年《中国工业经济年鉴》数据计算得到。

（2）在以上这些与居民消费紧密相关的制造业行业中，农副产品加工业、食品制造业、纺织业和家具制造业的需求收入弹性在 2000~2019 年持续显著下降，不管是短期还是长期皆如此。2015~2019 年的需求收入弹性甚至为负数，这意味着在 2015 年以后，随着收入的增加，中国居民对于农副产品加工业、食品制造业、纺织业和家具制造业的产品需求出现绝对减少，也表明这几个制造业行业的产能可能会出现过剩。从长期来看，这几个行业需求收入弹性变化更显剧烈，对比 2000~2010 年与 2011~2019 年，家具制造业和农副产品加工业的需求收入弹性变化最大，分别下降了 3.6 和 3.1，食品制造业和纺织业的需求收入弹性也分别下跌了 2.16 和 1.95。

（二）家用电器制造、计算机制造和汽车制造的需求收入弹性

家用电器、计算机和汽车作为耐用型消费品，是构成中国居民消费支出的重要部分，这些产品的需求收入弹性极大地影响着相关制造业部门的生产规模和未来发展潜能。根据国家统计局 2004 年、2008 年、2013 年和 2018 年四次经济普查数据，笔者计算了中国居民在家用电器制造、计算机制造和汽车制造的需求收入弹性（见表 4-4），得到以下几个发现：

（1）2004~2018 年，家用电器制造的需求收入弹性不断递减。2013 年以前，家电的需求收入弹性大于 1，意味着居民收入提高以后，把更多的收入用于购买家用电器。2013 年以后，家电制造的需求收入弹性降为 0.46，远小于 1，意味着居民收入提高以后，把更少比例的收入用于购买家用电器，表明居民对家电的需求显著减弱了。

（2）计算机制造的需求收入弹性也是不断递减的，2013~2018 年甚至变成负数。考虑到计算机类产品的技术进步很快，而且生产规模庞大，因此生产成本下降极快，这类产品的需求收入弹性为负数很可能与其价格快速大幅下跌有关。

（3）在此期间，汽车制造业的需求收入弹性呈现先增后减的特征。2004~2008 年弹性为 1.43，2008~2013 年增长到 1.88，2013~2018 年进一步下降到 0.84。由此可见，随着需求持续减弱，中国汽车制造业今后的发展速度可能会减慢。

表 4-4　2004~2018 年家用电器制造、计算机制造和汽车制造的需求收入弹性

年份	2004~2008	2008~2013	2013~2018
家用电器制造	1.19	1.09	0.46
计算机制造	0.87	0.48	-0.26
汽车制造	1.43	1.88	0.84

资料来源：笔者根据历年《中国经济普查》数据计算得到。

（三）与居民消费直接相关的服务业行业的需求收入弹性

从表 4-5 中可以得到以下几个发现：

（1）总体来看，通过对比 2000~2010 年与 2011~2019 年的中国居民主要服务消费的需求收入弹性可以发现，该弹性从 0.83 增长为 0.86，说明居民确实将增加的收入更多地用在了服务消费。

（2）2000~2019 年，医疗保健类服务产品的需求收入弹性增长最明显，从 2000~2010 年的 0.62（远小于 1）上升至 2011~2019 年的 1.34（远大于 1），说明

随着中国居民收入提高，大家越来越重视身体健康，愿意在此方面花费更多的钱。

（3）2000~2019年，教育文化娱乐服务产品的需求收入弹性也有所提高，从2000~2010年的0.56上升至2011~2019年的0.79，说明随着中国居民收入提高，大家越来越重视精神层面的东西，愿意在此方面花费更多的钱。

（4）让人感到意外的是，交通和通信服务产品的需求收入弹性在此期间出现大幅下降，从2000~2010年的1.43降至2011~2019年的0.70，背后的原因究竟是什么呢？我们推测可能是由于交通和通信服务产品的生产效率提高较快，导致价格上涨较慢甚至小幅下跌，而其他服务产品往往生产效率较难提升，人工成本却大幅上升，最终导致价格上升较快。

表4-5 2000~2019年居民消费相关的服务业需求收入弹性

年份	2000~2005	2006~2010	2011~2015	2016~2019	2000~2010	2011~2019
医疗保健	1.10	0.40	1.16	1.40	0.62	1.34
交通和通信	1.89	0.89	0.82	0.65	1.43	0.70
教育文化娱乐服务	0.93	0.43	0.68	0.96	0.56	0.79
主要服务消费	1.25	0.59	0.84	0.92	0.83	0.86

资料来源：笔者根据历年《中国统计年鉴》数据计算得到。

五、基于制造业产品数量的需求收入弹性变化特征

前文利用了制造业细分行业的营业收入数据作为居民需求的替代值，计算需求收入弹性。但是这样处理存在一个问题，因为营业收入是销售价格与销售数量的乘积，为了剔除价格带来的影响，进而真正反映收入提高的数量需求效应，我们将直接对一些重要制造业产品的销售数量计算需求收入弹性。具体而言，一是利用城镇居民耐用消费品年底拥有量作为对相关制造业产品的需求替代；二是采用每年主要耐用消费品产量作为对相关制造业产品的需求替代，两种方法显然都存在一定的弊端，但在无法获得制造业实际数量指数的情况下也算较优选择了。

（一）依据城镇居民主要耐用消费品年底拥有量的分析

由表 4-6 可知：第一，2000~2019 年，中国城镇居民 10 种主要耐用消费品的消费数量收入弹性全部下降，2000~2010 年与 2011~2019 年的弹性数据对比可以清楚地表明这一点。第二，家用汽车、移动电话和计算机在 2000 年左右属于奢侈品，只有少数高收入居民能够买得起，2000~2005 年及 2000~2010 年的需求收入弹性数据很大是因为这里所用的收入是城镇居民平均收入，而不是高收入居民，因此存在较大的偏差。2010 年以后，这三种产品相对于较多的城镇居民收入不再是奢侈品，特别是移动电话和计算机成为普通家用电器，因此使用城镇居民平均收入计算需求收入弹性较为合理。2016~2019 年，移动电话的需求收入弹性仅为 0.32，也就是说在此期间居民收入平均增长 1%，移动电话数量仅提高 0.32%，远低于收入增长。同期计算机的需求收入弹性甚至是负数，表示随着收入的增长，中国居民对计算机需求却下降，出现了饱和现象。第三，洗衣机、电冰箱和电视机是中国居民最为传统的三大家电，2000 年以来需求收入弹性一直较低，其中对洗衣机和电视机的需求萎缩最为显著，说明这些日常家用电器已面临需求严重饱和的局面，必将限制生产规模和产值增长。

表 4-6 2000~2019 年城镇居民主要耐用消费品的需求收入弹性

年份	2000~2005	2006~2010	2011~2015	2016~2019	2000~2010	2011~2019
家用汽车（辆）	8.56	3.51	1.35	1.32	12.31	1.40
摩托车（辆）	0.49	-0.12	0.27	-0.52	0.10	-0.07
洗衣机（台）	0.08	0.02	-0.11	0.23	0.03	0.02
电冰箱（柜）（台）	0.20	0.08	-0.07	0.27	0.10	0.06
微波炉（台）	2.54	0.29	-0.25	0.11	1.15	-0.09
彩色电视机（台）	0.23	0.02	-0.21	0.01	0.09	-0.10
空调（台）	2.41	0.47	-0.13	0.88	1.29	0.23
热水器（台）	0.71	0.20	-0.09	0.44	0.36	0.11
移动电话（部）	8.98	0.46	0.20	0.32	4.25	0.22
计算机（台）	4.89	0.87	-0.09	-0.24	3.10	-0.13

资料来源：笔者根据历年《中国统计年鉴》数据计算得到。

（二）依据每年主要耐用消费品产量的分析

基于表4-7中的数据，可以获得以下发现：第一，2000~2019年，8种主要耐用消费品的需求收入弹性全部下降，2000~2010年与2011~2019年的弹性数据对比可以清楚地表明这一点。第二，家用汽车、移动电话和计算机在2000年左右属于奢侈品，只有少数高收入居民能够买得起，这三种耐用消费品在2000~2005年及2000~2010年的需求收入弹性数值很大，主要是因为这里计算弹性所用的收入是城镇居民平均收入，而不是高收入居民群体的平均收入，因此存在一定的偏差。2010年以后，这三种产品相对于较多的城镇居民收入不再是奢侈品，特别是移动电话和计算机成为普通家用电器，因此使用城镇居民平均收入计算需求收入弹性较为合理。2016~2019年，移动电话的需求收入弹性仅为-0.19，也就是说在此期间居民收入平均增长1%，移动电话数量却下降了0.19%，表明随着收入的增长，中国居民对移动电话的需求下降，该产品出现了饱和现象。同期计算机的需求收入弹性是0.26，表示在此期间居民收入平均增长1%，计算机数量仅增长0.26%。第三，洗衣机是中国居民家庭最为传统的家电之一，2000年以来需求收入弹性一直持续降低，说明该家用电器早已面临需求严重饱和的局面，必将限制生产规模和产值增长。

表4-7 2000~2019年主要耐用消费品的需求收入弹性

年份	2000~2005	2006~2010	2011~2015	2016~2019	2000~2010	2011~2019
家用汽车（万辆）	5.31	2.99	0.32	-0.35	7.23	0.02
摩托车（万辆）	1.13	0.75	-0.19	-0.97	0.90	-0.40
洗衣机（万台）	1.65	1.29	0.18	0.07	1.63	0.11
电冰箱（万台）	1.99	1.76	-0.18	-0.03	2.30	-0.10
彩色电视机（万台）	1.65	0.52	0.40	0.94	0.98	0.59
空调（万台）	4.03	0.74	0.05	1.62	2.43	0.61
移动电话（万部）	7.13	2.79	1.31	-0.19	8.82	0.53
计算机（万台）	16.44	2.49	-0.04	0.26	17.42	0.07

资料来源：笔者根据历年《中国统计年鉴》数据计算得到。

综合表4-6和表4-7的数据可以发现，不管是依据城镇居民主要耐用消费品的年底拥有量还是利用每年主要耐用消费品的产量，都可以发现2000~2019年，中国城镇居民主要耐用消费品的需求（数量）收入弹性全部呈下降态势，比较2000~2010年与2011~2019年的弹性数据就能更加清楚地看出。需要指出的是，剔除价格因素而获得的真正反映收入提高对制造业产品数量影响的弹性系数与包含价格因素计算得到的弹性系数，两者具有几乎一致的变动特征，那就是随着中国居民收入水平的提高，对于制造业产品的需求收入弹性日趋减弱，很多制造业产品面临消费饱和的严峻危机。

六、不同收入水平居民对制造业产品需求收入弹性的差异性

已有经济学者发现，收入分配不平等往往会减少对工业制成品的需求，进而导致制造业发展停滞，占比下降。由于低收入居民的边际消费倾向一般较高，而高收入居民的边际消费倾向一般较低，如果经济体收入分配不平等较为严重，收入过多集聚在少数高收入居民手中，而多数低收入居民的收入占比过低，结果将会是具有消费需求的人可能无钱购买，有钱的人却又没有太大的消费需求，导致制造业产品需求下降，最终使得生产减少，占比下降。

大量研究指出，中国的收入分配差距偏大，收入不平等较为严峻。如图4-5所示，2003~2008年，中国居民收入基尼系数呈递增趋势，从2003年的0.479上升至2008年的0.491。2008~2015年，基尼系数则持续下降，2015年达到0.462的最低值。2015年以后，基尼系数又出现小幅上涨态势，2020年升至0.468。虽然国际上并没有一个最合适的基尼系数标准，但一般认为当基尼系数小于0.2时，居民收入过于平均，0.2~0.3时较为平均，0.3~0.4时比较合理，0.4~0.5时差距过大，大于0.5时差距悬殊。显然，中国每年的基尼系数都远大于0.4，最小值也高达0.462，平均值为0.475，这就意味着中国居民收入分配差距过大，且长期没有实质性改善。

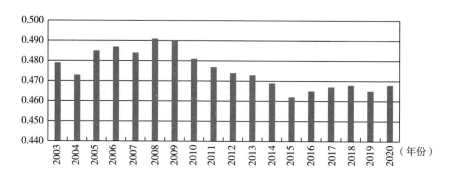

图 4-5   2003~2020 年中国居民收入基尼系数

资料来源：笔者根据 Wind 数据库数据计算得到。

利用 2000 年、2006 年和 2012 年按收入等级分城镇居民家庭平均每人可支配收入和平均每百户年底耐用消费品拥有量，计算并深入分析不同收入水平居民对制造业产品的需求收入弹性差异，结果如表 4-8 所示。

表 4-8   按收入等级分城镇居民家庭耐用消费品的需求收入弹性

2000~2006 年	最低收入	低收入	中等偏下	中等收入	中等偏上	高收入	最高收入
家用汽车	3.38	1.01	4.12	5.77	6.72	9.75	11.98
空调	2.62	2.48	2.73	2.39	2.20	1.94	1.68
摩托车	0.88	0.88	1.04	0.59	0.24	0.14	0.12
移动电话	31.84	23.43	17.58	10.71	6.93	4.73	3.08
洗衣机	0.25	0.17	0.13	0.09	0.06	0.05	0.05
计算机	7.67	7.73	7.17	5.61	4.61	3.56	2.46
电冰箱	0.24	0.39	0.28	0.20	0.16	0.11	0.10
微波炉	3.80	3.36	3.38	2.78	2.25	1.74	1.20
彩色电视机	0.30	0.24	0.22	0.22	0.24	0.22	0.22
淋浴热水器	1.32	1.11	0.95	0.70	0.61	0.48	0.37
2006~2012 年	最低收入	低收入	中等偏下	中等收入	中等偏上	高收入	最高收入
家用汽车	5.08	11.85	6.65	7.11	4.84	3.24	1.88
空调	0.96	0.72	0.50	0.46	0.37	0.31	0.19
摩托车	0.27	0.11	-0.05	-0.21	-0.30	-0.42	-0.52

续表

2006~2012 年	最低收入	低收入	中等偏下	中等收入	中等偏上	高收入	最高收入
移动电话	1.09	0.64	0.43	0.29	0.23	0.16	0.10
洗衣机	0.06	0.03	0.02	0.01	-0.01	-0.02	-0.01
计算机	2.49	1.65	1.07	0.73	0.54	0.53	0.45
电冰箱	0.19	0.10	0.08	0.05	0.03	0.04	0.02
微波炉	0.72	0.49	0.33	0.22	0.14	0.09	0.02
彩色电视机	0.03	0.01	0.00	0.00	-0.02	-0.01	-0.04
淋浴热水器	0.43	0.31	0.24	0.18	0.13	0.10	0.07

注：仅计算 2000 年、2006 年、2012 年的数据是因为缺乏 2012 年以后的相关数据。

资料来源：笔者根据历年《中国统计年鉴》数据计算得到。

由表 4-8 中可知：第一，2000~2006 年，按收入等级分城镇居民家庭的耐用消费品需求收入弹性全部为正数，表明所有收入等级居民对 10 种耐用消费品的年底拥有量全都绝对增加了。而 2006~2012 年，摩托车、洗衣机和彩色电视机三种耐用消费品的需求收入弹性对于收入中等偏上、高收入和最高收入三个等级的居民群体为负值，摩托车需求收入弹性甚至对于中等偏下和中等收入的居民群体也是负数，表明这三种耐用消费品对于中等收入以上的居民群体已经饱和了，需求出现绝对下降最终导致这些行业的生产下滑（除非出现颠覆性技术创新的新产品）。这意味着 2000~2006 年，这些制造行业的生产规模仍在快速扩张，产值占比继续上升，2006 年以后，至少其中 3 个制造行业的生产规模可能不会继续扩张，甚至开始缩减。

第二，2000~2012 年，计算机、移动电话、微波炉、空调和淋浴热水器等制成品的需求收入弹性随着收入等级从低到高而持续递减。以计算机为例，对于最低收入、低收入、中等偏下、中等收入、中等偏上、高收入和最高收入人群，2000~2006 年，计算机的需求收入弹性分别是 7.67、7.73、7.17、5.61、4.61、3.56 和 2.46，2006~2012 年，计算机的需求收入弹性分别是 2.49、1.65、1.07、0.73、0.54、0.53、0.45。显然，不管是前六年还是后六年，收入等级越低的居民家庭其需求收入弹性越大，收入等级越高的居民家庭其需求收入弹性越小，也就是说，收入越低的家庭当其收入提高以后，将把更多的收入用于购买计算机，而收入越高的家庭当其收入提高以后，将把更少的收入用于购买计算机。移动电话、微波炉、空调和淋浴热水器等耐用消费品具有类似于计算机的与收入等级紧密相关的消费需求变动特征,这一特征符合广义的恩格尔定律。

第三,2000~2012年,洗衣机、电冰箱和彩色电视机三种耐用消费品的需求收入弹性有以下几个特点:一是相比其他耐用消费品,这三种工业制成品的需求收入弹性很小,2000~2006年的最大值为0.3,远低于1,在2006年之后,它们的需求收入弹性更是大幅度下降。二是对于最低收入、低收入、中等偏下、中等收入、中等偏上、高收入和最高收入人群,这些制成品的需求收入弹性变化较小。这意味着洗衣机、电冰箱和彩色电视机等在21世纪初就已接近需求饱和,这几个制造业产值占比下降也就不难理解了。

第四,在居民家庭所需的耐用消费品中,家用汽车具有一定的独特性:一是购车费用相对较高,少则几万元,多则几十万元;二是使用成本较高,对于普通家庭而言,保险费、维修费和燃料费是一笔不小的开支。与此同时,汽车产业上下游联系广泛,可以带动几十个工业行业的发展,获得了许多国家或地区政府的重视。2000~2006年,由于当时中国居民收入普遍较低,比如2000年和2006年的最高人均可支配收入分别是13311元和31967元,而汽车费用相对较高,只有高收入居民群体才有能力买车,因此这段时期汽车的需求收入弹性基本上随着收入等级从低到高而持续上升。2006~2012年,随着中国经济高速增长,各个级别的居民收入都大幅提高,这段时期的需求收入弹性大体上随着收入等级从低到高而持续减小,变动范围在11.85(低收入群体)~1.88(最高收入群体),弹性远大于1,属于高弹性产品。

总之,我们发现对于绝大多数耐用消费品,确实存在收入等级越低的居民家庭其需求收入弹性越大,而收入等级越高的居民家庭其需求收入弹性越小。随着一个国家或地区经济持续快速增长,各个等级的居民收入越来越高,需求收入弹性的这种变化趋势会更加显著。因此,如果一个经济体贫富差距太大,结果可能导致整个社会对制造业产品的需求不足,进而迫使企业减产,最终引发制造业比重下降,出现"去工业化"现象,甚至是"过早去工业化"。由此得出的推论是,一个国家或地区要想保持制造业比重基本稳定,必须重视居民收入差距是否存在过大的问题,如果贫富差距太大,必须想方设法解决或缓解,否则可能会引发恶性的经济循环。

七、固定资产投资需求与重化工和装备制造业

在宏观经济学中，拉动经济增长的"三驾马车"主要表现在投资、消费和出口。中国制造业中除了与居民消费直接相关的细分行业以外，还存在与居民消费没有直接关系（仍具有间接联系），而和投资需求（主要是固定资产投资）紧密相关的细分行业，主要涉及黑色金属冶炼和压延加工业，有色金属冶炼和压延加工业，非金属矿物制品业，石油、煤炭及其他燃料加工业和专用设备制造业等。

从图 4-6 中可见，全社会固定资产投资的增速变动方向与黑色金属冶炼和压延加工业、有色金属冶炼和压延加工业、非金属矿物制品业和专用设备制造业的增速变化方向基本一致，2004~2019 年，总体都是呈不断下降的趋势。结合表 4-9 中的数据可以发现，2012 年以后，全社会固定资产投资增速再也没有超过 20%，且呈持续下滑态势，2012 年是 20.29%，2018 年仅为 0.69%，2019 年甚至为 -13.13%。2004~2011 年，石油、煤炭及其他燃料加工业（A）、非金属矿物制品业（B）、黑色金属冶炼和压延加工业（C）、有色金属冶炼和压延加工业（D）和专用设备制造业（E）的产值增速总体呈下降趋势，其中石油、煤炭及其他燃料加工业、非金属矿物制品业和专用设备制造业的下降幅度不大，分别降低了 9.04%、4.67% 和 0.76%。相比之下，黑色金属冶炼和压延加工业及有色金属冶炼和压延加工业的增速下降幅度很大，分别下降了 34.47% 和 25.68%。2011 年以后这五个细分行业产值增速显著下降，2012~2019 年的增速再也没有超过 20%，甚至出现了负增长。

自 1978 年我国实行改革开放政策以来，经济领域最重要的改革方向是持续推进市场化进程，而市场化的核心内容之一是需求决定生产。因此，根据图 4-6 和表 4-9，我们可以逻辑推断随着中国固定资产投资需求增速的不断下降，导致与之紧密相关的石油、煤炭及其他燃料加工业，非金属矿物制品业，黑色金属冶炼和压延加工业，有色金属冶炼和压延加工业及专用设备制造业等行业的生产增速持续减小，最终导致制造业在整个国民经济中的比重下降。

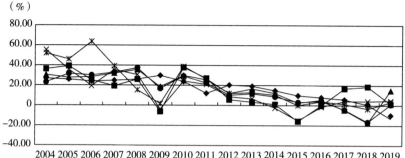

图 4-6 2004~2019 年全社会固定资产投资与重化工和装备制造业逐年增速

资料来源：笔者根据历年《中国统计年鉴》数据计算得到。

表 4-9 2004~2019 年全社会固定资产投资增速和五个制造业细分行业的产值增速

单位：%

年份	全社会固定资产投资	A	B	C	D	E
2004	26.83	36.21	30.34	55.42	52.05	23.03
2005	25.96	39.27	27.71	35.75	45.97	31.56
2006	23.91	25.10	28.26	19.33	63.76	30.20
2007	24.84	19.29	32.08	35.56	39.46	32.89
2008	25.85	26.09	35.75	30.71	15.35	37.51
2009	29.95	-6.14	18.36	-3.84	1.61	16.74
2010	23.83	37.95	29.84	24.11	38.93	29.33
2011	12.00	27.17	25.67	20.95	26.37	22.27
2012	20.29	5.70	11.95	8.57	11.93	10.18
2013	19.11	3.25	16.58	6.65	12.77	11.65
2014	14.73	1.02	12.00	-2.60	10.26	8.64
2015	9.76	-15.79	2.51	-15.24	0.11	3.01
2016	7.91	-0.21	5.31	-1.61	3.94	4.29
2017	5.73	16.79	-4.53	4.17	1.31	-4.22
2018	0.69	18.79	-17.27	4.16	-3.47	-16.51
2019	-13.13	1.40	14.90	4.64	3.36	0.96

注：A 表示石油、煤炭及其他燃料加工业；B 表示非金属矿物制品业；C 表示黑色金属冶炼和压延加工业；D 表示有色金属冶炼和压延加工业；E 表示专用设备制造业。

资料来源：笔者根据历年《中国统计年鉴》数据计算得到。

第五章　制造业和服务业的技术差异及相对价格变化

第四章主要从需求视角探讨中国制造业比重下降，按照影响经济结构变动的理论模型，不同行业技术差异引致的相对价格效应也会成为一国经济结构变动的诱因。本章将基于中国制造业和服务业的技术差异及相对价格变化这一供给视角，利用统计数据和实证分析继续研究中国制造业比重下降背后的影响因素。

一、理论基础：拓展的鲍莫尔定律

（一）从供给面出发对经济结构变动的初步探索

基于供给面探讨经济结构变迁或转型的研究工作可以追溯至克拉克在1957年出版的经典著作《经济进步的条件》。在该书第五章"劳动力向第三产业流动"中，克拉克明确提出了著名的配第—克拉克法则，即劳动人口先从农业向制造业，再从制造业向服务业转移的产业演变规律。克拉克进一步给出产业转移的两个原因：第一个原因是消费者对不同类型商品和服务需求的相对变化。由于消费者人均实际收入上升，虽然消费的绝对额上升，但他们对初级产品的消费比重下降，可以预期第一产业的就业比例将减小。这种解释显然是从需求面出发，其内涵与恩格尔法则基本一致。第二个原因是基于供给面视角。在一段消费者需求不会发生根本改变的时期内，某些类型工人的人均产量可能会比其他类型增加得更快，在这种情况下劳动力可能会从人均产量增加更快的行业中转移出去。由此可见，克拉克已把一国产业结构的演变原因归结为各产业生产力增长率（供给面）的不同和需求收入弹性（需求面）的差异。

经济学家富拉斯蒂（Fourastie，1949）把行业技术进步率作为三次产业划分的核心标准，他认为具有中等技术进步率的行业属于第一产业，高技术进步率的行业属于第二产业，低技术进步率的行业则属于第三产业。富拉斯蒂特别指出，产业间技术进步率的不同是导致经济活动在产业间转移的主要原因（王弟海等，2021）。从不同产业技术进步率差异的视角剖析产业结构演变规律，显然属于供给面分析。由于产业技术进步率往往与产业生产力增长率密切相关，甚至就像同一枚硬币的两面，因此富拉斯蒂与克拉克的研究结论在本质上是一致的。

以克拉克和富拉斯蒂为代表的经济学家初步提出了一国经济活动的产业结构演变思想。在此基础上，一些学者努力从理论和实证两方面深入探究产业结构转变的内在机理。库兹涅茨（Kuznets，1971）首次从实证方面系统研究了经济增长过程中的结构变化特征，其经验研究表明：不但以劳动力占比、生产产值占比和消费支出占比衡量的主要经济活动会在三次产业间持续转移，而且三次产业的内部结构也在不断变化，这一产业结构演变特征被称为库兹涅茨事实。库兹涅茨指出，导致产业间和产业内经济结构变化的主要原因是需求变动、国际贸易和技术变迁等因素（王弟海等，2021）。显然，技术变迁属于供给面因素，库兹涅茨不仅将国内供求变动，而且将国际贸易也纳入导致一国产业结构转移的原因，拓展了克拉克的解释变量清单。

（二）从供给面出发研究经济结构变动的理论模型

自20世纪50年代以来，就有经济学家试图构建严格的理论模型来解释一国的产业结构变迁。刘易斯（Lewis，1954）构建了一个二元经济模型来解释经济从农业向工业转型，该模型仅包含两个部门，即生产力落后的农业部门和生产力先进的工业部门。乔根森（Jorgenson，1961）基于新古典二元经济模型中的农业技术进步解释经济结构转型，该模型也假设经济中只有农业和工业两个部门。这两类理论模型把关注点放在农业向工业转变的内在机制，即农业比重减少的同时，工业或制造业的比重上升，而本书主要探讨中国制造业比重下降的内在原因，因此需要选择另外的理论模型。

在目前已有的研究产业结构变迁的理论模型中，鲍莫尔定律与本书的研究目标最为贴切，因为该理论主要是解释一国制造业比重下降与服务业比重上升同时出现的问题。鲍莫尔定律已成为经济学家研究发达国家"去工业化"（主要是制造业比重下降）和发展中国家"过早去工业化"最常利用的理论模型。

（三）鲍莫尔定律：有关制造业向服务业转型的理论模型

鲍莫尔定律是美国经济学家鲍莫尔（Baumol，1967）提出的，该定律依托较为严格的前提假设、数理模型和逻辑推演，至今仍有较强的学术影响力。鲍莫尔首先给出几个前提假设，其中最基本的假设是将一国生产活动分为两种类型：一种是技术进步型生产活动，在这类生产活动中，创新、资本积累和规模经济都能持续提高劳动生产率；另一种是技术停滞型生产活动，从本质上讲，这类生产活动对应的劳动生产率只能偶尔实现增长。判断某种生产活动属于哪一种类型，取决于该生产活动固有技术体系的性质，因为技术体系决定劳动生产率增长快慢。

鲍莫尔指出，生产活动之所以简化为以上两种类型，其根本原因是劳动要素在不同生产活动中的作用存在较大差别。在某些生产活动中，劳动主要充当一种工具（生产最终产品的必要条件），而在其他生产活动中，劳动本身就是最终产品。制造业是前一类生产活动的典型代表。例如，当一个人买了一台空调，他无须知道也不关心投入了多少劳动，在产品价格和质量不受影响的情况下，他并不关心某项能将空调生产所需人力减少10%的创新。因此，对于大多数制造品来说，劳动投入系数出现连续和累计下降是可能的，而且通常伴随着产品质量的明显提高。另外，在许多服务产品中，劳动本身就是目的，在这些服务中，质量直接根据劳动量加以判断。教学就是一个明确的例子，班级规模（决定在每个学生身上花费的教学时数）经常被视为质量的关键指标。

这里给出鲍莫尔定律的另外三个前提假设：第一个假设是，除了劳动力成本以外，其他所有生产费用都被设定为零。该假设显然是不现实的，但可以极大地简化数学模型。第二个更重要也更现实的假设是，两类生产活动中的劳动要素获得的工资报酬将保持同升同降。但为简单起见，在构建理论模型时，鲍莫尔直接假设两类生产活动的小时工资完全相同。这样一来，该假设显然脱离现实太远，特别是对于市场经济不太发达的经济体更是如此，进而会影响鲍莫尔定律的解释力。第三个假设是，在生产率提高的生产活动（或部门）中，货币工资的增长速度将与劳动生产率（每小时人均产出）的增长速度保持一致。弄清鲍莫尔定律的几个前提假设非常重要，因为该理论模型的结论或推论完全是基于这些假设得出的，将其用于分析中国制造业比重下降，必须将中国实际情况与前提假设紧密结合。

基于这三个前提假设，鲍莫尔构建了一个较为严格的数理模型，进而得出了几个推论或命题：推论一，部门1（劳动生产率保持不变）的单位产出成本 C1 将无限上升，而部门2（劳动生产率以不变的速率持续增长）的单位产出成本 C2 将保持不变。因此，无论工资是否增加，部门1与部门2之间的单位产出相对成本将趋于无限上涨。在实际经济生活中，可以预计在这种情况下，市场对部门1产出的需求将会下降。推论二，在劳动生产率增长不平衡的理论模型中，如果部门1面临较强的需求价格弹性，该部门的产出将不断下降，甚至最终消失。当然，如果部门1面临很弱的需求价格弹性和很强的需求收入弹性，该部门的产出则不一定会下降。推论三，在劳动生产率增长不平衡的理论模型中，如果两个部门的产出之比保持不变，越来越多的劳动力必须转移到劳动生产率保持不变的部门，而另一个部门的劳动力数量将日益减少。推论四，在一个生产力不平衡（即不同部门的劳动生产率存在较大差异）的经济世界里，试图实现平衡性增长（即不同部门的增长速度保持一致），必然导致总体经济增速下滑。

总之，不同行业生产率差异导致制造业比重下降的理论渊源可以追溯到鲍莫尔（Baumol，1967）的研究成果。该文献是关于就业向服务业持续转移以及由此导致的总体生产率增长放缓的开创性著作。鲍莫尔认为，服务业生产率增长往往低于制造业，而只要这两个行业的工资增长相同，服务业单位产出成本（忽略工资以外的成本）就比制造业单位产出成本（忽略工资以外的成本）增长更快。从服务产品单位成本的大幅增长可以推出服务产品价格的增长将比制造业产品价格的增长更快。因此，随着居民收入提高和对服务产品需求增长（考虑到服务需求的价格弹性较低而收入弹性较高），制造业比重将趋于下降，不仅就业比重下降，而且按当期价格计算的增加值比重也会降低。有些文献将鲍莫尔定律称为"鲍莫尔成本病"。

（四）拓展的鲍莫尔定律

根据对鲍莫尔定律的详细描述，特别是那些较为脱离现实的前提假设，可以发现该定律具有一定的局限性，较难解释某些国家制造业比重下降的客观事实，需要将其加以拓展。

鲍莫尔定律属于早期的"技术驱动型"结构变迁理论，该理论聚焦技术驱动的相对价格变化效应来解释经济结构变化。王弟海等（2021）指出，导致相对价格变化的不同部门间技术差异一般包含三种类型：生产力增长率（技术进步）的不同、资本密集度（资本劳动比率）的不同和要素替代弹性的不同。第一种可能导致经济结构变化的不同部门间技术差异源自不同产业生产力增长率（技术进步）的不同，当各产业技术进步率不同时，不同产品的生产成本会以不同速度下降，从而导致相对价格发生变化，技术进步快的部门其价格相对下降。如果不同产品的需求替代弹性不等于1，则相对价格变化就会导致消费支出结构变化，并由此引起产业结构变动。鲍莫尔定律仅涉及第一种类型的技术进步率，即不同部门劳动生产率增长速度不同。奈盖和皮撒里德（Ngai & Pissarides，2007）将技术进步差异设定为各部门全要素生产率（TFP）增长速度的不同。

第二种可能导致经济结构变化的不同部门间技术差异源自不同产品资本密集度（资本劳动比率）的不同。阿西莫格鲁和古瑞（Acemoglu & Guerrieri，2008）构建了一个非均衡经济增长模型，模型表明各部门要素比例的差异（资本份额的不同）叠加资本深化是导致非均衡增长的主要经济力量，原因是资本劳动比率的提高（资本深化）将使资本密集度更高（资本份额较大）的行业或部门产出增加更多，与此同时也将促使劳动力进行重新配置。因此，资本密集程度较低的部门将产生更快速的就业增长，而在资本密集程度较高的部门产生更快速的实际产出增长。需要注意的是，当资本供给相对于劳动供给增加，使得资本价格（利率）相对于劳动价格（工资）下降时，即使各部门技术进步率相同，也会导致资本密集型产品的价格相对于其他产品下降，因此资本密集程度较高部门的名义产出增长具有不确定性。

第三种可能导致经济结构变化的技术机制源自不同部门资本和劳动之间替代弹性的差异。库德拉等（Cuadrado et al.，2017）构建的理论模型表明，当整个经济的资本劳动比率和工资租金比率增大时，与要素之间配合灵活性较低的部门相比，资本与劳动替代弹性较高的部门（要素配合更灵活的部门）能够更好地利用日益廉价的投入要素（资本）替代日益昂贵的投入要素（劳动力）。因此，不同部门资本与劳动之间替代弹性的差异可以引发经济结构变化过程，导致要素配合更灵活部门的产出相对增长更多，进而使得该部门产出的相对价格下降。总之，资本与劳动之间替代弹性的差异不仅会影响产出水平和相对价格，而且还会引起一种"要素再平衡效应"，即资本与劳动之间替代弹性较高的部门会更多地使用价格便宜的资本要素，从而使得其资本劳动比率更大，生产成本和相对价格也随之减小。因此，当整体经济的要素比例变化时，资本与劳动之间替代弹性的不同不仅会引起各部门产品相对价格的变化，导致消费支出和产出结构的变动，而且还会通过要素再平衡效应促使不同部门使用要素的结构发生变化。

（五）加入国际因素的鲍莫尔定律

到目前为止，从供给面出发研究经济结构变动的理论模型都没有涉及国际影响因素。学者发现，即使将技术差异机制和偏好变化机制都纳入同一个理论模型，这类模型仍然无法完全解释实际经济中产业结构转型的某些典型特征事实，模型推论与实际数据展现的产业结构演变特征存在较大差异。为此，需要紧密结合一国经济的全球化背景，引入开放经济下各部门比较优势动态变化及其对国际贸易的重要作用。有学者发现，如果将工业部门技术进步所带来的鲍莫尔效应与比较优势引发的国际贸易效应结合起来，能够更好地解释韩国制造业比重的变化特征。王弟海等（2021）指出，当一国从封闭走向开放时，具有比较优势的部门会扩张，不具有比较优势的部门会收缩，由此导致经济结构变化。赫克歇尔—俄林的要素禀赋理论也表明，密集使用要素积累快的行业或技术进步快的行业，其产出增长会更快，结果导致要素资源向这些行业转移进而出现产业结构显著变动。对于技术进步相对较快的国家，借助国际贸易渠道能够明显缓解鲍莫尔成本病对其产业结构转型的不利影响。需要指出的是，国际贸易渠道一般会使产出比重、劳动力比重和消费支出比重衡量的产业结构变化进程出现差异，从而有助于理解那些出口导向型国家经济发展过程中的产业结构转型现象。考虑到中国自改革开放以来，出口贸易一直是拉动经济增长的重要动力之一，基于比较优势的国际贸易效应可能也会对国内经济结构转变产生显著影响。本书将在第八章详细探讨这个问题。

二、中国制造业和服务业生产率的差异性

根据拓展的鲍莫尔定律，不同产业之间技术进步的差异可以导致各产业单位产出相对成本变动，进而引起相对价格变化，最终出现不同产业的就业比重、产值比重和消费支出比重等发生显著增减的经济结构变迁。考虑到数据的可获得性，本书使用劳动生产率作为技术进步的替代变量。

（一）制造业和服务业生产率的差异情况

笔者将利用 2005～2019 年《中国统计年鉴》的制造业和服务业增加值以及就业人数，计算并分析中国制造业生产率、服务业生产率和两者间差异的动态变化。考虑到数据的可获得性，结合理论模型中强调的工资成本，这里的生产率是指劳动生产率，而非全要素生产率。

结合表 5-1 和图 5-1，可以获得以下几个发现：第一，2004～2018 年，中国制造业劳动生产率持续快速提升，2004 年仅为 9.91 万元/人，2018 年为 36.05 万元/人，增长了 263.77%。与此同时，中国服务业劳动生产率也保持高速增长，从 2004 年的 2.81 万元/人提高到 2018 年的 13.50 万元/人，增长了 380.43%。第二，2004～2018 年，中国制造业劳动生产率始终显著大于服务业劳动生产率，而且二者之间的差值不断扩大，从 2004 年的 7.1 万元/人提升到 2018 年的 22.55 万元/人。第三，2015 年以后，二者之间的差距急剧拉大，制造业劳动生产率的增速远超服务业劳动生产率。由此可见，鲍莫尔关于服务业的生产率增长往往低于制造业的论断在中国总体上是成立的。

表 5-1　2004～2018 年中国制造业和服务业的劳动生产率

项目＼年份	2004	2005	2006	2007	2008	2009	2010	2011	2012	2013	2014	2015	2016	2017	2018
制造业劳动生产率（万元/人）	9.91	10.13	11.22	12.76	13.26	14.26	15.53	19.43	20.38	21.11	22.10	22.90	24.73	29.03	36.05
服务业劳动生产率（万元/人）	2.81	3.09	3.44	4.47	5.24	5.73	6.59	7.83	8.75	9.28	9.73	10.54	11.47	12.46	13.50

资料来源：笔者根据历年《中国统计年鉴》数据计算得到。

（二）制造业细分行业与服务业细分行业的劳动生产率差异

制造业和服务业各自包含许多具有不同特征的细分行业，通过对比分析这些细分行业的劳动生产率，可以挖掘总体层面无法涵盖的更多信息，从而有助于把握制造业和服务业技术进步或生产率提高的差异性分布。

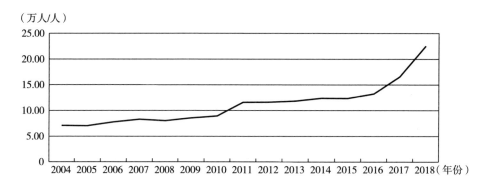

（万人/人）

图5-1   2004～2018年中国制造业与服务业劳动生产率之差

资料来源：笔者根据历年《中国统计年鉴》数据计算得到。

图5-2包含许多重要信息。如果把制造业中的烟草制品业、废弃资源和废旧材料回收加工业，服务业中的房地产业、居民服务和其他服务业等异常细分行业去除，可以发现制造业各细分行业的生产率分布相对于服务业各细分行业明显均匀一些。具体而言，服务业中的金融业，住宿和餐饮业，批发和零售业，信息传输、计算机服务和软件业，交通运输、仓储和邮政业五个细分行业的劳动生产率与制造业平均水平较为接近，远大于其余几个服务业细分行业。而制造业细分行业很难被划分为劳动生产率截然不同的两部分。

制造业中有九个细分行业（约占其细分行业数量的1/3）的劳动生产率小于服务业中的五个高生产率行业（占其细分行业数量的1/3），具体包括纺织业，纺织服装、鞋、帽制造业，皮革、毛皮、羽毛及其制品业，家具制造业，文教体育用品制造业，印刷业和记录媒介的复制，工艺品及其他制造业，仪器仪表及文化办公用机械制造业，专用设备制造业等。显然，这与鲍莫尔定律的推论不一致，该定律指出服务业的技术进步或生产率提升相对于制造业落后较多。笔者发现这里的九个制造业细分行业大多属于典型的劳动密集型，而五个服务业细分行业却需要匹配较高比重的资本要素才能开展正常经营。比如，交通运输、仓储和邮政业就需要大量投资各类运输设备、自动化分拣设备和仓库等。金融业、信息传输、计算机服务和软件业需要投资于各类信息通信、数据处理和信息储存等硬件设备。

正如拓展的鲍莫尔定律所指出的，产业的资本密集度也是影响技术进步或生产率提高的重要因素。因为资本密集度越高，往往意味着资本投入越多，而资本中集成了较多的先进技术，最终带来生产效率的大幅改进。如图5-3所示，不管是 2012 年还是 2017 年，在五个高生产率的服务业细分行业中，除了金融业，其余四个行业的固定资产投资占比都显著高于八个低生产率的制造业细分行业（除了专用设备制造业），其中交通运输、仓储和邮政业的固定资产投资尤为突出，2012 年和 2017 年的占比分别高达 8.46% 和 9.69%。九个低生产率的制造业中只有专用设备行业的固定资产投资占比相对较高。

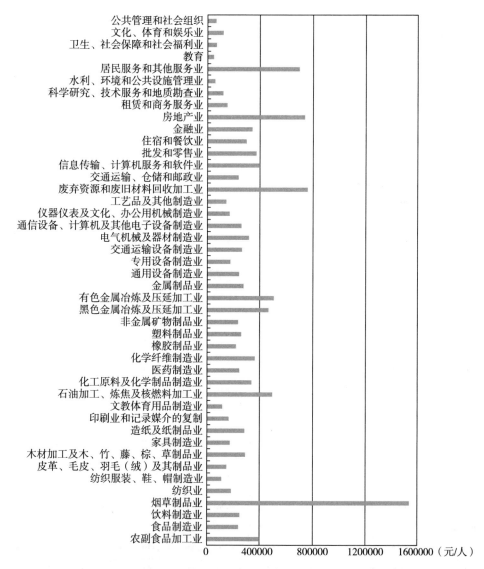

图 5-2　2007 年制造业细分行业与服务业细分行业的劳动生产率

资料来源：笔者根据《中国统计年鉴 2008》数据计算得到。

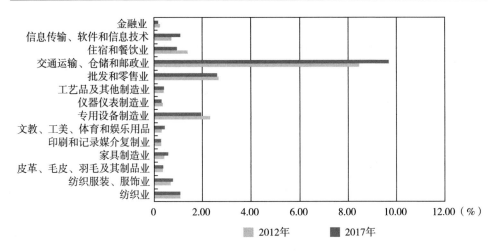

图 5-3　2012 年和 2017 年制造业细分行业与服务业细分行业的固定资产投资占比

资料来源：笔者根据 2013 年和 2018 年《中国统计年鉴》数据计算得到。

三、中国服务业相对于制造业的
劳动要素报酬变化

中国各类劳动力基本实现了自由择业，工资报酬已成为引导劳动要素流动的主要激励因素，因此即使服务业生产率远低于制造业，理论上也可推知这两个部门的劳动要素报酬应该几乎一致。制造业和服务业细分行业的工资报酬状况见表 5-2，从该表可以获得以下几个发现：

表 5-2　2004~2018 年制造业和服务业细分行业的平均工资　　单位：元

行业名称 ＼ 年份	2004	2006	2008	2010	2012	2014	2016	2018
城镇单位就业人员平均工资	15920	20856	28898	36539	46769	56360	67569	82413
制造业	14033	18225	24192	30916	41650	51369	59470	72088
交通运输、仓储和邮政业	18381	24111	32796	40466	53391	63416	73650	88508
信息传输、计算机服务和软件业	34988	43435	56642	64436	80510	100845	122478	147678
批发和零售业	12923	17796	25538	33635	46340	55838	65061	80551

续表

年份 行业名称	2004	2006	2008	2010	2012	2014	2016	2018
住宿和餐饮业	12535	15236	19481	23382	31267	37264	43382	48260
金融业	26982	35495	61841	70146	89743	108273	117418	129837
房地产业	18712	22238	30327	35870	46764	55568	65497	75281
租赁和商务服务业	18131	24510	31735	39566	53162	67131	76782	85147
科学研究、技术服务和地质勘查	23593	31644	46003	56376	69254	82259	96638	123343
水利、环境和公共设施管理业	13336	15630	22182	25544	32343	39198	47750	56670
居民服务和其他服务业	14152	18030	23801	28206	35135	41882	47577	55343
教育	16277	20918	30185	38968	47734	56580	74498	92383
卫生、社会保障和社会福利业	18617	23590	32714	40232	52564	63267	80026	98118
文化、体育和娱乐业	20730	25847	34494	41428	53558	64375	79875	98621
公共管理和社会组织	17609	22546	32955	38242	46074	53110	70959	87932

资料来源：笔者根据历年《中国统计年鉴》数据计算得到。

（1）2004~2018 年，中国制造业平均工资一直小于城镇单位就业人员平均工资，而且二者之间的差距在不断加大，从 2004 年的 1887 元增加到 2018 年的 10325 元。在 14 个服务业细分行业中，住宿和餐饮业，水利、环境和公共设施管理业，居民服务和其他服务业三个细分行业的平均工资也是一直小于城镇单位就业人员平均工资，其余 11 个细分行业则全都大于城镇单位就业人员平均工资。信息传输、计算机服务和软件业，金融业，科学研究、技术服务和地质勘查三个细分行业的平均工资不但远远超过城镇单位就业人员平均工资，而且差距越来越大，如信息传输、计算机服务和软件业，2004 年的差值为 19068 元，2018 年差值增加到 65265 元。

（2）2004~2018 年，在 14 个服务业细分行业中，除了住宿和餐饮业、水利、环境和公共设施管理业、居民服务和其他服务业三个细分行业的平均工资一直低于制造业平均工资以外，其余 11 个细分行业的平均工资长期持续高于制造业平均工资，其中信息传输、计算机服务和软件业，金融业，科学研究、技术服务和地质勘查三个细分行业的平均工资远大于制造业。2018 年，这三个细分服务行业的平均工资分别是制造业平均工资的 2.05 倍、1.8 倍和 1.71 倍。与此同时，笔者发现某些细分服务行业平均工资与制造业平均工资的差距不断增大。如图

5-4 所示,信息传输、计算机服务和软件业的平均工资与制造业平均工资的差值从 2004 年的 20955 元增加到 2018 年的 75590 元。

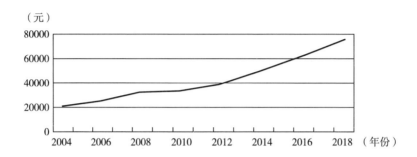

图 5-4　2004~2018 年信息传输、计算机服务和软件业与制造业平均工资的差值

资料来源:笔者根据历年《中国统计年鉴》数据计算得到。

（3）2004~2018 年,城镇单位就业人员平均工资增长 417.67%,制造业平均工资增长了 413.7%,略低于前者。批发和零售业,教育,卫生、社会保障和社会福利业,科学研究、技术服务和地质勘查四个细分服务行业的平均工资分别增长了 523.32%、467.57%、427.03% 和 422.79%,都大于制造业平均工资增长率,其余 10 个细分服务行业的平均工资增长率全部小于制造业。

根据以上分析,虽然制造业生产率远高于大多数细分服务行业生产率,但其平均劳动报酬却低于大多数细分服务行业的平均劳动报酬,显然与鲍莫尔的理论预测不符,背后原因值得深思。本书认为,任何经济学理论都是基于一定的假设条件和制度背景,鲍莫尔的理论产生于西方发达国家,其制度背景是较为成熟的市场经济体制,各级政府部门对制造业和服务业等微观经济运行干预较少,基本上处于自由竞争状态(不排除存在大企业垄断),因此生产要素一般可以在制造业内部、服务业内部、制造业与服务业之间实现自由流动。中国的实际情况或制度背景是除极少数制造行业之外(如烟草制品),绝大多数制造业细分行业基本已实现自由竞争,几乎没有进入和退出的政府壁垒,而服务业的一些细分行业仍然存在较大的进入壁垒,如金融业,信息传输、计算机服务和软件业,教育,卫生、社会保障和社会福利业,公共管理和社会组织等。

正如徐朝阳和张斌（2020）所指出的,中国正处在从制造业向服务业的经济结构转型过程中,但服务业仍存在由各种因素造成的供给抑制现象。所谓的服务业供给抑制，主要是指服务业要素流入受制于各种形式的政策性障碍或管制，导致其供给能力存在相对不足从而大量有效需求得不到满足的现象。也就是说，中国服务行业存在明显的供给小于需求的状态，因此服务价格可能偏高。

四、中国服务业相对于制造业细分行业的劳动要素报酬变化

制造业包含 30 多个细分行业，每个细分行业的劳动报酬都存在较大差异。为了更好地掌握服务业与制造业之间劳动报酬差异的分布特征，需要深入细分行业加以探讨。由于数据限制，下面仅以 2007 年中国制造业细分行业和服务业细分行业的平均工资截面数据展开分析，如表 5-3 所示。

表 5-3　2007 年制造业细分行业和服务业细分行业的平均工资　　单位：元

项目	合计	国有单位	城镇集体	其他单位
全国总计	24932	26620	15595	24058
制造业	20884	23913	12995	20836
农副食品加工业	14873	13092	10754	15271
食品制造业	17396	14177	10338	18257
饮料制造业	18238	15844	11000	18945
烟草制品业	53071	56924	26434	41550
纺织业	13866	11548	10811	14280
纺织服装、鞋、帽制造业	16711	15923	11816	16963
皮革、毛皮、羽毛（绒）及其制品业	16015	13912	14998	16098
木材加工及木、竹、藤、棕、草制品业	13109	11959	9097	13861
家具制造业	16546	17278	9303	17061
造纸及纸制品业	16392	16423	11167	16815
印刷业和记录媒介的复制	19282	21422	12884	19665
文教体育用品制造业	16226	14888	13437	16359
石油加工、炼焦及核燃料加工业	32394	33273	15684	33272
化工原料及化学制品制造业	21569	21620	13875	22038

续表

项目	合计	国有单位	城镇集体	其他单位
医药制造业	21423	20655	11921	21830
化学纤维制造业	19400	13744	27685	19839
橡胶制品业	18623	15880	11227	19447
塑料制品业	17587	16703	12845	18003
非金属矿物制品业	15649	16885	11240	15903
黑色金属冶炼及压延加工业	30854	33592	18321	30354
有色金属冶炼及压延加工业	24182	27156	15833	23258
金属制品业	18599	22193	12852	19170
通用设备制造业	22561	23020	12643	23766
专用设备制造业	21970	22456	13779	22286
交通运输设备制造业	26581	26385	13594	27730
电气机械及器材制造业	20726	21881	14389	21057
通信设备、计算机及其他电子设备制造业	26116	19598	15226	26587
仪器仪表及文化、办公用机械制造业	23212	15680	13280	24608
工艺品及其他制造业	16023	19822	12731	16115
废弃资源和废旧材料回收加工业	17670	24192	13052	19033
交通运输、仓储和邮政业	28434	28241	13184	31285
信息传输、计算机服务和软件业	49225	37797	25775	58231
批发和零售业	20888	21839	10750	22981
住宿和餐饮业	17041	16549	12970	17735
金融业	49435	47146	26278	65263
房地产业	26425	26117	18854	27084
租赁和商务服务业	26965	24968	16594	33946
科学研究、技术服务和地质勘查业	38879	36947	25630	50240
水利、环境和公共设施管理业	19064	19014	13650	23770
居民服务和其他服务业	21550	24199	14724	21099
教育	26162	26282	21226	25742
卫生、社会保障和社会福利业	28258	29121	20533	23882
文化、体育和娱乐业	30662	31528	17554	24575
公共管理和社会组织	28171	28203	18199	20048

资料来源：笔者根据《中国统计年鉴2008》数据计算得到。

表5-3显示，2007年全国职工的平均工资为24932元，其中制造业的平均工资是20884元，比全国低4048元。在30个制造业细分行业中，只有烟草制品业，黑色金属冶炼及压延加工业，交通运输设备制造业，石油加工、炼焦及核燃料加工业和通信设备、计算机及其他电子设备制造业五个行业的平均工资高于全国平均水平。与此形成鲜明对比的是，在14个服务业细分行业中，除了批发和零售业，住宿和餐饮业，居民服务和其他服务业及水利、环境和公共设施管理业四个行业以外，其余10个行业的平均工资皆高于全国平均水平。

通过细分行业的工资数据，可以挖掘出更多导致制造业和服务业劳动报酬差异的深层原因。在平均工资高于全国的五个制造业细分行业中，烟草制品业非常特殊，属于官方授权的独家垄断性经营，平均工资高达53071元，远超所有细分行业，与技术进步（生产率提高）几乎没有什么联系。黑色金属冶炼及压延加工业、石油加工、炼焦及核燃料加工业和交通运输设备制造业属于高资本密集型产业，且与经济周期紧密相关。2007年刚好是美国金融危机爆发的前一年，也是中国经济周期的繁荣阶段，支撑了高资本密集型产业的快速发展。因此，这三个细分产业的较高工资与技术进步或生产率提高的相关性较弱。通信设备、计算机及其他电子设备制造业可能是唯一的主要依靠技术进步或生产率增长而获得高工资的细分行业。

在平均工资低于全国的四个服务业细分行业中，批发和零售业、住宿和餐饮业、居民服务和其他服务业所处市场环境的竞争性非常激烈，几乎没有什么进入门槛，导致这几个行业工资水平较低，与技术进步慢或生产效率低的相关性很小。其余十个工资水平较高的服务业细分行业大多具有较高进入门槛，政府设置了较为严格的管控措施，结果导致供给不足，而需求却不断增长，最终价格和工资较快上涨。总之，中国制造业与服务业之间的劳动报酬差异明显，而且总体上服务业远高于制造业，该结果与鲍莫尔定律几乎完全不一致，需要结合其他一些非技术进步因素才能得到较好的解释。

五、中国制造业和服务业的相对价格变化

根据理论分析，制造业和服务业的生产率差异将导致这两个部门产品生产成

本出现增长差异，进而使得产品价格变动不一致，服务产品价格的增长将快于制造业产品价格的增长，也就是说服务产品的价格相对于制造业产品的价格提高更快。本书将从三个视角分析中国制造业和服务业的价格相对变化问题，囿于数据的可获得性，三个视角的时间范围可能不一致，但并不影响结论的一致性。

（一）基于国家统计局提供的中国居民消费价格分类指数

该指数既包括日常生活消费品（如食品、烟酒和衣着），也包含耐用消费品（如家用电器）。此外，该指数还涉及交通和通信、教育文化和娱乐、医疗保健、家庭服务、居住和餐饮等行业。特别值得指出的是，该指数在这些行业内进一步细分为制成品和服务，比如教育被分为教育用品和教育服务，医疗保健被分为药品及医疗器具和医疗服务，这样就更加有利于对比制造业和服务业的相对价格变化趋势。

表5-4几乎涉及中国居民消费的各种商品，既包括日常家庭生活用品，也包含社会为居民提供的日常必需用品，还包括与居民日常生活紧密相关的各种服务产品，提供了较为丰富的制造业产品和服务业产品价格增长趋势的差异化信息。仔细分析表5-4中的数据，可以获得以下一些有趣的发现：

表5-4 2000~2015年居民消费价格增速 单位：%

项目名称	2000~2015年	项目名称	2000~2015年
食品	113.25	交通和通信	−13.30
烟酒及用品	18.15	交通	9.89
衣着	−2.97	交通工具	−29.13
服装	−3.97	车用燃料及零配件	63.27
衣着材料	26.67	车辆使用及维修费	32.63
鞋袜帽	−6.14	市区公共交通费	32.70
衣着加工服务	59.78	城市间交通费	41.40
家庭设备用品及服务	5.17	通信	−33.91
耐用消费品	−14.09	通信工具	−90.23
家具	3.36	通信服务	−1.78
家庭设备	−22.29	娱乐教育文化用品及服务	16.81
室内装饰品	−2.63	文娱用耐用消费品	−62.19
床上用品	−1.76	教育	53.20

续表

项目名称	2000~2015 年	项目名称	2000~2015 年
家庭日用杂品	14.18	教材及参考书	26.15
家庭服务	133.06	教育服务	55.25
医疗保健	19.72	文化娱乐	22.07
医疗器具及用品	4.65	文化娱乐用品	-3.55
中药材及中成药	65.69	书报杂志	29.89
西药	-18.51	文娱费	48.23
保健器具及用品	14.73	旅游	15.11
医疗保健服务	65.80	居住	50.73
个人用品及服务	26.03	建房及装修材料	35.40
化妆美容用品	3.22	住房租金	73.70
清洁化妆用品	3.52	自有住房	20.68
个人饰品	33.11	水电燃料	65.78
个人服务	61.32		

资料来源：笔者根据历年《中国统计年鉴》数据计算得到。

（1）2000~2015 年，绝大多数居民消费产品价格实现明显增长，但也有少数产品的价格下降了。价格提高最大的产品是家庭服务，如家政保姆、家电维修和装饰装修等，在此期间价格增长了 133.06%，平均每年增长 8.87%，这与中国人工成本越来越高是基本一致的。排在第二位的是食品，其价格增长了 113.25%，年均增长 7.55%，这反映了随着中国居民收入不断快速提高，人们对于各类食物（特别是价格较高的肉类）的需求上升较快，进而拉动价格大幅上涨。在此期间，通信工具价格跌幅最大，下降 90.23%，年均下跌 6.02%。通信工具（如路由器、电话机和手机等）属于典型的生命周期较短、更新换代较快和生产规模较大的 IT 类产品，新品从上市到退出市场的时间往往在两三年左右，因此价格在较短时期就会处于下降状态。文娱用耐用消费品的价格跌幅仅次于通信工具，在此期间下降了 62.19%，年均下跌 4.15%。文娱用耐用消费品包括电视机、激光视盘机、摄像机、音响和钢琴等，大都属于电子类制成品，具有规模经济特征，因而成本下降较快。

（2）家庭设备用品及服务包括耐用消费品（细分为家具和家庭设备）、室内装饰品、床上用品、家庭日用杂品和家庭服务。2000~2015 年，家庭设备用品及服务价格增长了 5.17%，但是耐用消费品、室内装饰品、床上用品等制造业产品价格全部下降，尤其是家庭设备（如冰箱、洗衣机和电视机等）价格大幅下跌了 22.29%，只有家庭日用杂品的价格增长了 14.18%。特别需要注意的是，家庭服务的价格增长了 133.06%。由此可见，家庭设备用品及服务中的服务类产品价格增长幅度远大于制造类产品。

（3）医疗保健一般被归入服务业，包括医疗器具及用品、中药材及中成药、西药、保健器具及用品四个制造业产品，以及医疗保健服务（属于服务业产品）。2000~2015 年，医疗保健作为一个总体，价格增长了 19.72%。进一步分析其五个子项，在此期间，西药价格下降 18.51%，医疗器具及用品、中药材及中成药、保健器具及用品的价格分别增长了 4.65%、65.69% 和 14.73%，而医疗保健服务的价格增长了 65.80%，高于医疗保健的所有制造业产品。另外，个人用品及服务拥有化妆美容用品、清洁化妆用品和个人饰品三个制造业产品，以及个人服务（如美甲、美容）。2000~2015 年，个人用品及服务作为一个总体，价格增长了 26.03%，其中个人服务的价格增长了 61.32%，做出了主要贡献，而化妆美容用品、清洁化妆用品和个人饰品的价格增长率分别是 3.22%、3.52% 和 33.11%，三个制成品的价格增长显然全都远低于个人服务。

（4）交通和通信一般被归入服务业。交通具体包括交通工具、车用燃料及零配件、车辆使用及维修费、市区公共交通费和城市间交通费，通信包括通信工具和通信服务。2000~2015 年，交通作为一个总体，价格增长了 9.89%，但交通工具（如汽车、摩托车）这一典型制造业产品的价格却大幅下降了 29.13%。与此同时，车辆使用及维修费、市区公共交通费和城市间交通费服务类产品的价格却分别增长了 32.63%、32.70% 和 41.40%。通信作为一个总体，价格下降了 33.91%，其中通信工具大幅下跌了 90.23%，而通信服务仅降低了 1.78%，也就是说通信价格下降主要源自通信工具的贡献。

（5）娱乐教育文化用品及服务也是既有制造业产品又有服务业产品，包括文娱用耐用消费品、教育（教材及参考书、教育服务）、文化娱乐（文化娱乐用品、书报杂志、文娱费）和旅游四大部分。2000~2015 年，娱乐教育文化用品及服务作为一个总体，价格增长了 16.81%，但文娱用耐用消费品的价格却大幅下跌了 62.19%。此外，教育中的教育服务价格增长了 55.25%，远大于教材及参考书的 26.15%。文化娱乐中的文娱费价格增长了 48.23%，远大于文化娱乐用品（-3.55%）和书报杂志（29.89%）。总之，娱乐教育文化中的制成品价格增长远低于服务。2000~2015 年，中国房地产发展极其迅猛，与之相关的各类价格也快速上涨。居住包含建房及装修材料、水电燃料、自有住房和住房租金，作为一个总体，其价格增长了 50.73%。建房及装修材料、水电燃料显然属于制造业，价格分别增长 35.40% 和 65.78%。住房租金归入服务业，价格增长 73.70%。

（二）基于《中国物价年鉴》提供的中国 36 个大中城市服务收费月平均价格和日用工业消费品月平均价格

这些价格不是指数，而是现价数值，可以直接获得制造业和服务业的相对价格变化趋势，如表 5-5 所示。

表 5-5　2007~2017 年 36 个大中城市服务收费

项目名称	2007 年	2017 年	2007~2017 年增长率（%）
公共汽车普票（元/张）	1.06	1.28	20.75
出租汽车租价（元/千米）	1.67	1.87	11.98
公路货运（元/吨千米）	0.56	0.64	14.29
托儿保育费（元/月）	184	478	159.78
高中学费（元/学期）	482	532	10.37
大学学费普通（元/学年）	3770	4237	12.39
移动电话资费（元/分钟）	0.3	0.29	-3.33
本地网营业区内通话费（元/次）	0.36	0.17	-52.78
上网费用（元/月）	90.68	82.72	-8.78
挂号费（元/次）	1.08	1.93	78.70
诊查费（元/次）	2.99	10.08	237.12
注射费（元/次）	1.62	2.85	75.93
阑尾切除术（元/例）	548	727	32.66
剖宫产术（元/次）	754	1073	42.31
化疗费（元/次）	123	189	53.66
床位费（元/床）	16.74	27.36	63.44
颅脑 CT 平扫（元/次）	207	191	-7.73
肝功能检查（元/次）	56.26	52.92	-5.94
尿常规检查（元/次）	7.64	8.97	17.41

资料来源：笔者根据历年《中国物价年鉴》数据计算得到。

医疗、教育和住房已经成为当前中国居民的所谓"新三座大山",这三项一般都归入服务业范畴。表5-5中的数据只能部分反映医疗和教育的价格上涨给居民带来的沉重压力。先看医疗的价格趋势。2007~2017年,除了颅脑CT平扫和肝功能检查的价格分别下降了7.73%和5.94%,其余医疗服务都上涨,诊查费涨幅最大,增长了237.12%,挂号费、注射费和床位费分别增长了78.70%、75.93%和63.44%。手术费也价格大涨,剖宫产术和阑尾切除术作为简单手术的代表,分别增长42.31%和32.66%。对病人而言,手术费是主要费用之一,高昂的手术费给居民带来了很大压力。

表5-5中的教育费用具有一定局限性。2007~2017年,高中学费和大学学费分别增长了10.37%和12.39%,似乎上涨不多,但这两项只是公办学校计划内收费的涨幅,根本没有涵盖居民的主要教育支出项目,如课外培训费用。由于学前教育大多不属于公办性质,托儿保育费的增长速度高达159.78%。《中国民生发展报告2018~2019》的中国教育追踪调查数据显示,2010~2014年的短短四年内,居民的课外培训费用增长了2.4倍,平均每年增长60%。

公共汽车普票、出租汽车租价和公路货运属于交通服务行业费用。由于政府管制和基本民生性质,2007~2017年,这三项的价格增长分别是20.75%、11.98%和14.29%,上涨幅度相比于其他服务行业较为温和。在此期间,服务业中唯一出现较大幅度价格下跌的子行业是通信,本地网营业区内通话费、上网费用和移动电话资费分别下降了52.78%、8.78%和3.33%。

2007~2017年,居民日用工业消费品的价格变动如何呢?表5-6中的数据显示,在此期间,男士内衣和男士衬衫价格出现明显上涨,分别增长了121.31%和74.19%。但是,制造业的主要代表性工业产品,除了电热水器和空调机的价格分别上升了26.50%和18.31%以外,其余如洗衣机、彩电、冰箱和数码相机的价格出现下降,分别下跌了6.40%、54.31%、9.43%和1.86%,彩电价格的下跌幅度尤其突出。

表5-6 2007~2017年36个大中城市日用工业消费品价格

项目名称	2007年	2017年	2007~2017年增长率（%）
男士内衣（元/套）	95.34	211	121.31
男士衬衫（元/件）	248	432	74.19
滚筒式洗衣机（元/台）	3092	2894	-6.40

续表

项目名称	2007 年	2017 年	2007~2017 年增长率（%）
数码相机（元/台）	2048	2010	-1.86
彩电（元/台）	7551	3450	-54.31
冰箱（元/台）	3257	2950	-9.43
电热水器（元/台）	1434	1814	26.50
1.5 匹冷暖空调机（元/台）	2950	3490	18.31

资料来源：笔者根据历年《中国物价年鉴》数据计算得到。

制造业除了包含日用工业消费品外，还有许多细分行业涉及工业生产资料。表 5-7 中的数据表明，2007~2017 年，普通硅酸盐水泥、浮法平板玻璃和新闻纸的价格变化很小，仅微弱上涨，增长率分别是 0.13%、0.08% 和 0.05%。铜和铝是典型的金属类工业产品，在此期间，价格出现大幅下跌，分别下降了 0.22% 和 0.28%。高压聚乙烯、聚丙烯和甲醇属于典型的化工类工业产品，价格也出现较大幅度减小，分别下降了 0.19%、0.23% 和 0.12%。

表 5-7　2007~2017 年 36 个大中城市工业生产资料价格

产品名称	2007 年	2017 年	2007~2017 年增长率（%）
铜（元/吨）	63999	50012	-0.22
铝（元/吨）	20358	14585	-0.28
高压聚乙烯（元/吨）	13176	10650	-0.19
聚丙烯（元/吨）	12321	9512	-0.23
甲醇（元/吨）	3130	2750	-0.12
新闻纸（元/吨）	4973	5200	0.05
普通硅酸盐水泥（元/吨）	349	395	0.13
浮法平板玻璃（元/平方米）	27.31	29.45	0.08

资料来源：笔者根据历年《中国物价年鉴》数据计算得到。

综合表 5-5、表 5-6 和表 5-7 中的数据，可以得出以下结论：2007~2017 年，总体而言，中国服务业价格增长相比制造业更为强劲。该结论与基于国家统计局提供的中国居民消费价格分类指数获得的结果非常接近。

（三）基于制造业和服务业营业成本视角

产品价格的主要决定因素是产品成本，通过比较制造业和服务业营业成本的增速可以合理推测这两个部门的价格变动趋势，具体数据如表5-8和表5-9所示。

表5-8　2012~2018年制造业总体及细分行业的营业成本增速　　单位：%

行业名称	六年间增速	年均增速
制造业（总体）	14.20	2.37
农副食品加工业	-6.42	-1.07
食品制造业	18.79	3.13
酒、饮料和精制茶制造业	10.54	1.76
烟草制品业	90.69	15.11
纺织业	-11.99	-2.00
纺织服装、服饰业	2.29	0.38
皮革、毛皮、羽毛及其制品和制鞋业	10.27	1.71
木材加工和木、竹、藤、棕、草制品业	-7.06	-1.18
家具制造业	24.84	4.14
造纸和纸制品业	12.78	2.13
印刷和记录媒介复制业	46.60	7.77
文教、工美、体育和娱乐用品制造业	30.42	5.07
石油、煤炭及其他燃料加工业	12.22	2.04
化学原料和化学制品制造业	3.55	0.59
医药制造业	16.46	2.74
化学纤维制造业	23.31	3.88
橡胶和塑料制品业	3.47	0.58
非金属矿物制品业	9.74	1.62
黑色金属冶炼和压延加工业	-9.36	-1.56
有色金属冶炼和压延加工业	29.52	4.92
金属制品业	20.50	3.42
通用设备制造业	0.20	0.03
专用设备制造业	2.17	0.36
汽车制造业	64.51	10.75

续表

行业名称	六年间增速	年均增速
铁路、船舶、航空航天和其他运输设备制造业	−25.88	−4.31
电气机械和器材制造业	18.15	3.02
计算机、通信和其他电子设备制造业	51.04	8.51
仪器仪表制造业	19.78	3.30
其他制造业	−18.94	−3.16
废弃资源综合利用业	41.50	6.92
金属制品、机械和设备修理业	27.32	4.55

资料来源：笔者根据历年《中国统计年鉴》数据计算得到。

表5-9 2012~2018年服务业总体及细分行业的营业成本增速　　　单位：%

行业名称	六年间增速	年均增速
服务业（总体）	66.87	11.15
铁路运输业	142.86	23.81
道路运输业	58.62	9.77
水上运输业	−1.50	−0.25
航空运输业	64.02	10.67
管道运输业	800.17	133.36
装卸搬运和运输代理业	44.69	7.45
仓储业	15.66	2.61
邮政业	184.05	30.67
电信、广播电视和卫星传输服务	21.92	3.65
互联网和相关服务	940.66	156.78
软件和信息技术服务业	139.53	23.26
物业管理	84.96	14.16
房地产中介服务	23.99	4.00
租赁业	63.16	10.53
商务服务业	20.59	3.43
研究和试验发展	31.44	5.24
专业技术服务业	68.75	11.46

行业名称	六年间增速	年均增速
科技推广和应用服务业	14.07	2.34
水利管理业	77.56	12.93
生态保护和环境治理业	97.20	16.20
公共设施管理业	30.69	5.12
居民服务业	−12.02	−2.00
机动车、电子产品和日用产品修理业	−5.81	−0.97
教育	114.85	19.14
卫生	177.38	29.56
社会工作	160.97	26.83
新闻和出版业	16.00	2.67
广播、电视、电影和影视录音制作业	157.34	26.22
文化艺术业	46.46	7.74
体育	90.28	15.05
娱乐业	142.25	23.71

资料来源：笔者根据历年《中国第三产业年鉴》数据计算得到。

通过比较表5-8和表5-9可知：

（1）总体而言，服务业营业成本增速远远高于制造业。2012~2018年，服务业的营业成本增速为66.87%，年均11.15%，而制造业的营业成本增速为14.20%，年均2.37%，服务业的年均增速比制造业高8.78个百分点。

（2）在此期间，制造业共有六个细分行业的营业成本出现负增长，包括农副食品加工业，纺织业，木材加工及木、竹、藤、棕、草制品业，黑色金属冶炼和压延加工业，铁路、船舶、航空航天和其他运输设备制造业及其他制造业，成本分别下跌了6.42%、11.99%、7.06%、9.36%、25.88%和18.94%。同期，服务业仅有三个细分行业的营业成本出现负增长，包括水上运输业，居民服务业及机动车、电子产品和日用产品修理业，分别下降了1.50%、12.02%和5.81%。服务业细分行业营业成本的下跌幅度显然比制造业细分行业的下降幅度要轻微许多。

（3）制造业细分行业中烟草制品业营业成本增速最高，达到90.69%，汽车制造业与计算机、通信和其他电子设备制造业紧随其后，分别是 64.51% 和 51.04%。而服务业细分行业中互联网和相关服务的营业成本增速高达 940.66%，是烟草制品业的 10 多倍，管道运输业营业成本增速也高达 800.17%。另外，邮政业，卫生，社会工作，广播、电视、电影和影视录音制作业，铁路运输业，娱乐业，软件和信息技术服务业，教育服务业细分行业的营业成本增速全都超过 100%。

　　总体而言，服务业营业成本增速相比制造业营业成本增速快很多，结果导致服务业价格上涨速度往往大于制造业。

第六章　成本上升、投资回报率与制造业比重

从供给视角来看，中国制造业比重下降与近年来劳动成本、土地成本、融资成本和环保成本等各种生产成本快速大幅上升，进而投资回报率和投资增速下降紧密相关。本书将融资成本对制造业的影响放在第七章专门论述，本章集中探讨其他几个重要成本上升对制造业带来的冲击。

一、劳动成本变动对中国制造业的影响

劳动成本一般以工资收入作为主要度量基础。工资水平上升可能给制造业带来三个重要影响：一是导致制造业产品（尤其是劳动密集型产品）成本提高进而削弱这类产品的市场竞争力，最终减少生产和就业，资源转移到国内其他行业（如服务业）；二是促使中国制造业企业加大研发创新力度，转向生产高技术含量和高附加值的产品，通过增加资本投入加强自动化水平，从而抵消劳动成本上升带来的不利影响；三是迫使一部分外资企业和本土企业（主要是劳动密集型企业）搬离中国，迁移到周边那些劳动成本相对较低的国家生产，进而不利于吸引外商直接投资。显然，以上三种影响路径都可能引起中国制造业比重下降，需要引起高度关注。

（一）中国人口年龄结构出现重大变化

中国劳动成本的绝对上升（国内纵向比较）和相对提高（国外横向比较）

都可能导致中国制造业，特别是劳动密集型制造业的比重下降。中国人口结构变化是导致劳动成本快速上涨的核心原因之一，突出表现为劳动年龄人口绝对数量出现持续下跌。一般将16~59岁的人口称为劳动年龄人口。1982~2020年，虽然中国总人口不断保持增长态势，但是中国劳动年龄人口的绝对数量却在2011年达到峰值9.25亿人，之后逐年减少。2012年相比2011年减少345万人，2020年相比2019年缩减规模巨大，高达1735万人。2011~2020年，中国劳动年龄人口总共减少了4595万人。

通过对大量数据的统计分析，盛朝迅（2020）指出，无论是从第二产业就业比重，还是基于工业和制造业就业比重，中国都已经出现了较为明显的"去工业化"现象，2012年则是一个重要的时间节点，该年第二产业就业比重出现拐点，开始从上升转为下降。因此，他把2012年界定为中国"去工业化"元年，并以此为时间节点进行国际比较分析。考虑到2012年也是中国劳动年龄人口绝对数量开始减少的时间节点，表明中国制造业比重下降与中国人口年龄结构的重大变化之间可能存在紧密联系。这也意味着中国制造业比重下降趋势具有一定的必然性，因为人口年龄结构的演变是个客观规律。

考虑到一些国家将退休年龄定于65岁，中国政府也提出将逐步延长退休年龄至65岁，因此本书把15~64岁称作广义劳动年龄人口。1990~2013年，中国广义劳动年龄人口数量不断上升，其绝对数在2013年达到峰值100582万人，之后进入下跌阶段，而占比峰值74.5%出现在2010年。

总之，不管劳动年龄人口划分区间是按16~59岁还是15~64岁，近年来，中国正逐步迎来人口年龄结构的重大转变，劳动年龄人口的总量和比重双双开始下降。中国人口年龄结构的重大变化可能导致劳动力短缺和劳动力成本上涨成为常态，这将给制造业尤其是劳动密集型制造业带来巨大生存压力。因此，随着中国劳动年龄人口的绝对下降以及城镇生活成本的大幅提升，劳动力成本近年来持续快速上升。例如，2013年全国共有26个省份调高了最低工资标准，月最低工资标准平均增幅高达18%。

（二）中国制造业工资收入及单位劳动力成本变化

一般而言，对于绝大多数企业，劳动成本的主要构成部分是工资性支出（对于企业职工则是工资性收入）。自1978年改革开放以来，中国企业职工的平均工资收入提高较快，当然不同行业的工资收入往往存在较大差距。由表6-1可知，

2003~2019 年，中国城镇单位职工的总体平均工资水平上涨很快，2019 年是2003 年的 6.48 倍，在 2013 年以前每年都是两位数以上的高速增长，2013 年之后的最低增长率也高达 8.93%。在此期间，制造业平均工资增长与总体平均工资涨势基本一致。2014 年以前，除了 2009 年以外，制造业平均工资增长率每年高达两位数以上，2011 年甚至达到了 18.60% 的峰值。平均工资从 2003 年的 12671元/年迅速上涨至 2014 年的 51369 元/年。2015 年以来，虽然制造业平均工资增长率基本上不再是两位数，但最低增速也有 7.49%，导致 2019 年制造业平均工资升至 78147 元/年。这意味着中国制造业的劳动成本竞争力一直处于快速下降通道。

表 6-1　2003~2019 年中国城镇单位就业人员平均工资　　单位：元/年

年份	平均工资	平均工资增长率（%）	制造业平均工资	制造业平均工资增长率（%）
2003	13969	—	12671	—
2004	15920	13.97	14251	12.47
2005	18200	14.32	15934	11.81
2006	20856	14.59	18225	14.38
2007	24721	18.53	21144	16.02
2008	28898	16.90	24404	15.42
2009	32244	11.58	26810	9.86
2010	36539	13.32	30916	15.32
2011	41799	14.40	36665	18.60
2012	46769	11.89	41650	13.60
2013	51483	10.08	46431	11.48
2014	56360	9.47	51369	10.64
2015	62029	10.06	55324	7.70
2016	67569	8.93	59470	7.49
2017	74318	9.99	64452	8.38
2018	82413	10.89	72088	11.85
2019	90501	9.81	78147	8.41

资料来源：笔者根据历年《中国统计年鉴》数据计算得到。

工资收入可能是影响劳动密集型行业增长的重要因素，但由于还存在其他重要的影响要素（如规模、技术和创新），更可靠的影响因子是单位劳动力成本，该因子可以更好地解释不同劳动密集型细分行业的比重为什么会有较大差异。在制造业工资支出快速上升的同时，如果劳动生产率能够以更快的速度增长，单位产品劳动成本将趋于下降，最终也不会影响制造业产品的价格竞争力。反之，如果劳动生产率增速低于工资增速，单位产品劳动力成本将上升。参考郭也（2021）的研究结果，2002~2016 年，中国制造业小时劳动生产率增速低于小时工资的增速，结果导致中国制造业单位劳动力成本大幅上涨，2016 年是 2002 年的两倍多，平均每年增长 8.28%（见图 6-1）。

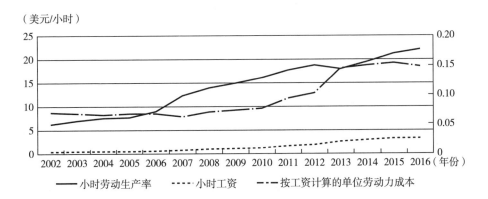

图 6-1　2002~2016 年按工资计算的单位劳动力成本

资料来源：郭也（2021）。

（三）中国制造业工资收入及单位劳动力成本变化的跨国比较

在经济金融全球化时代，中国工资成本及单位劳动力成本相对其他国家上涨过快、过多会导致产业资本离开中国，迁移到劳动资源丰富且劳动成本更加低廉的国家，特别是那些劳动密集型的外资企业和本土企业。近年来，人们注意到东南亚和南亚一些国家逐渐成为替代中国的制造业投资新目的地，越南又是其中的"佼佼者"和"优等生"，引起世界其他国家和中国的广泛关注。下面以越南为代表，对比分析中越之间劳动力成本的相对差异、变动情况及影响结果。

广西是中国与越南的边界省份，该省的经济发展在中国属于中下水平。从表6-2 中可见，1997~2018 年，广西最低工资相比越南不断提高。2010 年以前，广西最低工资是越南的 2~3 倍，2010 年以后增长为 3~4 倍，2018 年高达 4.13 倍。

江苏既是中国经济发达地区也是外向型经济大省，该省最低工资相比越南更高，长期保持在3~4倍，2018年上涨为4.97倍。通过广西、江苏与越南的最低工资对比，笔者认为，随着中越之间工资成本差距不断加大，未来可能还有更多制造企业迁移出去，特别是低附加值的劳动密集型企业，因此从政府到企业都应未雨绸缪。

表6-2　1997~2018年中国广西、江苏和越南最低工资比较

年份	广西（元）	江苏（元）	越南（盾）	广西/越南	江苏/越南
1997	200.00	280.00	144000	2.05	2.87
1998	200.00	280.00	144000	2.32	3.24
1999	200.00	320.00	144000	2.34	3.74
2000	200.00	320.00	180000	1.93	3.10
2001	260.00	390.00	210000	2.24	3.36
2002	335.00	430.00	210000	2.95	3.78
2003	335.00	460.00	290000	2.17	2.98
2004	460.00	540.00	290000	3.00	3.53
2005	460.00	692.00	350000	2.51	3.77
2006	500.00	754.00	450000	2.32	3.50
2007	580.00	850.00	450000	2.91	4.26
2008	670.00	850.00	540000	3.09	3.92
2009	670.00	850.00	650000	2.77	3.52
2010	820.00	960.00	730000	3.19	3.73
2011	820.00	1140.00	830000	3.29	4.57
2012	1000.00	1320.00	1050000	3.17	4.19
2013	1200.00	1480.00	1150000	3.51	4.33
2014	1200.00	1630.00	1150000	3.55	4.82
2015	1400.00	1630.00	1150000	4.00	4.65
2016	1400.00	1770.00	1210000	3.59	4.53
2017	1400.00	1890.00	1300000	3.62	4.89
2018	1680.00	2020.00	1390000	4.13	4.97

资料来源：笔者根据CEIC数据库数据计算得到。

由表6-3可知，2011~2020年，中国非私营制造业和私营制造业的月均工资

与越南相比，差距呈扩大趋势。2011 年，中国非私营制造业月均工资是越南的
3.21 倍，2020 年倍数扩大到 3.61 倍。中国私营制造业月均工资相比越南，2011
年和 2020 年的倍数分别是 2.12 倍和 2.53 倍。由此可见，中国制造业相对于越
南制造业而言，工资成本还在快速上升，这对于劳动密集型制造企业显然是不利
的，可能是近年来中国制造业比重快速下降的重要诱因之一。

表 6-3　2011~2020 年中国和越南制造业的月均工资对比

年份	越南（元）	中国非私营（元）	中国非私营/越南（倍数）	中国私营（元）	中国私营/越南（倍数）
2011	951.03	3055.42	3.21	2011.50	2.12
2012	1101.19	3470.83	3.15	2351.25	2.14
2013	1159.77	3869.25	3.34	2669.58	2.30
2014	1248.18	4280.75	3.43	2971.08	2.38
2015	1403.75	4610.33	3.28	3245.67	2.31
2016	1630.03	4955.83	3.04	3509.58	2.15
2017	1580.43	5371.00	3.40	3749.25	2.37
2018	1696.88	6007.33	3.54	4106.25	2.42
2019	2026.70	6512.25	3.21	4404.83	2.17
2020	1911.06	6898.58	3.61	4825.83	2.53

资料来源：笔者根据 CEIC 数据库和历年《中国统计年鉴》数据计算得到。

　　笔者发现，不管是最低工资还是月均工资，中国不仅在绝对数上远高于越
南，而且相对于越南增速更快，因此中越之间的劳动力成本差异呈扩大趋势。从
表 6-4 中可以发现：第一，从中国制造业就业人数相对于越南的倍数来看，
2005~2013 年，该倍数值呈先降后升态势，由 2007 年的 6.12 倍下降到 2009 年
的 5.41 倍，然后持续上升，2013 年达到峰值 7.24 倍。2013 年以后，该倍数值
持续大幅下滑，2020 年降至 3.37 倍。总体而言，该倍数的变化趋势与中国制造
业比重下降趋势，特别是转折年份高度一致。

表 6-4　2007~2020 年中国和越南制造业就业人数对比

年份	越南（万人）	越南增长率（%）	中国（万人）	中国增长率（%）	中国/越南（倍数）
2007	566.5	12.60	3465.4	7.92	6.12

续表

年份	越南（万人）	越南增长率（%）	中国（万人）	中国增长率（%）	中国/越南（倍数）
2008	599.88	5.89	3434.3	−0.90	5.72
2009	644.9	7.50	3491.9	1.68	5.41
2010	664.58	3.05	3637.2	4.16	5.47
2011	697.26	4.92	4088.3	12.40	5.86
2012	710.22	1.86	4262.2	4.25	6.00
2013	726.73	2.32	5257.9	23.36	7.24
2014	741.48	2.03	5243.1	−0.28	7.07
2015	845.75	14.06	5068.7	−3.33	5.99
2016	904.92	7.00	4893.8	−3.45	5.41
2017	953.76	5.40	4635.5	−5.28	4.86
2018	999.98	4.85	4178.3	−9.86	4.18
2019	1128.76	12.88	3832.0	−8.29	3.39
2020	1130.22	0.13	3805.5	−0.69	3.37

资料来源：笔者根据 CEIC 数据库和历年《中国统计年鉴》数据计算得到。

第二，从增长率来看，2005~2020 年，越南制造业就业人数的增长率一直是正数，每年制造业吸纳的劳动力人数都在增加。在此期间，中国制造业就业人数的增长率与越南相比有很大差异。2013 年以前，中国制造业就业人数的增长率除了 2008 年以外全部是正数，也就是说制造业吸收的总劳动力在不断增加。2013 年之后，中国制造业就业人数的增长率全是负数，尤其值得注意的是，该负数的绝对值越来越大（2020 年除外），这意味着 2013 年以后，中国制造业吸纳的总劳动力持续大幅减少。中国制造业就业人数增长率的变化趋势与中国制造业比重下降趋势，特别是转折年份也基本一致。

第三，2020 年越南总人口约为 0.9734 亿，劳动年龄人口（15~64 岁）为 0.671 亿，制造业就业人数是 1130.22 万，占劳动年龄人口的比重为 16.84%。中国总人口约为 14.1212 亿，劳动年龄人口（15~64 岁）为 9.92 亿，制造业就业人数为 3805.5 万，占劳动年龄人口的比重仅 3.84%。中国和越南之间工资成本的巨大差异显然对两国制造业的就业比重产生重大影响。

除了工资水平以外，单位劳动力成本是决定制造业发展状况的重要因素，因为单位劳动力成本是直接决定制造业产品价格的核心因素之一，进而对制造业竞争力具有重大影响。根据郭也（2021）的研究成果，2002~2016 年，中国制造业单位劳动力成本呈明显上升趋势，中国劳动力成本优势面临严峻挑战。一方面，中国相对 G7 国家以及其他发达国家的优势在不断缩小，中国与墨西哥、俄罗斯等发展中大国的单位劳动力成本已经基本持平。另一方面，中国相对于周边主要地区的优势也在大幅下降，中国制造业单位劳动力成本已经超过菲律宾、马来西亚等国家。此外，中国相对于哥伦比亚、智利和土耳其等发展中国家的单位劳动力成本优势也在逐步消失。

二、土地成本和住房价格变动对中国制造业的影响

2008 年，美国金融危机爆发，中国为了应对此次冲击，出台了扩张性较强的货币政策和财政政策，导致地价和房价飙升，最终传导给制造业，使得该行业的产品成本上升，进而降低了竞争力。

表 6-5 中的数据显示，1999~2007 年，中国土地价格从 1999 年的 113.31 万元/公顷上涨到 2007 年的 519.95 万元/公顷，十年之间增长了 3.59 倍，年均增长 44.88%。2008 年金融危机以后，2009~2017 年，中国土地价格从 2009 年的 778.01 万元/公顷上涨到 2017 年的 2251.40 万元/公顷，十年之间增长了 1.89 倍，年均增长 23.63%。这就意味着在 2008 年金融危机以前，中国的土地价格已经出现快速上涨。显然，土地价格的增速是非常惊人的，远远超过 GDP 和居民收入，必然给国民经济健康运行带来长久隐患和巨大风险，特别是对于发展制造业等实体经济尤为不利，因为土地是实体经济必需的基础性生产要素。

表 6-5　1997~2017 年国有建设用地出让面积、收入和单价

年份	出让面积（公顷）	出让收入（万元）	万元/公顷	单价增长率（%）
1999	45390.68	5143295.00	113.31	—
2000	48633.22	5955848.00	122.46	8.08
2001	90394.12	12958896.1	143.36	17.06
2002	124229.84	24167925.18	194.54	35.70

续表

年份	出让面积（公顷）	出让收入（万元）	万元/公顷	单价增长率（%）
2003	193603.96	54213112.88	280.02	43.94
2004	181510.36	64121759.67	353.27	26.16
2005	165586.08	58838170.95	355.33	0.58
2006	233017.88	80776447.01	346.65	−2.44
2007	234960.59	122167208.32	519.95	49.99
2008	165859.67	102597987.90	618.58	18.97
2009	220813.90	171795255.79	778.01	25.77
2010	293717.81	274644791.15	935.06	20.19
2011	335085.17	321260823.12	958.74	2.53
2012	332432.34	280422827.78	843.55	−12.02
2013	374804.03	437452967.12	1167.15	38.36
2014	277346.32	343773734.05	1239.51	6.20
2015	224885.95	312206471.49	1388.29	12.00
2016	211850.82	364616830.39	1721.10	23.97
2017	230898.62	519844752.67	2251.40	30.81

资料来源：笔者根据历年《中国国土资源年鉴》数据计算得到。

表6-5中的土地价格是中国国有用地平均出让价格，按照用地类型划分，具体包括工矿仓储用地、商服用地、普通商品住房、公共租赁房、高档住宅和公共管理及公共服务用地等，其中普通商品住房用地的成交价款最高，工矿仓储用地的出让面积最大，价款相对较低。考虑到与制造业直接相关的土地价格主要是工矿仓储用地部分，下面给出工业用地价格的变动情况（见表6-6）。

表6-6 2008~2021年中国105个城市的工业用地价格

年份	元/平方米（总体）	增长率（%）	元/平方米（长三角）	元/平方米（珠三角）	元/平方米（京津冀）
2008	607.5	—	764	669	613
2009	617	1.56	766	689	615
2010	629	1.94	803	762	645
2011	652	3.66	830	795	669
2012	670	2.76	858	831	682

续表

年份	元/平方米（总体）	增长率（%）	元/平方米（长三角）	元/平方米（珠三角）	元/平方米（京津冀）
2013	700	4.48	884	906	699
2014	742	6.00	928	1060	721
2015	760	2.43	948	1141	737
2016	782	2.89	979	1234	764
2017	806	3.07	1002	1341	790
2018	834	3.47	1027	1482	827
2019	857	2.76	1044.92	1564.93	882.12
2020	865.15	0.95	1054.25	1604.69	870.49
2021	877.49	1.43	1073.02	1661.50	884.75

资料来源：笔者根据 CEIC 数据库数据计算得到。

表 6-5 与表 6-6 相比，2008~2017 年，表 6-5 中的国有建设用地平均价格增长了 264%，而表 6-6 中的工业用地平均价格仅增长 32.67%。工业用地价格增长率显然小很多，表明政府在工业用地的价格设定上还是非常理智的，较为严格地控制了工业地价的上涨速度，尽量不要损害本地制造业竞争力。总体来看，2008~2021 年，105 个城市工业用地价格增长 44.44%，年均增长 3.42%。分区域来看，珠江三角洲、京津冀和长江三角洲的工业用地价格分别增长了 148%、44.33% 和 40.45%，显然珠江三角洲的工业用地最为紧缺，价格上涨幅度远大于其他两个区域，这也间接反映了珠江三角洲的工业化进程可能相对较高一些。

到目前为止，仅给出了土地价格的变动情况。本书发现，尽管中国用地价格从总体上看涨势惊人，但工业用地价格上涨还是较为温和，因此地价巨幅上涨对制造业的影响主要是通过住房价格快速大幅上涨，倒逼厂商给员工涨工资，最终增大企业生产成本压力。

从表 6-7 可见，2000~2021 年，中国商品房销售平均价格持续快速上升，增长了 3.8 倍，年均增长 18.1%。分类别来看，住宅、办公楼和商业用房的平均价格分别增长了 4.34 倍、1.93 倍和 2.29 倍，其中住宅价格增长幅度最大，年均增长 20.67%，远超 GDP 和居民收入涨幅，对居民生活水平影响最大。高房价必然通过倒逼机制，迫使企业给员工大幅涨薪，这样一来，又会加大企业的生产成本，如果企业生产率跟不上，最终会损害竞争力，导致大批低端制造业破产倒闭。

表 6-7 2000~2021 年中国商品房销售价格   单位：元/平方米

年份	全部平均价格	住宅平均价格	办公楼平均价格	商业、营业用房平均价格
2000	2112.00	1948.00	4751.00	3260.38
2001	2170.00	2017.00	4588.00	3273.53
2002	2250.00	2092.00	4336.00	3488.57
2003	2359.00	2197.00	4196.00	3675.14
2004	2778.00	2608.00	5744.00	3884.00
2005	3167.66	2936.96	6922.52	5021.75
2006	3366.79	3119.25	8052.78	5246.62
2007	3863.90	3645.18	8667.02	5773.83
2008	3800.00	3576.00	8378.00	5886.00
2009	4681.00	4459.00	10608.00	6871.00
2010	5032.00	4725.00	11406.00	7747.00
2011	5357.10	4993.17	12327.28	8488.21
2012	5790.99	5429.93	12306.41	9020.91
2013	6237.30	5849.75	12996.53	9777.14
2014	6324.00	5933.00	11826.00	9817.00
2015	6792.55	6472.36	12914.10	9566.00
2016	7475.57	7202.58	14332.21	9786.21
2017	7892.27	7613.82	13543.06	10322.92
2018	8726.00	8553.00	14379.00	10903.00
2019	9310.28	9287.06	14314.56	10952.06
2020	9859.53	9979.89	15137.90	10646.45
2021	10139.16	10395.96	13928.89	10714.13

资料来源：笔者根据 CEIC 数据库数据计算得到。

三、环保成本变动对中国制造业的影响

改革开放以来，各级政府以经济建设为中心，而忽视了环境保护和生态安全。党的十八大以来，党中央为了实现经济与社会的可持续增长，将生态文明和

绿色发展放在更加重要的战略位置。在节能减排约束和中央环保督察压力下，相对于服务业，工业在一定程度上被某些地方政府和民众误以为是高污染、高能耗、占地多、事故多的"劣质产业"，进而导致工业在国民经济中的"地位下降"（黄群慧，2014）。在此背景下，各地政府把发展服务业作为扩大内需、吸纳就业、拉动增长的主力军，各地"一哄而上"，竭力把服务业打造成经济发展新引擎，社会上更多的资源从农业、工业流向服务业，这成为近年来服务业快速发展和"过度去工业化"的重要推动力（魏后凯和王颂吉，2019）。

2020年9月22日，习近平总书记在第七十五届联合国大会一般性辩论上发言，明确指出中国将提高国家自主贡献力度，采取更加有力的政策和措施，二氧化碳排放力争于2030年前达到峰值，努力争取2060年前实现碳中和。2020年12月12日，习近平总书记在气候雄心峰会上宣布，到2030年，中国单位国内生产总值二氧化碳排放将比2005年下降65%以上，非化石能源占一次能源消费比重将达到25%左右，森林蓄积量将比2005年增加60亿立方米。为了实现以上一系列环保目标，中国在"十四五"规划里提出了三项约束性的定量指标：第一，单位GDP能耗要下降13.5%；第二，单位GDP二氧化碳排放量要下降18%；第三，森林覆盖率要达到24.1%。"十四五"规划还特别强调，这三项指标是约束性的，一定要达到，因为这是实现碳达峰与碳中和长远目标的阶段性指标。

回顾中国环境保护政策的变迁历程，2012年中共十八大至今，随着中央明确提出以改善环境质量为目标，着力加强生态文明建设，这段时期中国实施了力度空前的环保改革措施。具体而言，成立中央巡视组和环保督察组，强化地方党委政府责任，加大对其履职尽责的监督，阶段性成果非常明显。2016年11月21日，国务院发布《控制污染物排放许可制实施方案》，标志着以排污许可制度为核心，整合各项环境管理制度，建立统一的环境管理平台，实现排污企业在建设、生产和关闭等生命周期不同阶段的全过程管理基本实现。该方案要求严格实行"一企一证"和"一证式管理"，明晰各方责任，强化监管，落实企业的诚信责任和守法主体责任，推动企业从被动治理转向主动防范。这些政策措施的出台对于高耗能、高污染和资源型制造企业可能产生重大影响。下面将聚焦"两高一资"类制造业细分行业，通过对比2012年前后增长率或比重变化情况，初步判断环保成本给制造业带来的冲击状况。

从图6-2中可以看出：第一，2000～2020年，中国工业污染治理的投资费用并非线性上升，2000～2007年形成第一波上升走势，2007年达到峰值5523909万元，之后连续下降三年, 2010 年的投资支出相比 2007 年下降了 1554141 万元。2010~2014 年又开始一波上涨, 2014 年达到峰值 9976510.87 万元, 该峰值也是 2000~2020 年的最大投资支出。2014 年之后不断减少, 2020 年相比 2014 年大幅下跌了5433924.87 万元。第二, 2012 年之后, 中国工业污染治理的投资费用明显大幅提高, 表明中央政府治理污染的决心很大, 投资费用也随之加大。第三, 工业污染主要包括废水、废气、固体废弃物和噪声等, 中国工业污染治理的投资费用主要用于废气, 其次是废水。长期以来, 治理废气的费用占了全部费用的一半左右, 2013 年和 2014 年占比甚至高达 75% 和 79%。近年来, 中国空气质量明显好转, 许多城市的优良空气天数大幅增加, 表明治理废气取得了实质性成效。

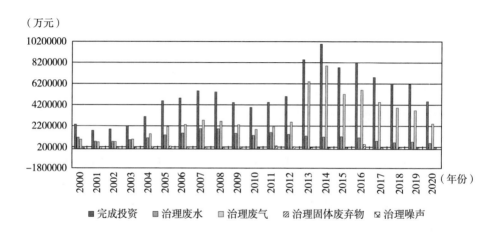

图 6-2 2000~2020 年中国工业污染治理完成投资

资料来源: 笔者根据历年《中国环境统计年鉴》数据计算得到。

那么中国工业污染治理的投资费用从何而来呢? 究竟谁是主要的环保成本承担者呢? 表 6-8 显示了 2010 年中国工业污染治理的投资资金来源主要有三个渠道, 即排污费补助、政府其他补助和企业自筹, 前两个渠道仅分别贡献了 1.24%和 3.81%的资金来源, 94.95%的资金来自企业自筹。换句话说, 企业几乎承担了全部工业污染治理投资所需资金, 压力之大可想而知。需要指出的是, 企业自筹资金中来自银行贷款的部分仅 7.90%, 几乎全部占用企业自有资金。如此巨大的环保成本压力是否导致重化工企业减产呢?

表6-8　2010年中国工业污染治理投资来源

项目	全部	排污费补助	政府其他补助	企业自筹	企业自筹的银行贷款
投资金额（万元）	3969768	49122	151422	3769222	313548
占比（%）	—	1.24	3.81	94.95	7.90

资料来源：笔者根据《中国统计年鉴2011》数据计算得到。

利用第三章化学原料及化学制品制造业、黑色金属冶炼及压延加工业、有色金属冶炼及压延加工业、石油煤炭及其他燃料加工业和非金属矿物制品业等"两高一资"类行业的营收占比数据，笔者发现2014年以后只有化学原料及化学制品制造业和非金属矿物制品业两个行业营收占比下滑，而其他"两高一资"类行业的营收占比却出现上升。原因可能是需求太过旺盛，即使成本上升、价格提高也能销售出去。由此可见，判断环保成本是否给制造业带来显著影响，最好通过分析2014年前后"两高一资"类产品的产量是否出现明显下跌、价格是否出现明显上升。

图6-3、图6-4和图6-5分别是盘条、钢材和焦煤三种最具代表性的高耗能、高污染产品的月度产量。这三幅图有一个共同特征：2001~2014年，盘条、钢材和焦煤的产量都有持续且快速的上涨趋势，在2014年左右达到峰值，2014年以后，这三种产品的产量没有明显的持续上升走势，几乎处于水平波动状态。由此可推知，自2012年中共十八大以后，随着政府和民众日益重视环境污染问题，各种政策措施陆续出台，工业污染治理的投资支出大幅增长，高耗能、高污染产品的生产必然受到重大影响，最终导致产量不再野蛮增长，重化工制造业产能可能达到极限，产值和劳动力比重将会逐步下降。

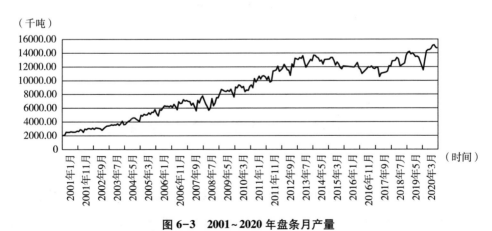

图6-3　2001~2020年盘条月产量

资料来源：笔者根据CEIC数据库数据计算得到。

（千吨）

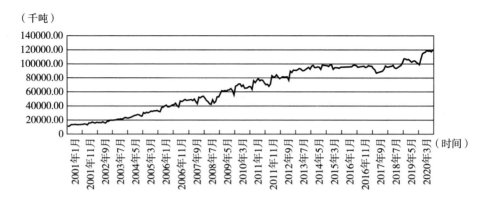

图 6-4　2001～2020 年钢材月产量

资料来源：笔者根据 CEIC 数据库数据计算得到。

（千吨）

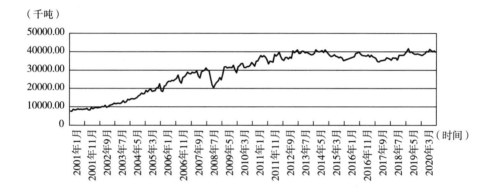

图 6-5　2001～2020 年焦煤月产量

资料来源：笔者根据 CEIC 数据库数据计算得到。

四、投资回报率、投资增速和制造业比重

笔者认为，由于影响中国制造业比重的重要因素较多，除了各种成本因子，还有规模经济、技术进步和资本深化等，单独分析一种成本变动很难发现明显的负面冲击效果。考虑到各种成本一般会影响利润率或回报率，进而作用于投资增

速，最终对制造业比重产生显著冲击，下面将从制造业总体及其细分行业的回报率变动视角间接挖掘各种成本变动可能对制造业比重产生的不利影响。

（一）制造业总体的营收增速及资本回报率

由图 6-6 可知，2007~2013 年，中国制造业的资本回报率总体呈先升后降，2007~2010 年是上涨，之后开始波动下滑，2013 年以后则呈快速下跌态势。资本回报率下降可能是解释 2013 年以来中国制造业比重持续下降的有力因素，毕竟绝大多数企业是以利润最大化为根本目标。2007~2019 年，中国制造业的营收增速呈明显下降趋势，这种情况往往对应于制造业比重的降低。考虑到这段时期中国的人工成本、土地成本、住房成本、能源成本和环保成本几乎都出现较大幅度上涨，资本回报率和营收增速皆出现显著下降也就不难理解了。

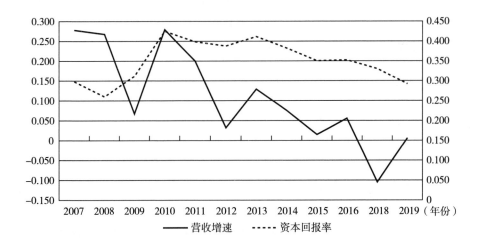

图 6-6　2007~2019 年中国制造业的资本回报率和营收增速

注：资本回报率对应右轴，营收增速对应左轴。

资料来源：笔者根据历年《中国工业经济统计年鉴》数据计算得到。

中央党校王小广教授指出，工业（主要是制造业）出现报酬递减使中国经济较长时间处于深度调整中，笔者认为报酬递减可能也是导致制造业比重下降的直接诱因。为了更直观地分析中国工业发展的报酬递减问题，王小广（2022）构建了一种衡量报酬增减的方法，即用利润增速与营业收入增速之比来确定报酬增减。当两者之比等于 1 或在 1 左右波动时，报酬稳定；当该比值大于 1 特别是明显大于 1 时，报酬递增；当比值小于 1 时，则报酬递减。王小广测算了 1998 年以来中国规模以上工业的报酬增减情况。结果发现：①1999～2010 年，中国规模以上工业利润增长率的平均值高达 34.9%，而 2012～2020 年利润增长率的均值仅为 1.2%，跌幅惊人；②1999～2010 年，中国规模以上工业营业收入增长率的平均值高达 22%，而 2012～2020 年营业收入增长率的均值仅为 2.9%，下跌幅度高达 19.1%；③1999～2010 年，中国规模以上工业的利润增速与营业收入增速之比的平均值为 1.59，表明在这段时期，中国工业处于报酬递增状态，实现了较好的速度效益型增长。但 2012 年以后，中国工业明显处于报酬递减过程，2012～2020 年工业利润增速与营业收入增速之比的平均值仅为 0.41。

以上这些发现充分表明中国制造业比重下降是一个客观过程，要想缓解甚至逆转下跌趋势，需要从根本上解决导致报酬快速下降的深层因素。边际报酬递减规律是经济学的基本原理之一，根据该理论，如果没有技术进步，报酬递减是必然会出现的。因此，战胜报酬递减的根本路径是提高企业的研发创新能力，使之成为促进制造业保持高质量增长的第一动力。

（二）制造业各细分行业的利润增长率及报酬递增或递减

制造业包含几十个细分行业，每一个细分行业有其自身特征，面对相同的成本冲击，可能会产生异质性反应。为了深入研究各种成本变动对制造业比重的影响，笔者将深入制造业细分行业，对比同一细分行业在不同时期，以及不同细分行业之间在利润率、营业收入和报酬递减或递增等方面的变化。

（1）对比表 6-9 和表 6-10，笔者发现在制造业 27 个细分行业中，只有文教、工美、体育和娱乐用品制造业以及石油、煤炭和其他燃料加工业这两个行业 2002～2010 年利润增长率的平均值小于 2012～2020 年的平均值。其余 25 个细分行业 2002～2010 年利润增长率的平均值均远大于 2012～2020 年的平均值，其中农副食品加工业，纺织业，纺织服装、服饰业，化学纤维制造业，皮、毛、羽毛及其制品和制鞋业，木材加工及竹、藤、棕、草制品六个细分行业在 2012～2020 年利润增长率的平均值是负数，也就是亏损状态。这六个细分行业大都具有劳动力密集、低技术含量和市场竞争激烈的特征，因此一旦面临各种成本快速大幅上升，很容易陷入利润下滑甚至亏损的境地。

表 6-9 2002~2010 年中国制造业各细分行业的利润增长率 单位：%

细分行业＼年份	2002	2003	2004	2005	2006	2007	2008	2009	2010	平均值
农副食品加工业	19.37	50.18	35.10	42.65	69.34	58.12	35.84	23.67	56.12	43.38
食品制造业	24.81	36.91	17.24	16.29	77.16	44.32	24.19	46.40	41.67	36.56
酒、饮料和精制茶制造业	16.61	23.95	14.27	0.76	75.05	48.27	25.46	30.41	36.03	30.09
烟草制品业	20.31	29.55	34.73	-1.36	27.19	30.61	17.20	-8.78	12.85	18.03
纺织业	39.98	34.37	12.75	13.57	77.44	35.81	21.09	17.66	55.60	34.25
纺织服装、服饰业	10.44	19.23	15.05	13.53	57.89	30.64	36.46	25.42	39.38	27.56
皮、毛、羽毛及其制品和制鞋业	39.56	38.89	23.98	19.47	50.98	43.11	30.35	22.75	49.53	35.40
木材加工及竹、藤、棕、草制品	19.86	39.45	57.33	80.60	23.02	64.40	52.69	17.25	49.15	44.86
家具制造业	10.95	47.00	37.92	72.99	24.77	26.65	28.38	31.63	52.93	37.02
造纸和纸制品业	58.37	19.13	20.50	29.70	43.52	45.20	14.05	16.08	44.06	32.29
印刷和记录媒介复制业	10.31	25.29	9.25	38.63	3.42	34.74	28.73	17.87	30.73	22.11
文教、工美、体育和娱乐用品	22.09	16.31	17.37	10.98	20.97	27.67	6.66	48.43	42.77	23.69
石油、煤炭和其他燃料加工业	-522.74	142.27	116.69	9.68	-206.45	-169.26	-563.88	-192.83	31.13	-150.60
化学原料和化学制品制造业	74.65	69.37	81.17	8.89	22.12	61.11	4.62	13.87	66.50	44.70
医药制造业	19.86	28.90	7.67	-5.45	40.95	56.03	36.41	25.36	33.92	27.07
化学纤维制造业	41.87	99.04	8.67	-25.43	48.23	131.12	-49.18	108.79	110.31	52.60
橡胶和塑料制品	29.58	23.65	13.08	42.05	27.22	50.36	19.29	34.06	43.13	31.38
非金属矿物制品	23.23	87.33	34.94	58.94	-0.65	67.67	42.75	25.40	53.97	43.73
黑色金属冶炼和压延加工业	46.13	106.79	70.44	8.25	21.57	52.68	-24.63	-12.54	56.19	36.10
有色金属冶炼和压延加工业	18.69	89.45	79.48	12.70	180.42	34.11	-27.93	9.01	75.28	52.36
金属制品业	27.03	36.59	42.25	18.62	38.79	35.04	40.78	14.55	58.90	34.73
通用设备制造业	54.88	56.50	41.66	30.22	51.60	39.90	35.45	12.40	51.88	41.61
专用设备制造业	61.18	39.62	25.01	32.54	66.54	61.83	30.44	17.27	56.56	43.44
交通运输设备制造业	64.45	58.34	-0.66	5.35	23.31	68.05	26.25	43.99	58.53	38.62
电气机械和器材制造业	21.13	31.38	30.03	8.12	59.88	46.52	46.70	19.89	43.66	34.15

续表

细分行业 \ 年份	2002	2003	2004	2005	2006	2007	2008	2009	2010	平均值
计算机、通信和其他电子设备	1.48	31.61	33.16	0.24	38.08	27.10	6.69	13.84	63.59	23.98
仪器仪表制造业	9.02	64.79	13.37	11.84	84.68	37.05	17.02	15.45	42.91	32.90

资料来源：笔者根据历年《中国统计年鉴》数据计算得到。

表6-10   2012~2020年中国制造业各细分行业的利润增长率   单位：%

细分行业 \ 年份	2012	2013	2014	2015	2016	2017	2018	2019	2020	平均值
农副食品加工业	14.58	-3.04	5.10	4.91	5.83	-14.42	-31.50	-3.41	9.36	-1.40
食品制造业	15.49	8.92	12.56	7.56	11.02	-11.65	-15.67	15.26	-4.42	4.34
酒、饮料和精制茶制造业	21.82	3.20	1.04	7.72	6.05	5.16	4.35	9.19	7.83	7.37
烟草制品业	27.48	14.05	-0.08	-1.76	-13.47	-6.42	-4.94	1.04	22.53	4.27
纺织业	-3.20	6.78	7.18	2.60	2.76	-16.26	-33.89	-10.50	9.29	-3.92
纺织服装、服饰业	20.14	-0.23	17.07	2.03	4.79	-15.04	-17.03	-12.83	-17.75	-2.09
皮、毛、羽毛及其制品和制鞋业	15.02	-0.41	15.99	3.29	0.74	-7.87	-20.80	11.06	-20.12	-0.34
木材加工和竹、藤、棕、草制品	15.04	9.54	7.94	-0.11	3.56	-16.16	-37.37	-10.14	-7.41	-3.90
家具制造业	13.49	4.35	15.64	9.77	12.05	-1.02	-25.09	14.68	-4.28	4.40
造纸和纸制品业	1.81	-3.18	-3.02	9.06	9.34	17.25	-24.60	-4.45	19.73	2.44
印刷和记录媒介复制业	13.74	5.59	31.07	4.97	-0.48	-5.74	-21.51	10.20	-3.55	3.81
文教、工美、体育和娱乐用品	236.87	6.50	33.95	9.73	9.80	-11.09	-21.52	6.94	-9.01	29.13
石油、煤炭及其他燃料加工业	-29.06	60.62	-83.80	838.13	157.34	16.99	2.97	-44.71	-17.58	100.10
化学原料和化学制品制造业	-7.01	-0.20	8.19	4.94	10.93	12.75	-11.89	-26.21	16.91	0.93
医药制造业	16.18	11.03	15.00	14.06	14.63	6.74	-6.94	2.91	15.99	9.96
化学纤维制造业	-26.33	-4.19	12.62	4.86	26.72	12.30	-9.77	-7.94	-26.50	-2.03
橡胶和塑料制品	8.01	9.40	10.08	3.87	6.04	-13.59	-30.56	13.88	25.64	3.64
非金属矿物制品	-4.15	9.27	9.95	-8.26	11.99	3.29	-2.17	13.99	3.41	4.15

续表

年份\细分行业	2012	2013	2014	2015	2016	2017	2018	2019	2020	平均值
黑色金属冶炼和压延加工业	-24.16	-0.20	8.13	-67.81	200.67	94.10	17.03	-29.21	-8.00	21.17
有色金属冶炼和压延加工业	-14.87	-17.87	14.60	-11.89	36.46	0.99	-30.54	13.16	20.41	1.16
金属制品业	19.28	1.87	15.04	3.63	6.86	-17.10	-19.84	12.31	5.36	3.05
通用设备制造业	-10.46	4.81	9.85	-0.20	1.14	-1.79	-19.06	4.83	11.86	0.11
专用设备制造业	-0.46	0.13	5.32	-3.31	4.27	8.84	-17.99	14.18	29.07	4.45
交通运输设备制造业	-4.26	15.03	19.96	1.55	9.25	-2.36	-13.72	-12.90	-0.19	1.37
电气机械和器材制造业	3.31	0.94	20.61	8.68	13.84	-9.57	-19.31	4.93	8.42	3.54
计算机、通信和其他电子设备	12.97	3.57	29.45	6.57	11.10	13.24	-16.73	12.40	16.36	9.88
仪器仪表制造业	-6.08	12.44	11.37	3.19	10.35	8.13	-12.05	-3.30	17.58	4.63

资料来源：笔者根据历年《中国统计年鉴》数据计算得到。

（2）对比表6-11和表6-12，笔者发现在制造业27个主要细分行业中，只有交通运输设备制造业、纺织业、电气机械和器材制造业、金属制品业、专用设备制造业、食品制造业、农副食品加工业七个细分行业在2012～2020年处于明显的报酬递增状态。其余20个细分行业在此期间处于报酬基本稳定和报酬递减状态。报酬递减一般会打击企业固定资产投资的积极性，进而造成制造业生产相对下降，在GDP中的比重随之减小。

表6-11　2002～2010年中国制造业各细分行业的利润增长率与营业收入增长率之比

年份\细分行业	2002	2003	2004	2005	2006	2007	2008	2009	2010	平均值
农副食品加工业	1.07	1.70	1.05	2.26	1.89	1.66	0.95	1.37	2.20	1.57
食品制造业	1.22	1.98	0.72	0.94	1.68	1.63	0.88	2.47	1.63	1.46
酒、饮料和精制茶制造业	1.97	1.83	0.95	0.08	1.60	1.77	1.11	1.41	1.58	1.37
烟草制品业	1.50	2.64	2.16	-42.62	1.17	1.72	1.23	-0.61	0.83	-3.55
纺织业	2.51	1.42	0.52	0.67	2.33	1.68	1.50	2.10	2.22	1.66
纺织服装、服饰业	0.81	1.02	0.76	0.93	1.76	1.27	1.54	2.16	2.16	1.38

续表

细分行业 \ 年份	2002	2003	2004	2005	2006	2007	2008	2009	2010	平均值
皮、毛、羽毛及其制品和制鞋业	2.27	1.41	1.17	1.18	1.51	1.82	2.08	2.36	2.06	1.76
木材加工和竹、藤、棕、草制品	1.42	1.75	2.00	1.39	1.06	1.45	1.40	0.83	1.79	1.45
家具制造业	0.54	1.15	1.26	1.21	0.94	0.92	1.05	2.70	1.87	1.29
造纸和纸制品业	3.48	0.81	0.90	1.09	1.46	1.85	0.64	2.41	1.60	1.58
印刷和记录媒介复制业	0.76	0.94	0.58	0.81	-2.05	1.49	1.06	1.66	1.48	0.75
文教、工美、体育和娱乐用品	1.59	0.65	0.80	0.47	0.89	1.45	0.35	7.48	2.24	1.77
石油、煤炭及其他燃料加工业	-91.58	4.81	3.22	1.72	-3.18	-8.78	-21.61	31.43	0.82	-9.24
化学原料和化学制品制造业	4.79	2.37	2.47	0.62	0.46	2.02	0.18	1.55	2.16	1.84
医药制造业	1.07	1.40	0.46	2.37	0.81	2.12	1.51	1.11	1.32	1.35
化学纤维制造业	3.10	3.30	0.26	-10.05	0.77	4.93	20.06	-49.91	3.43	-2.68
橡胶和塑料制品	1.73	0.94	0.51	1.20	1.05	1.88	0.87	3.19	1.58	1.44
非金属矿物制品	1.53	3.39	1.15	1.59	-0.03	2.11	1.20	1.38	1.81	1.57
黑色金属冶炼和压延加工业	2.97	1.84	1.27	0.86	0.45	1.48	-0.80	3.27	2.33	1.52
有色金属冶炼和压延加工业	1.47	2.31	1.53	0.85	1.67	0.86	-1.82	5.58	1.93	1.60
金属制品业	1.59	1.82	1.19	0.86	1.07	1.05	1.31	2.22	2.20	1.48
通用设备制造业	2.30	1.58	1.12	0.97	1.41	1.17	1.05	1.06	1.78	1.38
专用设备制造业	2.80	1.01	1.09	1.33	1.77	1.88	0.81	1.03	1.93	1.52
交通运输设备制造业	2.22	1.56	-0.03	0.79	0.55	2.11	1.11	1.77	1.72	1.31
电气机械和器材制造业	1.66	1.04	0.88	0.52	1.16	1.48	1.76	1.94	1.45	1.32
计算机、通信和其他电子设备	0.06	0.70	0.94	0.04	0.86	1.50	0.63	5.76	2.57	1.45
仪器仪表制造业	0.54	1.36	0.43	0.87	1.83	1.83	1.11	8.43	1.53	1.99

资料来源：笔者根据历年《中国统计年鉴》数据计算得到。

表 6-12　2012~2020 年中国制造业各细分行业的利润增长率与营业收入增长率之比

年份 细分行业	2012	2013	2014	2015	2016	2017	2018	2019	2020	平均值
农副食品加工业	0.77	-0.22	0.73	1.83	1.11	1.11	1.55	4.71	3.18	1.64
食品制造业	1.10	0.61	1.02	0.99	1.21	1.54	1.00	3.43	4.34	1.69
酒、饮料和精制茶制造业	1.45	0.26	0.13	1.26	0.90	-0.66	-0.48	-7.18	-2.20	-0.72
烟草制品业	2.03	1.48	-0.01	-0.42	1.92	-2.72	-0.28	0.16	10.21	1.37
纺织业	21.79	0.56	1.22	0.59	1.29	1.40	1.48	0.91	-1.92	3.04
纺织服装、服饰业	0.65	-0.02	1.82	0.36	0.71	1.25	1.02	1.24	1.58	0.96
皮、毛、羽毛及其制品和制鞋业	0.52	-0.04	1.42	0.60	0.22	1.13	1.49	-4.99	1.38	0.19
木材加工和竹、藤、棕、草制品	0.90	0.56	0.78	-0.02	0.56	1.30	1.29	2.83	3.11	1.26
家具制造业	0.92	0.31	1.25	1.17	1.06	-10.83	1.29	3.93	1.14	0.03
造纸和纸制品业	0.31	-0.41	-6.39	3.01	1.91	11.59	4.41	0.92	-14.67	0.08
印刷和记录媒介复制业	0.69	0.34	1.12	0.53	-0.05	2.31	1.22	2.05	1.55	1.08
文教、工美、体育和娱乐用品	1.04	0.38	1.41	1.55	1.40	1.77	1.36	-1.96	1.84	0.98
石油、煤炭及其他燃料加工业	-5.10	18.65	-82.22	-53.07	-755.04	1.01	0.16	-31.84	1.29	-100.68
化学原料和化学制品制造业	-0.55	-0.02	0.92	8.91	2.45	-2.06	0.99	3.23	-4.64	1.03
医药制造业	0.82	0.59	1.12	1.38	1.52	-1.74	0.66	-1.86	3.27	0.64
化学纤维制造业	-18.01	-0.53	-7.48	7.34	3.34	7.14	-1.62	-0.85	2.05	-0.96
橡胶和塑料制品	1.13	0.72	1.05	1.06	1.30	2.29	1.64	4.20	-75.89	-6.95
非金属矿物制品	-0.35	0.56	0.83	-3.29	2.26	-0.73	0.13	0.94	1.10	0.16
黑色金属冶炼和压延加工业	-2.82	-0.03	-3.13	4.45	-124.59	22.56	4.10	-6.29	-2.10	-11.98
有色金属冶炼和压延加工业	-1.25	-1.40	1.42	-110.67	9.24	0.76	8.81	3.92	42.22	-5.22
金属制品业	0.72	0.14	1.39	1.54	0.96	1.72	4.52	1.96	0.78	1.53
通用设备制造业	1.99	0.39	1.00	-4.19	0.46	0.33	1.19	1.53	2.85	0.62
专用设备制造业	-0.05	0.01	0.62	-1.10	0.99	-2.09	1.09	14.84	2.41	1.86
交通运输设备制造业	-0.70	1.00	1.73	0.32	0.79	-2.69	2.20	274.91	-0.09	30.83
电气机械和器材制造业	0.38	0.08	2.11	2.64	2.15	3.60	1.97	11.39	1.25	2.84

续表

年份 细分行业	2012	2013	2014	2015	2016	2017	2018	2019	2020	平均值
计算机、通信和其他电子设备	1.18	0.37	2.75	0.92	1.27	2.00	-12.14	3.19	1.53	0.12
仪器仪表制造业	0.56	0.81	1.31	0.68	1.14	1.67	0.67	0.46	2.35	1.07

资料来源：笔者根据历年《中国统计年鉴》数据计算得到。

（三）制造业投资增速变动

在市场经济中，企业的经营目标和经营行为往往围绕利润最大化展开。生产成本上升、利润率下降和报酬递减一般会打击企业固定资产投资的积极性，进而导致生产规模和产量相对下降，最终影响制造业比重变化。图6-7显示，2004~2019年，虽然第二产业（主要是制造业）和第三产业的固定资产投资增速都呈下降趋势，但2008年以前，第二产业的固定资产投资增速一直大于第三产业。2009年，第三产业和第二产业的固定资产投资增速分别是33.1%和26.3%，第三产业首次超过第二产业。2009年之后，除了2011年和2018年，其余年份第三产业的投资增速都大于第二产业，且2016年、2017年和2019年分别是第二产业投资增速的3.11倍、2.97倍和2.06倍，这可能与近年来中国制造业比重不断下降、服务业份额持续提高紧密相关。

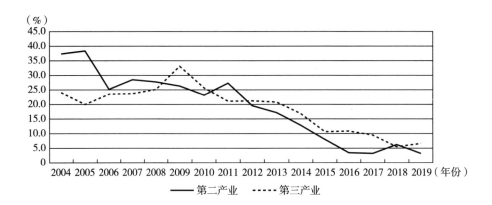

图6-7 2004~2019年中国第二产业和第三产业投资增速

资料来源：笔者根据历年《中国统计年鉴》数据计算得到。

第七章 金融化和金融支持错位的冲击

金融的中心任务本应是支持实体经济，尤其是为制造业服务（制造业是整个实体经济的基础和核心），帮助实体经济顺利完成融资、投资和规避风险，提高资金使用的安全性、流动性和有效性。但随着金融部门的膨胀和日益复杂，金融逐渐异化为脱离实体经济的独立运行体系（宏观层面的经济金融化趋势）。与此同时，实体经济（包括制造业）也出现了所谓的微观金融化趋势，主要表现在实体经济企业或非金融企业的金融投资占比及金融渠道获利比重不断提升。在中国，制造业除了面临金融化带来的问题，还要面对诸如所有制结构、政府干预等体制机制带来的具有一定中国特色的金融支持错位（金融供给失衡）问题。这些都对中国制造业比重变化产生显著的影响。

一、金融供给失衡在制造业的表现

工业和信息化部副部长辛国斌在 2020 金融街论坛年会上指出，与当前制造业高质量发展要求相比，中国金融供给还存在很多不相适应的地方，主要表现为五个方面的失衡。本书补充一个失衡，即金融市场的利息结构失衡，用来反映所谓"融资贵"现象。下面将详细探讨每种失衡在制造业中的具体表现。

（一）金融市场的融资结构失衡

第一个失衡是融资结构失衡，即中国金融市场上间接融资比重过高，而直接融资占比偏低。根据中国社会融资规模增量及构成数据计算，2002～2019 年，中

国间接融资比重（以贷款占比衡量）总体呈不断下跌趋势，从 2002 年的 92.91%
下降到 2019 年的 58.40%，17 年间减少了 34.51 个百分点（见表 7-1）。值得注
意的是，直到 2016 年，中国间接融资比重或贷款占比始终保持在 70% 以上，也
就是说在较长时间里，中国经济绝大部分融资来自贷款。在同一期间，中国企业
的直接融资比重（以企业债券和非金融企业股票融资的占比衡量）总体呈不断
上升趋势，从 2002 年的 4.94% 上涨至 2019 年的 14.36%，17 年间增加了 9.42 个
百分点。

表 7-1　2002~2019 年中国社会融资规模增量构成　　　　单位：%

年份	贷款占比	企业债券占比	非金融企业股票融资占比	债券和股票占比
2002	92.91	1.82	3.12	4.94
2003	95.41	1.46	1.64	3.10
2004	93.90	1.63	2.35	3.98
2005	89.79	6.70	1.13	7.83
2006	89.01	5.41	3.60	9.01
2007	87.09	3.83	7.26	11.09
2008	85.18	7.91	4.76	12.67
2009	86.95	8.89	2.41	11.30
2010	85.79	7.89	4.13	12.02
2011	82.39	10.65	3.41	14.06
2012	80.81	14.31	1.59	15.90
2013	84.54	10.46	1.28	11.74
2014	78.36	15.32	2.74	18.06
2015	72.73	19.08	4.93	24.00
2016	72.85	16.78	6.98	23.75
2017	66.55	2.39	3.35	5.74
2018	54.74	11.70	1.60	13.30
2019	58.40	13.00	1.35	14.36

资料来源：笔者根据历年《中国统计年鉴》数据计算得到。

自 2017 年以来，中国直接融资比重维持在 40% 左右，远低于发达国家直接
融资 65%~80% 的占比。从企业直接融资结构来看，2008 年以后企业债券融资比

重持续大于企业股票融资占比，表明绝大多数中国企业主要依靠债券这一直接融资方式，股票市场还有很大的发展空间。随着股票注册制改革的不断推进，最终必将增大股票融资在整个直接融资中的比重。制造业厂商固有的投资和生产特征，即固定资产从投资到投产所需时间较长，决定了其对资金的需求具有长期性。商业银行出于资金安全性和流动性考虑，一般不愿给予制造业较长时间的贷款安排，而借助债券市场和股票市场更易筹集到长期资金，从而使制造业企业愿意扩大固定资产投资，最终既可促进经济增长又可提高生产效率。由此可见，提升中国制造业的直接融资规模具有重要意义。

（二）金融市场的配置结构失衡

第二个失衡是配置结构失衡。金融机构资金过度流入房地产和基础设施等领域，导致制造业贷款占比逐年下降，从 2012 年末的 19.4% 持续下滑至 2018 年末的 11%。制造业占贷款总额的比重与制造业在国民经济中的地位明显不匹配，制造业占贷款的比重只相当于其在经济中占比的 24%。房地产业占 GDP 比重从 2005 年的 4.5% 提高到 2016 年的 6.5%，提高了 2 个百分点。虽然我国还是发展中国家，但一线城市的房价已经超过不少发达国家的一线城市。我国居民收入普遍不高，许多家庭承受较大的房贷压力，不得不减少日常消费。高房价促使资金进一步脱实向虚，产生挤出效应，抬高实体经济的财务成本和经营成本，最终形成实体经济和房地产的涨价循环。本书以交通银行各种贷款分布为例，剖析制造业获得贷款资金的变化情况，进而获得有关制造业融资难的初步判断。

由表 7-2 可知，第一，交通银行贷款资源不断集中于个人住房贷款，其占比从 2008 年的 11.44% 不断上升，2019 年高达 21.41%，交通银行 1/5 的资金都投向了个人住房贷款；第二，与此同时，交通银行投向制造业的贷款却持续降低，其占比从 2008 年的 24.20% 一路下跌至 2019 年的 11.33%，减少了一半多；第三，略感意外的是，交通银行投向房地产企业的贷款比重呈趋势性下降，2008 年占比是 6.71%，2019 年占比为 4.99%，表明交通银行的风险控制意识较强；第四，交通银行投向交通运输和仓储，信息传输、计算机服务和软件开发等典型服务行业的贷款占比长期保持稳定，交通运输和仓储的贷款占比一般维持在 12% 左右，信息传输、计算机服务和软件开发的贷款占比大多在 5% 左右。

表7-2 2008~2019年交通银行各种贷款占比

年份	个人住房占比	制造业占比	房地产占比	交通运输和仓储占比	信息传输、计算机服务和软件开发占比
2008	0.1144	0.2420	0.0671	0.1121	0.0062
2009	0.1223	0.2059	0.0707	0.1233	0.0045
2010	0.1330	0.1959	0.0639	0.1374	0.0043
2011	0.1367	0.1998	0.0619	0.1286	0.0040
2012	0.1355	0.1982	0.0610	0.1234	0.0034
2013	0.1542	0.1930	0.0616	0.1184	0.0032
2014	0.1688	0.1820	0.0605	0.1133	0.0036
2015	0.1624	0.1672	0.0610	0.1123	0.0036
2016	0.1877	0.1413	0.0497	0.1207	0.0050
2017	0.2013	0.1276	0.0419	0.1174	0.0058
2018	0.2034	0.1174	0.0437	0.1157	0.0058
2019	0.2141	0.1133	0.0499	0.1203	0.0053

资料来源：笔者根据 Wind 数据库数据计算得到。

基于各种贷款金额分析还能挖掘出更多信息。从表7-3中可知，2008~2019年交通银行的贷款总额增长2.99倍，个人住房贷款和房地产企业获得的贷款分别增长了6.47倍和1.97倍，而制造业贷款仅增长86.98%（不到1倍）。交通运输和仓储，信息传输、计算机服务和软件开发等典型服务行业的贷款分别增长3.28倍和2.46倍。这些数据反映出制造业得到的贷款资源确实远低于经济中的其他行业，贷款资金确实存在离开制造业、流向房地产行业的趋势，同时也反映了中国家庭债务累积太快太高，房地产行业整体风险较高。

表7-3 2008~2019年交通银行各种贷款金额   单位：亿元

年份	贷款总额	个人住房贷款	制造业贷款	房地产贷款	交通运输和仓储	信息传输、计算机服务和软件
2008	13285.90	1519.89	3214.97	891.79	1489.35	82.00
2009	18393.14	2249.75	3786.54	1300.35	2267.57	82.13
2010	22369.27	2974.95	4382.20	1428.68	3074.22	96.18
2011	25617.5	3501.01	5119.59	1586.88	3295.66	101.95

续表

年份	贷款总额	个人住房贷款	制造业贷款	房地产贷款	交通运输和仓储	信息传输、计算机服务和软件
2012	29472.99	3992.28	5841.71	1798.62	3637.97	100.80
2013	32663.68	5036.98	6303.55	2013.00	3868.22	104.45
2014	34317.35	5794.02	6246.73	2075.66	3889.80	122.91
2015	37220.06	6043.57	6221.49	2270.61	4180.57	134.13
2016	41029.59	7702.80	5796.66	2041.11	4954.27	205.94
2017	44569.14	8972.64	5686.56	1867.84	5233.39	257.69
2018	49542.28	10075.28	5814.12	2165.36	5731.51	286.82
2019	53042.75	11354.28	6011.43	2644.95	6379.43	283.46

资料来源：笔者根据 Wind 数据库数据计算得到。

交通银行仅是中国众多银行的一个代表，中国贷款总体分布的变动究竟如何呢？结合表7-4和图7-1，2010~2019年，制造业、农林牧渔业、采矿业、房地产业和主要服务行业的贷款占比都在下降，其中制造业下降幅度最大，从2010年的17.52%锐减到2019年的9.66%，九年间减少了7.86个百分点，主要服务行业的贷款占比从47.01%下降到41.28%，九年间下降了5.73%，位居第二。与此同时，笔者发现建筑业和个人贷款余额的占比却上升了，分别上涨0.55%和12.68%。由于个人贷款余额的绝大部分是居民住房按揭贷款，因此可推断中国将很大一部分贷款都投向了房地产，一旦房价不再继续上涨，银行和居民所面临的金融风险将是巨大的。

表7-4 2010~2019年人民币贷款余额占比 单位：%

年份	农林牧渔业	采矿业	建筑业	制造业	个人贷款余额	房地产业	主要服务行业
2010	1.45	2.42	2.74	17.52	24.73	7.43	47.01
2011	1.35	2.65	3.14	18.20	25.69	6.82	45.19
2012	1.29	2.88	3.52	18.21	26.60	6.49	43.71
2013	1.34	2.74	3.58	17.34	28.31	6.51	42.82
2014	1.37	2.67	3.63	15.92	29.28	6.86	43.08
2015	1.24	2.47	3.42	14.37	29.81	6.62	41.90
2016	1.12	2.21	3.24	12.90	32.55	6.10	41.46

续表

年份	农林牧渔业	采矿业	建筑业	制造业	个人贷款余额	房地产业	主要服务行业
2017	1.04	1.91	3.26	11.51	34.42	6.10	42.44
2018	0.92	1.66	3.28	10.49	36.16	6.33	41.46
2019	0.84	1.44	3.29	9.66	37.41	6.45	41.28

资料来源：笔者根据 Wind 数据库数据计算得到。

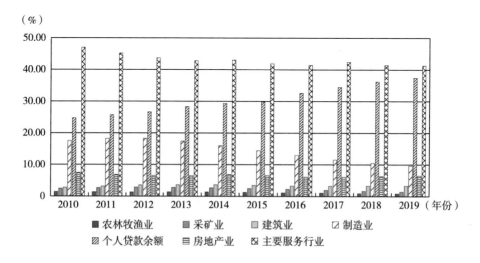

图 7-1　2010~2019 年人民币贷款余额占比变动

　　笔者还从各种贷款余额数据中挖掘出了更多有价值的信息。从表 7-5 中可见，2010~2019 年，中国金融机构贷款余额共增长 2.28 倍，个人和房地产业获得的贷款分别增长 3.96 倍和 1.84 倍，而制造业贷款仅增长 81%（不到 1 倍）。金融业的贷款余额增长幅度最大，高达 63.7 倍。由此可见，资金在金融行业内部空转是有数据支持的，并非空穴来风。信息传输、计算机服务和软件开发，租赁和商务，科学研究、技术服务和地质勘查业，文化、体育和娱乐业等主要服务业的贷款增长也超过制造业甚多，分别是 3.36 倍、4.13 倍、5.22 倍和 3.98 倍。这些数据反映出制造业得到的贷款资源增量远低于经济中的其他行业，贷款资金确实存在离开制造业，流向房地产业和新兴服务行业的趋势。

表 7-5　2010~2019 年金融机构贷款余额

单位：亿元

年份	贷款余额总值	制造业	房地产业	个人贷款余额	金融业	信息传输、计算机服务和软件开发	租赁和商务	科学研究、技术服务和地质勘查业	文化、体育和娱乐业
2010	451675.73	79112.63	33559.74	111694.38	890.34	1927.57	24442.63	714.75	1003.05
2011	524395.45	95451.23	35755.20	134702.89	1275.44	1911.88	26939.03	877.21	1282.44
2012	599713.55	109186.84	38949.23	159512.89	2160.63	2333.70	29996.60	1173.29	1655.60
2013	695036.81	120533.73	45275.10	196766.72	2946.33	2947.95	36031.83	1511.50	2054.98
2014	782453.95	124601.64	53705.88	229124.96	3673.73	3038.16	43965.23	1791.75	2526.27
2015	906501.42	130284.44	60049.09	270243.96	30124.86	3651.63	53724.33	1975.72	3008.96
2016	1025160.62	132283.51	62546.39	333663.91	35768.15	4483.70	70469.49	2317.22	3250.98
2017	1176856.40	135480.60	71800.15	405103.90	33639.10	6085.14	94708.88	2790.86	3738.96
2018	1324746.79	138993.81	83824.74	479019.66	49862.92	7340.32	108039.40	3358.03	4296.84
2019	1479847.75	142927.27	95465.77	553614.19	57601.89	8407.50	125285.35	4446.13	4993.02

资料来源：笔者根据 Wind 数据库数据计算得到。

总之，笔者从不同视角得到了基本相同的结论：中国信贷资金过度流入房地产和基础设施等领域，制造业获得的贷款资金不管是从绝对比重还是相对比重都处于逐年下降的状态。这样持续下去显然不利于制造业发展，其比重可能还会继续下滑。笔者认为，大量资金流入房地产市场必然造成房价上涨过快、推动炒作投机和金融风险集聚等不利影响。国家需要出台政策引导宝贵的信贷资金更多地进入制造业，特别是拥有先进技术和市场需求的中小微"专精特新"制造企业。

（三）金融市场的期限结构失衡

第三个失衡是期限结构失衡。近年来工业中长期贷款增速一直在 3%~8% 的水平徘徊，2019 年增速为 5.2%。与服务业中长期贷款维持两位数的增长形成鲜明对比的是，制造业占全部中长期贷款余额比重从 2010 年的 18.8% 持续下滑到 2020 年 6 月末的 9.4%。工业和信息化部副部长辛国斌在 2020 金融街论坛年会上指出，目前制造业融资是以短期流动资金为主，而制造业自身具有投资回报周期长的特点，这就形成了资金来源与使用的严重期限错配。而且制造业获得的许多贷款是往往 1 年期的短期贷款，不利于制造业扩大投资和研发创新，大量利润被金融机构侵蚀。

由于制造业一般具有投资回报周期长的特点，因而要求经营资金具有长期性。从理论上讲，最好的资金来源是发行股票，这对于绝大多数制造业企业（尤其是中小微企业）显然不现实，发行长期债券和获得长期贷款是另外的解决办法。我国目前的金融体系是以银行业主导的间接融资为主，绝大多数中小微制造业企业依靠商业银行贷款解决资金问题。近些年常被提及的困扰我国制造业发展的一个重要问题是贷款期限结构不合理。

由于无法获得跨时较长的制造业中长期贷款数据，考虑到制造业是工业的主要构成部分，产值占比高达 80% 以上，故这里用工业的中长期贷款作为替代。从表 7-6 中可知，2010~2019 年，服务业获得的中长期贷款增速在大多数时间远大于工业，特别是 2013 年以后差距明显加大。2014~2018 年，服务业中长期贷款增速以两位数增长，相比之下工业增速最高仅为 7.3%。由此可见，银行确实偏向于将中长期资金大量配置于服务业，而工业和制造业却在减少，这种趋势显然不利于制造业持续发展。

表 7-6 2010~2019 年银行中长期贷款同比增速 　　　　单位:%

年份	工业	轻工业	重工业	服务业
2010	16.4	27.5	14.5	25.8
2011	9.3	1.7	10.7	9.0
2012	3.8	5.1	3.7	7.1
2013	4.2	11.5	3.3	11.0
2014	8.0	12.2	7.5	15.7
2015	5.0	5.7	4.9	14.4
2016	3.1	3.3	3.0	11.4
2017	5.1	5.2	5.1	18.2
2018	7.3	4.2	7.7	13.4
2019	6.8	14.6	5.8	13.0

资料来源:笔者根据 Wind 数据库数据计算得到。

　　为了更好地判断制造业获得中长期贷款是否相对较少,笔者给出了 2011 年金融机构中长期贷款投向各行业的占比数据,如图 7-2 所示。在 2011 年,服务业获得的中长期贷款占比最大,高达 49.78%,其中交通运输、仓储和邮政业,水利、环境和公共设施管理业,房地产业最受金融机构青睐,占比分别是16.44%、11.86% 和 11.31%,共计占了 39.61%。对个人的中长期贷款占比为27.27%,名列第二,考虑到金融机构对个人中长期贷款的主要部分是住房按揭贷款,所以这个结果不足为奇。2011 年,真正投向制造业的中长期贷款占比仅为 7.77%,远低于许多服务业,甚至比投向电力、燃气及水的生产和供应业的中长期贷款占比 9.27% 还低。

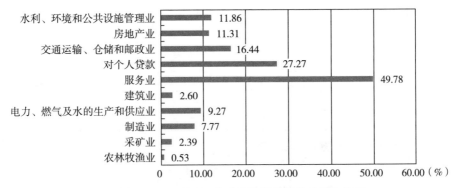

图 7-2 2011 年金融机构中长期贷款各产业投向比重

资料来源:笔者根据 Wind 数据库数据计算得到。

(四) 金融市场的主体结构失衡

第四个失衡是主体结构失衡，突出表现为更多的信贷资源流向供应链中具有绝对话语权的核心优势大企业和有政府信用背书的企业或项目（国有企业和地方政府项目），而普通中小微制造企业（特别是小微企业）获得的资金支持相对较弱。金融应该对各种所有制企业提供平等的融资服务和风险管理，不能厚此薄彼，只给大企业和国有企业贷款，不给中小企业和民营企业贷款。只有下大力气解决好这个问题，央行释放的流动性才不至于"淤积"在金融市场内部，才能真正下沉到资金需求较大的中小企业和民营企业。

从表7-7中可见，2010~2016年，大型制造企业获得的贷款平均占比为36.06%。中型制造企业、小型制造企业获得的贷款平均占比分别是30.18%和30.48%，相差很小。微型制造企业获得的贷款平均占比仅2.22%。由此可见，我国制造业融资确实存在结构失衡，大型企业获取的信贷资金相对而言要多一些，中小型企业次之且彼此之间相差极小，而微型企业获得的信贷支持最小，也就是人们常说的融资难。当然，表7-7中的数据也显示，2012~2016年，微型企业获得的信贷资金占比在逐年增加，从2012年的1.94%提高到2016年的2.75%，上升了0.81个百分点，由此可见，微型企业融资难问题在逐渐往好的方向发展，至少没有恶化。

表7-7　2010~2016年大中小微制造业贷款余额占比　　　　单位：%

年份	大型制造企业	中型制造企业	小型制造企业	微型制造企业
2010	38.09	33.25	26.32	—
2011	34.72	33.48	29.26	—
2012	34.08	32.06	29.26	1.94
2013	32.29	29.88	31.04	1.95
2014	40.84	30.81	33.49	2.12
2015	33.19	26.47	31.89	2.34
2016	39.21	25.28	32.13	2.75

资料来源：笔者根据 Wind 数据库数据计算得到。

从表7-8中可知，2016年相比2012年，制造类企业整体获得的贷款余额增长了21%，其中微型制造企业获得贷款的提升幅度最大，增长了72%，大型制造企业和小型制造企业分别增长了39%和33%，而中型制造企业的贷款余额却减少了。由此可见，随着社会各界对小微制造企业融资难问题的日益关注，加之各级政府出台相关鼓励措施，这一问题正在朝好的方向转变。

表7-8　2012~2016年大中小微制造业贷款余额　　　　单位：亿元

年份	总额	大型制造企业	中型制造企业	小型制造企业	微型制造企业
2012	109186.84	37214.49	35006.06	31947.12	2120.26
2013	120533.73	38922.05	36009.57	37418.40	2345.47
2014	124601.64	50884.09	38394.00	41731.06	2640.37
2015	130284.44	43247.91	34483.86	41542.37	3047.07
2016	132283.51	51874.00	33446.00	42497.00	3638.00

资料来源：笔者根据 Wind 数据库数据计算得到。

制造企业中不同背景的企业获得信贷资金的支持力度一样吗？丛林等（Cong et al.，2019）仔细研究了中国2009~2010年经济刺激计划期间企业信贷分配及其实际效应，发现刺激驱动的信贷扩张不成比例地偏向国有企业和平均资本产出较低的企业，扭转了资本向民营企业重新配置的过程。由表7-9可知，2010~2016年，国有控股企业获得的贷款占全部大型企业的比重基本稳定在70%左右，而集体控股企业、港澳台商控股企业和外商控股企业获得的贷款占比不断减小，分别下跌了3.08%、0.74%和2.29%。私人控股企业的贷款占比先升至最大值17.44%，然后降至2016年的16.35%。由此可见，中国长期以来形成的银行体系偏好国有企业的信贷特征没有发生根本性改变，这也反映了近年来中国国有经济发展相比其他经济成分并未减弱，甚至还有加强的趋势。

表7-9　2010~2016年各类大型企业获得贷款占比　　　　单位：%

年份	国有控股企业	集体控股企业	私人控股企业	港澳台商控股企业	外商控股企业
2010	71.58	9.05	11.38	3.56	4.43
2011	70.33	9.86	12.20	3.54	4.07
2012	70.54	6.61	16.08	3.31	3.46
2013	69.61	7.09	17.44	3.19	2.67
2014	68.94	6.78	16.79	4.27	3.23

续表

年份	国有控股企业	集体控股企业	私人控股企业	港澳台商控股企业	外商控股企业
2015	70.60	6.71	17.35	3.02	2.33
2016	72.72	5.97	16.35	2.82	2.14

资料来源：笔者根据 Wind 数据库数据计算得到。

（五）金融市场的阶段结构失衡

第五个失衡是金融市场阶段结构失衡。以间接融资为主的金融资源大多投向成长期、成熟期企业，对种子期、初创期制造型企业支持力度不够。2018 年成长期及成熟期企业累计融资金额分别达到 3852 亿元和 4393 亿元，比重分别高达 37.2% 和 42.4%，而初创期企业融资比重只有 6.8% 和 13.7%。金融业必须适应中国经济转向创新驱动发展的大趋势，特别是银行业需要改革信贷管理制度以迎合万众创新时代的到来，银行的传统抵押贷款制度显然已不适应创新型企业的发展路径。创新型企业最具价值的是专利技术和原创思想等无形资产，传统抵押品要求是实物资产，亟须重新设计一套包含无形资产评估和抵押在内的信贷管理规则。与此同时，要充分发挥国家融资担保基金和国家中小企业发展基金的作用，推动建立政府、银行、企业三方风险分担机制，带动更多社会资金支持种子期、初创期、成长期的中小企业发展。

（六）金融市场的利息结构失衡

近些年常被提及的困扰中国制造业发展的一个金融因素是"融资贵"，即融资成本或利息支出偏高。如何看待制造业融资贵问题？需要指出的是，融资贵主要针对很多制造业中小微企业，特别是小微企业。大量调研发现，制造业融资难、融资贵在很大程度上是周转难和周转贵，主要原因是制造业资金周转时间一般较长，需要长期资金支持，但从银行获得的大部分资金往往期限较短，而银行却要求企业必须先还后贷，迫使企业想方设法借入高利息的"过桥"资金，这里的高利息究竟有多高呢？

如图 7-3 所示，正规金融机构贷款加权平均利率一直远低于温州民间借贷综合利率，2011～2021 年，前者利率平均值是 6.07%，后者利率平均值是 17.88%，民间利率比正规利率高 11.81%。大量调研发现，中小微制造企业往往通过民间借贷渠道借入高利息的"过桥"资金，相比正规金融机构提供的资金，其融资成本显然高出太多，也就是所谓的"融资贵"问题。但令人欣慰的是，图7-3中显示民间借贷资金利率呈长期下跌趋势，与正规金融机构利率的差值逐渐小幅收缩。2011年底，正规利率为8.01%，而民间借贷利率为24.2%，后者比前者高16.19%。2021年底，正规利率是4.76%，民间借贷利率是14.38%，后者比前者高9.62%，相比2011年底的差值下降了很多。由此可见，"融资贵"问题正在逐渐向好的方向发展，"贵"的程度在不断减轻。

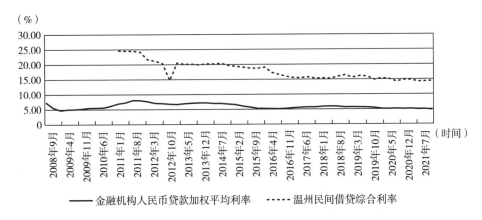

图7-3　正规金融机构贷款平均利率与温州民间借贷综合利率对比

资料来源：笔者根据 Wind 数据库数据计算得到。

（七）中国金融市场供给失衡的主要原因

工业和信息化部副部长辛国斌在2020金融街论坛年会上发言表示，金融供给结构性失衡，既有制造业大而不强、企业利润率过低、难以覆盖融资成本等原因，也有制造业厂商资产质量不高、管理不规范、融资能力较弱等原因，但深层次的根本原因仍然是金融供给侧发展不平衡、不充分，造成传导渠道不畅。具体而言，一是以银行贷款等短期融资为主的金融供给与制造业自身具有的投资回报周期长不匹配，制约制造业中长期贷款规模提升。二是金融产品创新供给不足，尽职免责和容错机制不健全，风险控制工具不足，滞后于制造业发展步伐，不能及时、精准地提供资金。三是产业、金融、财税等政策协同不足，数据信息孤岛、数据信用体系建设滞后等加大了资金供需信息不对称，增加了融资成本，降低了融资效率。

二、宏观视角的经济金融化对
制造业比重的影响

实体经济与虚拟经济（金融业和房地产业）之间发展不平衡是中国制造业比重过快下降的重要原因，这样的结构性矛盾导致近年来中国制造业从业人数和资金流入都呈放缓甚至下降趋势，这与中国仍处在发展中国家的阶段不相称（王志军，2020）。虚拟经济过热带来的一个客观后果就是劳动、资金等生产要素纷纷脱离制造业领域，过度集聚于金融和房地产等行业。金融是国民经济的"血液"，没有金融，现代经济无法顺利运行，但这是以金融服务于实体经济为前提，脱离实体经济而独自膨胀的金融显然已不是"血液"，而是"毒瘤"。目前仅国有企业的债务就超过了100万亿元，如按5%的年利率计算，一年的利息支出就是5万多亿元，几乎等于一年新增的GDP，相当于整个金融业一年的增加值，这些利息支出提高了制造业成本。中国还不是高收入发达国家，需要继续大力发展制造业，为了保持其国际竞争力，必须努力削减融资成本。为此，防止中国金融化程度继续提高刻不容缓。

（一）金融化的解释和分类

金融化最简洁的定义是经济重心从生产转向金融。这意味着经济控制权将从生产领域逐步转向金融市场和金融机构。为什么会出现这种现象呢？美国经济学家斯威齐在1997年指出，金融化是资本主义经济停滞这枚"硬币"的另一面，也就是说经济停滞往往伴随着金融化的加深（约翰·福斯特，2010）。背后的逻辑是，经济停滞时（比如经济周期到达繁体阶段的顶峰），实体经济中投资机会不足必将促使掌握剩余资金的企业和富有的投机者将大量货币资本投向各类金融资产（广义上包括房地产），而金融机构出于自身营利目的，大量提供债券、股票、期货、期权等丰富多样的金融产品。这样一来，资本积累的内涵扩大了，不仅是指现有资本品（机器、设备等）的增加，也包括金融资产或金融财富的增加。

张成思（2019）指出，金融化意味着金融对经济领域的渗透和主导。本书从宏观和微观两个视角来划分金融化，企业层面的微观金融化与宏观层面的金融化本质上具有内在融合、深度关联的特性。宏观视角的金融化一般是指金融部门在国民经济中的相对份额增加（如就业比重、利润比重和产值比重等），在价值观上偏向于金融部门过度膨胀对实体经济的不利影响。当然，宏观视角下的金融化并非一无是处，也有一定的正面效应，包括通过增强金融、保险和房地产的发展暂时缓解经济停滞的压力，通过资产价格上升带来的财富效应刺激消费需求。

微观视角的金融化也可称为"微观层面的企业金融化"，主要是指非金融企业的金融投资比重及金融渠道获利比重的持续上升。微观视角的企业金融化主要源于公司治理中的股东价值最大化目标。在该目标下，企业的一切行为围绕做大市值展开，必然更加重视市值管理和股权运营（如兼并、重组和抵押）等金融策略。由此企业发展会越发严重依赖其在金融市场上的股价表现，企业利润也日益更多地从金融渠道获取。与此同时，非金融企业倾向于将利润分派给股东而非进行生产性投资，结果不仅导致全社会实物资产的积累大大减慢，而且可能造成实体经济投资率下滑。

（二）中国金融部门的过度发展问题

杨伟民（2018）指出，2017年中国服务业占 GDP 比重达到 51.6%，相比2005年增加了 11.3 个百分点，其中金融业和房地产业分别提高了 4.4 个和 2 个百分点，两者合计为服务业比重提高贡献了 56.6%。由此引出中国金融业和房地产业是否存在过快和过度发展的问题，下面笔者将从多个视角探讨此问题。

1. 基于增加值占比视角

图 7-4 展示了中国工业、第三产业、金融业和房地产业的增加值在国内生产总值中的占比变动趋势。1980～2020 年，中国金融业比重变动可分为三个不同阶段：第一个阶段是 1980～1989 年，占比从 1980 年的 1.9% 提高为 1989 年的 6.3%。这段时期金融业增加值不仅提高的速度快而且幅度很大，短短九年就增加了 4.2 个百分点。1978 年，中国开始实行改革开放，从计划经济转向商品经济，随着市场交易货币化进程的快速推进，金融部门短期内急速扩张。第二个阶段是1990～2005 年，占比从 1990 年的 6.1% 降为 2005 年的 4%。这个阶段的金融部门增加值持续下跌了 15 年。中国在 20 世纪 80 年代末 90 年代初出现了严重的两位数通货膨胀，迫使中央银行紧缩银根，再加上 90 年代治理整顿乱集资行为，这些政策措施使得金融部门出现收缩。第三个阶段是 2006～2020 年，占比从 2006年的 4.5% 提升至 2020 年的 8.3%。这段时期金融部门之所以出现迅猛增长，主

要原因是为了应对美国引发的全球金融危机，中国实施了前所未有的刺激性宏观经济政策，货币供给快速大幅增长，房价更是迅猛上涨，各种金融机构、金融工具如雨后春笋般涌现出来，整个社会的债务水平迅速攀升。

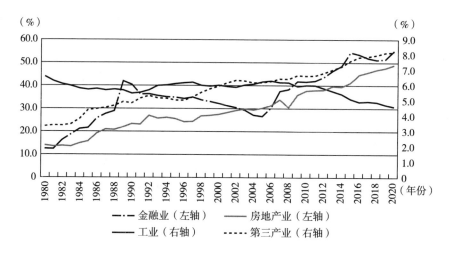

图7-4 1980~2020年各部门占国内生产总值的比重

资料来源：笔者根据《中国统计年鉴2021》数据计算得到。

另外，鉴于房地产具有很强的金融属性，大量房产被看作是投资品或投机品，房地产贷款已成为银行信贷的最重要组成部分，许多学者将金融部门和房地产部门统称为与实体经济相对应的"虚拟经济"，本书将其称之为广义的金融部门。1980~2020年，房地产业的增加值比重几乎一直呈上升趋势，特别是自2015年以来，该比重加速上涨，2015年为6.2%，2020年上升为7.3%，短短五年之内增加了1.1个百分点。

为了更好地理解宏观视角的中国金融化程度，笔者将中国与世界其他国家进行对比。中国金融业占GDP比重从2005年的4%，提高到2015年的8.2%，高于美国的7.2%、英国的7.3%，约为日本、德国、法国、意大利和西班牙金融业占比的两倍，仅次于英国2009年的历史峰值9.1%。特别需要指出的是，美国金融业占比从1970年的4.1%提高到2007年的7.3%，用了近40年。2009年金融危机以后，随着各项严格监管政策的实施，美国金融业占比明显下降，金融部门过度增长被减缓。相比之下，中国在2009年金融危机之后却出现金融部门持续快速扩张的态势，经济金融化没有得到有效抑制。

2. 基于增加值增速

除了通过金融部门增加值比重判断宏观层面的金融化程度，下面结合图 7-5 和表 7-10，借助金融业增加值的年增长率和增长倍数等指标剖析中国的金融化进程。1980~2020 年，中国全部 GDP 和工业增加值分别增长了 220 倍、154 倍，而金融业和房地产业分别增长了 979 倍和 774 倍，金融部门的增长倍数比中国全部 GDP 和工业增加值多了 700 多倍，房地产部门的增长倍数比中国全部 GDP 和工业增加值多了 500 多倍，由此可见中国宏观层面的金融化程度已非常深厚。图 7-5 显示，20 世纪 80 年代和 2006 年以来，金融业和房地产业增加值的年增长率几乎总是远高于中国全部 GDP 和工业部门，这就表明以上两个时期的中国金融化进程推进速度较快，增长幅度也较大。此外，金融部门和房地产部门增长的波动性也远大于中国全部 GDP 和工业部门，金融部门的最高增长率和最低增长率之间相差 61%，而工业部门的最高增长率和最低增长率之间相差 35%。一个经济部门的增长波动性越大，往往给整个宏观经济带来的冲击也越大。因此，我国应该尽量降低金融化程度。

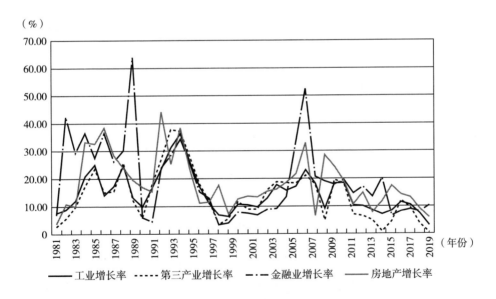

图 7-5　1981~2019 年不同部门产值年增长率

资料来源：笔者根据历年《中国统计年鉴》数据计算得到。

表 7-10   1980~2020 年中国不同部门增加值   单位：亿元

年份	国内生产总值	工业	金融业	房地产业
1980	4587.58	2014.79	85.77	96.22
1981	4935.83	2067.66	91.67	99.75
1982	5373.35	2182.96	130.64	110.56
1983	6020.92	2398.99	168.94	121.56
1984	7278.50	2815.82	230.56	161.99
1985	9098.95	3478.23	293.93	214.82
1986	10376.15	4000.65	401.18	297.49
1987	12174.59	4621.13	506.15	381.86
1988	15180.39	5813.96	658.85	472.84
1989	17179.74	6525.51	1079.90	565.12
1990	18872.87	6904.49	1144.08	660.92
1991	22005.63	8137.95	1195.19	762.20
1992	27194.53	10340.18	1482.15	1099.09
1993	35673.23	14248.37	1903.52	1376.86
1994	48637.45	19546.32	2557.89	1905.58
1995	61339.89	25023.17	3211.54	2349.38
1996	71813.63	29528.91	3700.66	2611.90
1997	79715.04	33022.56	4179.23	2914.53
1998	85195.51	34133.86	4318.22	3427.69
1999	90564.38	36014.35	4489.68	3674.53
2000	100280.14	40258.54	4842.21	4140.88
2001	110863.12	43854.28	5202.78	4705.78
2002	121717.42	47774.86	5555.79	5334.54
2003	137422.03	55362.17	6045.69	6157.03
2004	161840.16	65774.90	6600.19	7152.11
2005	187318.90	77958.31	7486.03	8482.71
2006	219438.47	92235.80	9972.28	10320.87
2007	270092.32	111690.83	15199.95	13713.97
2008	319244.61	131724.00	18345.57	14600.25
2009	348517.74	138092.58	21836.85	18760.53
2010	412119.26	165123.12	25733.08	23326.62
2011	487940.18	195139.13	30747.22	27780.67
2012	538579.95	208901.43	35272.17	30751.86
2013	592963.23	222333.15	41293.38	35340.42

续表

年份	国内生产总值	工业	金融业	房地产业
2014	643563.10	233197.37	46853.39	38086.37
2015	688858.22	234968.91	56299.85	42573.82
2016	746395.06	245406.44	59963.98	49969.40
2017	832035.95	275119.25	64844.30	57085.95
2018	919281.13	301089.35	70610.26	64622.99
2019	986515.20	311858.65	76250.65	70444.83
2020	1015986.20	313071.15	84070.12	74552.53

资料来源：笔者根据历年《中国统计年鉴》数据计算得到。

3. 基于制造业及其细分行业的利润来源

金融化的一个重要特征是非金融企业的利润来源越来越多地通过金融投资渠道而不是传统的生产与贸易渠道获得。从表 7-11 中的数据来看，2013 年中国制造业总体金融投资收益占利润总额的比重仅为 0.3%，2018 年该比重上升为 5.95%，短短五年间增加了 5.65 个百分点。从制造业各细分行业来看，2013 年全部 28 个细分行业中近一半的金融投资收益为负（亏损），另外的细分行业全部盈利，其中，汽车制造业的金融投资收益占该行业利润总额的比重高达 11.24%。2018 年，全部 28 个细分行业的金融投资收益为正（盈利），而且金融投资收益占各细分行业利润总额的比重大幅高于 2013 年，其中化学纤维制造业的占比最高，达到了 14.75%。

表 7-11 中国制造业及其细分行业金融投资收益占利润总额的比重

单位：%

行业名称	2013 年	2018 年	2018 年占比减去 2013 年占比
制造业	0.30	5.95	5.65
农副食品加工业	-4.66	3.67	8.33
食品制造业	-0.49	7.06	7.56
酒、饮料和精制茶制造业	-0.16	3.60	3.76
烟草制品业	4.52	7.67	3.15
纺织业	-0.59	3.60	4.19
纺织服装、服饰业	3.06	7.00	3.95
皮革、毛皮、羽毛及其制品和制鞋业	-1.65	2.98	4.63
木材加工和木、竹、藤、棕、草制品业	-2.34	0.99	3.33
家具制造业	0.92	5.86	4.94

续表

行业名称	2013 年	2018 年	2018 年占比减去 2013 年占比
造纸和纸制品业	-1.19	1.60	2.79
印刷和记录媒介复制业	1.27	3.91	2.64
文教、工美、体育和娱乐用品制造业	-0.65	2.36	3.01
石油加工、炼焦和核燃料加工业	-3.89	3.79	7.68
化学原料和化学制品制造业	1.03	4.56	3.53
医药制造业	2.38	6.99	4.61
化学纤维制造业	1.68	14.75	13.08
橡胶和塑料制品业	-0.15	3.58	3.73
非金属矿物制品业	-0.02	2.85	2.87
黑色金属冶炼和压延加工业	-13.34	1.88	15.22
有色金属冶炼和压延加工业	-4.96	6.79	11.76
金属制品业	-4.98	0.86	5.85
通用设备制造业	0.21	5.47	5.27
专用设备制造业	1.13	9.11	7.98
汽车制造业	11.24	14.72	3.48
铁路、船舶、航空航天和其他运输设备制造业	0.93	6.87	5.94
电气机械和器材制造业	1.12	7.12	6.00
计算机、通信和其他电子设备制造业	0.41	5.82	5.42
仪器仪表制造业	1.69	8.38	6.69

资料来源：笔者根据 2013 年第三次经济普查和 2018 年第四次经济普查数据计算得到。

（三）中国金融部门过度膨胀对制造业发展的影响

2015 年，在中央经济工作会议提出去杠杆的总方针之后，2015～2019 年金融业增加值比重持续下降，从 2015 年的 8.2% 降到 2019 年的 7.7%，但 2020 年又大幅升至 8.3%，超过 2015 年的峰值。目前金融业增加值在 19 个大行业中，仅次于制造业、农业和商业，排在第四位。金融业增加值越大，意味着金融业的收入、利润和工资越高，但对制造业，对广大负债的居民、非金融企业和政府而言，则是高成本、高负担和低工资，将会导致整个宏观经济运行处于高风险状态，最终不利于实体经济长期高质量稳定发展。

1. 金融业与制造业之间的收入差距对制造业发展的影响

中国经济的金融化进程导致大量人才投身金融业，不愿从事对于制造业至关重要的科学研究和技术研发，主要原因是金融行业的平均报酬远高于制造业。根据 Wind 数据库数据，在已公布的 2020 年人均薪酬的 40 家证券公司中，平均年薪为 53.62 万元。而根据国家统计局对外发布的 2020 年全国平均工资数据，我国城镇非私营单位就业人员年平均工资为 9.73 万元，城镇私营单位就业人员年平均工资为 5.77 万元。从平均薪酬来看，证券公司人均年薪 53.63 万元，平均月收入为 4.47 万元。也就是说，证券公司员工两个月的收入近似于城镇非私营单位员工的全年收入，一个月的收入近似于城镇私营单位员工的整年收入。

综合图 7-6 和表 7-12 的数据，可以获得以下几个发现：第一，从总体来看，2019 年制造业的平均工资为 78147 元，全国平均工资水平是 90501 元，制造业相比全国低了 12354 元。2019 年金融业的平均工资为 131405 元，远大于全国水平，比制造业平均工资高 53258 元。第二，2019 年，金融业就业人数在全国城镇非私营单位就业人数的占比仅为 4.8%，但工资总额的占比高达 6.9%，高于就业人数占比 2.1 个百分点。制造业就业人数在全国城镇非私营单位就业人数的占比为 22.3%，而工资总额的占比仅为 19.57%，低于就业人数占比 2.73 个百分点。第三，如果深入金融业和制造业的细分行业，则工资差距更大，比如金融业中的资本市场服务和其他金融业的工资水平分别高达 287095 元和 310673 元。相比之下，制造业中的电气机械和器材制造业以及计算机、通信和其他电子设备制造业的工资水平分别是 77554 元和 84209 元。

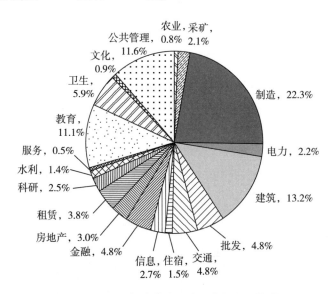

图 7-6　2019 年城镇单位就业人员行业构成

资料来源：笔者根据《中国劳动统计年鉴 2020》数据计算得到。

中国制造业比重下降研究

要想吸引更多的优秀青年进入制造业，必须想方设法"降高提低"，即把金融行业不合理的高收入降下来，同时提高制造业，特别是高科技制造业的收入水平。

表7-12　2019年分行业城镇非私营单位工资

行业名称	工资总额（亿元）	平均工资（元）
全国总计	154296.1	90501
制造业	30197.5	78147
农副食品加工业	714.0	58257
食品制造业	656.6	68913
酒、饮料和精制茶制造业	562.1	75161
烟草制品业	315.7	197628
纺织业	700.5	57868
纺织服装、服饰业	831.5	56200
皮革、毛皮、羽毛及其制品和制鞋业	513.1	53551
木材加工和木、竹、藤、棕、草制品业	108.1	53559
家具制造业	273.6	65314
造纸及纸制品业	326.6	68005
印刷和记录媒介复制业	322.8	69748
文教、工美、体育和娱乐用品制造业	537.1	55965
石油、煤炭及其他燃料加工业	592.1	104442
化学原料和化学制品制造业	1599.7	84740
医药制造业	1205.8	88523
化学纤维制造业	175.4	73297
橡胶和塑料制品业	1002.9	67979
非金属矿物制品业	1153.0	66471
黑色金属冶炼和压延加工业	1051.3	84898
有色金属冶炼和压延加工业	721.2	73022
金属制品业	1066.7	69410
通用设备制造业	1859.1	84272
专用设备制造业	1570.6	85503
汽车制造业	2835.3	96259
铁路、船舶、航空航天和其他运输设备制造业	745.9	96085

·154·

续表

行业名称	工资总额（亿元）	平均工资（元）
电气机械和器材制造业	2409.5	77554
计算机、通信和其他电子设备制造业	5500.3	84209
仪器仪表制造业	513.0	91873
其他制造业	109.2	65441
废弃资源综合利用业	52.1	68296
金属制品、机械和设备修理业	172.8	114644
金融业	10711.3	131405
货币金融服务	6549.7	180722
资本市场服务	849.5	287095
保险业	2941.2	71528
其他金融业	370.9	310673

资料来源：笔者根据《中国劳动统计年鉴2020》数据计算得到。

2. 金融化导致金融部门利润过度增长从而推高了实体经济成本

在实体经济拥有金融资产和负债不断增长的同时，金融体系内部各金融机构之间互相拥有的资产和负债也在急剧攀升。金融体系内部发生的金融交易量远大于相应的实体经济之间的交易量，一种金融产品在不同金融机构之间反复交易，每次交易都会给相关金融部门带来收入或利润，实体经济（包括制造业）最终却需承担此类金融活动产生的高额成本。

2011~2019年，金融机构贷款余额总值的年增长率较为平稳，2011年最高，达16.10%，2019年最低，为11.71%，而金融业贷款余额和制造业贷款余额的年增长率波动却很大。令人瞩目的是，2015年金融部门获得的信贷资金增长率高达720.01%，主要是因为2015年中国股票市场出现大幅上涨行情，庞大数量的融资融券导致证券公司对信贷资金需求暴涨，从商业银行大量贷款。表7-13显示，除了2017年，其余各年金融部门获得的信贷资金增速都远超制造业所获贷款增速，其中2015年相差最大，前者比后者高715.45%，2019年的差值最小，前者比后者高12.69%。这些数据充分表明中国确实存在明显的金融化进程，其特征之一是金融业内部各金融机构之间交易规模激增，挤占了本可用于制造业的宝贵信贷资源。

表 7-13　2011~2019 年金融机构贷款余额增长率　　　单位：%

年份	2011	2012	2013	2014	2015	2016	2017	2018	2019
贷款余额总值	16.10	14.36	15.89	12.58	15.85	13.09	14.80	12.57	11.71
金融业贷款余额	43.25	69.40	36.36	24.69	720.01	18.73	-5.95	48.23	15.52
制造业贷款余额	20.65	14.39	10.39	3.37	4.56	1.53	2.42	2.59	2.83

资料来源：笔者根据 Wind 数据库数据计算得到。

2003~2020 年，全部国有及规模以上非国有工业企业获得的利润总额与金融部门获得的利润总额之比持续大幅下降（见图 7-7）。2003 年和 2004 年该比值分别是 23.13%、12.04%，表明中国工业部门获得的利润远大于金融部门。但 2005 年该比值突降至 5.7 倍，之后持续下跌，2019 年工业部门获得的利润仅为金融部门的 2.51 倍，2020 年略有反弹。这些数据充分表明，2005 年以后，中国金融化程度明显加强，金融部门获取的利润快速增长，而工业部门获得的利润却相对下降。由于金融部门的利润最终来自工业等实体经济部门，金融业利润的快速增长对于工业部门而言则是成本的快速提高，因而工业部门所获利润相对下跌就不难理解了。考虑到工业部门的产值和人员远超金融部门，这意味着工业部门的经济效益相比金融部门越来越差，必将导致更多资源逃离实体经济，转向虚拟经济。

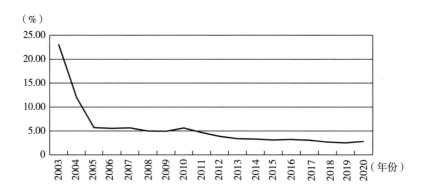

图 7-7　2003~2020 年全部国有及规模以上非国有工业企业利润与金融机构利润之比

资料来源：笔者根据 Wind 数据库数据计算得到。

3. 金融化引致的金融危机给制造业造成巨大破坏

经济金融化往往会带来金融资产（包括房地产）价格非理性上涨，整个社会债务水平过高，债务违约风险提高，加之各种金融创新层出不穷，特别是影子银行体系的发展壮大，使金融市场和金融体系变得异常复杂，形成牵一发而动全身的系统性风险，结果将会更容易发生金融危机和经济危机，最终给实体经济带来巨大破坏。2008年美国金融危机爆发的根本原因就是美国经济金融化发展过度，这次危机给美国制造业带来极大冲击。图7-8显示，2001~2007年，美国制造业增加值持续上升。2008年金融危机爆发以后，制造业生产受到明显冲击，增加值连续两年大幅下降，2009年相比2007年下降了11%，直到2017年才重新回到2007年的水平。

到目前为止，中国金融化进程仍在不断深化，庆幸的是至今没有发生真正意义上的金融危机。但中国应该未雨绸缪，多吸取世界其他国家已经或正在发生的金融化、金融危机和经济危机的经验教训，结合中国特色社会主义市场经济的国情，把握好金融化带来的利弊，尽早将隐患消灭在发展之初，避免制造业等实体经济部门遭遇重大损害。

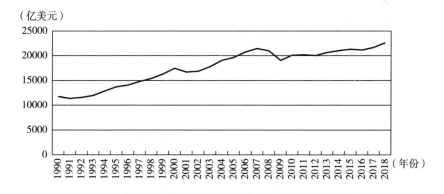

图7-8　1990~2018年美国制造业增加值

资料来源：https://unstats.un.org/unsd/snaama/downloads.

三、微观视角的企业金融化对
制造业发展的影响

2018年3月8日，习近平总书记在参加第十三届全国人民代表大会第一次会议山东代表团审议时指出，中央精神和国家战略的指向，就是要避免中国经济脱实向虚，要努力从制造业大国迈向制造业强国。但是，近年来我国大量资金没有进入实体经济领域，一部分沉淀在金融体系内部自我循环，另一部分则进入房地产市场，导致房地产业和金融业出现非理性繁荣，在推高实体经济成本的同时，诱使大量制造业企业将资金投向金融资产和房地产，形成所谓的制造业金融化现象。基于 Wind 数据统计，2018 年我国 A 股上市制造业公司持有的金融资产总额已达 6850 亿元，约为 2007 年的 7 倍，充分显示了制造业金融化的快速发展态势。由图 7-9 可知，自 2006 年以来，中国制造业企业的金融投资率持续上升，从 2006 年的 0.1 提高到 2018 年的 0.6，而金融资产相对份额则从 2006 年的 5%上涨为 2018 年的 14%左右。

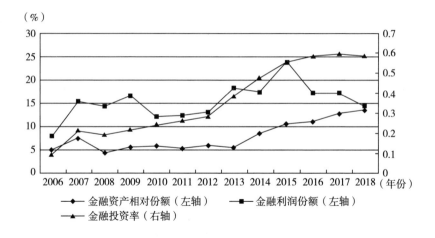

图 7-9　2006~2018 年中国制造业企业的金融活动情况

资料来源：谢富胜和欧晓璐（2020）。

现有研究大多利用上市公司数据探讨实体经济企业的金融化现象。表 7-14 给出了中国规模以上工业企业金融投资收益及其占比情况。笔者发现，2013 年工业企业金融投资收益占利润总额的比重仅为 1.14%，2018 年该比重上升为 6.73%，短短五年间增加了 5.59 个百分点。从绝对金额来看，2013 年金融投资收益为 776.22 亿元，2018 年猛增至 4819.66 亿元，增长了 5.21 倍。对于不同类型的工业企业而言，内资企业相比外资企业可能更加偏向金融投资，2018 年前者的金融投资收益占比高于后者近一个百分点。在内资企业中，股份有限公司开展金融投资的力度最大，2013年和2018年金融投资收益占比分别高达11.11%、19.40%。考虑到股份有限公司中的上市企业最多，其与股票、债券和衍生品等金融市场的交集最大，而且资金相对较为充足，涉足金融投资更深也是情理之中。

表7-14　中国规模以上工业企业金融投资收益及其占比　　　单位：亿元

企业类型	2013 投资收益	2013 利润总额	占比（%）	2018 投资收益	2018 利润总额	占比（%）
总计	776.22	68378.91	1.14	4819.66	71608.91	6.73
内资企业	638.99	52576.32	1.22	3817.24	54665.42	6.98
国有企业	377.71	2944.29	12.83	26.82	496.47	5.40
中央企业	352.72	2286.03	15.43	20.41	351.87	5.80
地方企业	24.99	658.27	3.80	6.41	144.61	4.43
集体企业	-13.78	579.67	-2.38	2.20	110.26	2.00
股份合作企业	-5.80	135.67	-4.28	0.08	37.71	0.21
联营企业	0.24	29.21	0.82	0.10	5.27	1.90
有限责任公司	-26.92	17216.45	-0.16	1742.86	22153.64	7.87
股份有限公司	893.20	8042.91	11.11	1957.10	10088.64	19.40
私营企业	-579.79	23327.08	-2.49	88.06	21762.78	0.40
港澳台商投资企业	-20.28	5455.83	-0.37	369.34	6308.69	5.85
外商投资企业	157.51	10346.75	1.52	633.08	10634.80	5.95

资料来源：笔者根据2013年第三次经济普查和2018年第四次经济普查数据计算得到。

中国近年来实体企业金融化或制造业金融化的原因究竟是什么呢？谢富胜和欧晓璐（2020）认为，中国制造业厂商出现从生产经营转向金融活动的趋势，根本诱因是实体经济盈利能力下降和金融领域利润率上升。张成思（2019）也指出，随着房地产市场和金融市场的交替繁荣，金融活动收益率不断增加，金融投资与实业投资收益率缺口在2011~2015年显著增加，从-10%骤增至将近4%的水平，如此之大的投资收益差距肯定会引起非金融企业转变经营方向和经营行为。

实体企业金融化对制造业发展总体上是有利还是不利呢？学者从多个视角探讨实体企业金融化带来的各种后果。国外学者的研究结论偏向于实体企业金融投资和金融支出的过快增长会挤占生产性投资支出，最终不利于企业的长期发展。

国内学者利用大量数据，通过实证研究获得的结论与国外学者基本一致。他们发现，中国实体企业金融化总体上对生产投资及企业主业带来显著的消极影响，因此不利于制造业长远发展，最终可能导致其比重下降。

鉴于研发创新事关企业的生死存亡，实体经济企业日益严重的金融化对研发创新有何影响呢？王红建等（2017）基于中国制造业上市公司数据，详细探讨了实体企业金融化究竟是促进还是抑制创新。研究发现，实体企业金融化在短期内有助于提升企业经营业绩，但从长期来看，会显著抑制企业进行技术创新的动力。另外，实体企业金融化挤出企业创新存在拐点，当实体企业金融化程度超过23%时，两者之间逐渐开始呈现正相关关系，表现为一种"促进效应"，主要原因是研发创新需要消耗大量资金，实体企业通过金融投资渠道获取的大量利润用于补充。

第八章　全球产业链重构对中国制造业的影响

2018 年以来的中美贸易摩擦及中美政治冲突不断加剧，2020 年以后，又叠加席卷全球的新冠肺炎疫情，这些事件都不利于中国制造业发展，可能会导致制造业比重下滑。另外，发达国家日益重新重视制造业，经济政策出现重大调整，特别是在疫情发生之后，更加坚定其重构制造业产业链的决心，这必将给中国制造业发展带来不确定的重大影响。随着"再工业化"战略的推进，美国制造业呈现明显的复苏态势，这意味着发达经济体的"再工业化"对中国制造业实际利用外资具有一定的挤出效应，可能会降低中国制造业比重。

一、全球产业链重构的客观事实

经济全球化的一个重要特征是借助外商投资和国际贸易将位于不同国家（地区）产业的上游、中游和下游各环节连接成全球产业链。改革开放以来，特别是 2001 年加入世界贸易组织（WTO）之后，中国参与全球产业链的深度和广度持续提高。根据《全球价值链发展报告 2019》，2000~2017 年，中国已逐步成为全球产业链上不可或缺的辐射中心，是亚太地区最重要的产业链主导国家。近年来，随着中美贸易摩擦升级和新冠肺炎疫情暴发，人们越发担心中国制造业发展可能会面临全球产业链重构加速和与之相应的外资企业转移所带来的严峻挑战，亟须通过深入研究获得较为准确的判断，进而为政府决策提供可靠依据。

首先，我们想知道从总体上看，中美贸易摩擦和疫情是否对以外资企业转移为主要特征或表现的全球产业链重构带来显著的系统性影响。目前，人们往往基于某些外资企业从中国大陆转移到东南亚或欧美的个案进行直觉判断，结果可能较为片面，缺乏系统性。其次，不同细分制造行业的外资企业转移是否受到中美贸易摩擦和疫情的异质性影响，如转移规模、速度和方向等。这对于政府制定、实施差异性和针对性较强的应对政策极为重要。最后，鉴于中国每年进入劳动市场的庞大人口（特别是近千万的大学毕业生群体），就业已成为政府的核心关注变量，笔者将分析以外资企业转移为主要特征或表现的全球产业链重构对中国制造业就业是否产生显著的不利影响。从已有文献来看，笔者暂时没有发现以上问题的系统化和定量化研究成果，因此本书将利用日本经济产业省的日本跨国企业海外子公司季度调查数据，针对以上三个问题开展实证研究，这也正是本书的创新之处及贡献所在。

从历史上看，自18世纪英国工业革命以来，制造业（尤其是技术相对简单的中低端制造行业）在世界各地依据要素禀赋的差异持续转移，本质上其实就是全球产业链不断进行的重构行为。北京大学国家发展研究院张帆（2014）在其著作《产业漂移：世界制造业和中心市场的地理大迁移》中指出，制造业以英国为出发点，采取东西对进的路线，在全球各大洲之间持续进行产业迁移，向东转移到德国和俄罗斯，向西先漂移到美国，接着到了日本，然后是亚洲"四小龙"，最终这两条路线在中国实现对接。产业转移的根本动力来自世界不同地区要素禀赋差异所形成的巨大收益，这与当今全球产业链的形成和演变在本质上是一样的。

中国国际经济交流中心张茉楠（2019）认为，全球价值链重构实际上在2008年美国金融危机之后就已开始。金融危机之前，中国主要从中东、拉丁美洲、非洲、俄罗斯和澳大利亚等资源型国家或地区进口初级资源，从日本、韩国、美国和欧盟等技术先进国家或地区进口零部件和中间品等，并利用其廉价劳动力在国内完成加工装配，之后将最终品返销美国、欧盟等发达国家或地区。金融危机之后，随着中国生产要素成本上升、产业结构升级和国内需求增长，产业链调整已悄然发生并日益明朗。据统计，2007~2017年以全球价值链为代表的价值链贸易在全球总贸易中的占比从28%下跌到22%，除了部分归因于贸易保护主义外，中国在全球经济中分工地位的不断提升也是重要因素，中国正在不断努力迈向制造业产业链的中高端，以往需从国外进口的部分中高端产品转为国内生产甚至出口，这种结构性调整必然会引发全球产业链重构。

国家参与全球产业链的方式一般分为"前向参与"和"后向参与"两种，所谓"后向参与"是指该国进口材料再加工后作为中间品或最终产品再出口（王佃凯，2020）。中国主要以"后向参与"为主。从中国的情况来看，虽然"前向参与"在提高，即中国正在向全球产业链的上游攀升，但是"后向参与度指数"还是高于"前向参与度指数"，也就是说中国更多的是以"后向参与"的方式融入全球产业链，表明中国仍然是以加工装配贸易方式参与到国际分工活动中，因而在整个生产过程中有很多环节对其他国家（地区）的依赖度较高。具体而言，除了上游的能源和原材料产业以外，信息通信产业、机动车及其他运输设备、化学制品和电子产业等是中国对国际供应链依赖程度较高的产业。如果政治冲突、自然灾害、经贸规则调整导致国际供给链发生断裂，将给中国的外经贸发展造成重大冲击。

近年来，全球产业链重构之所以引发关注并成为热点问题，主要是因为中美贸易摩擦和新冠肺炎疫情这两个重大事件对目前的全球产业链可能会带来显著影响，进而对产业链上的各国生产、就业和产业安全产生严重冲击。一是2018年爆发的中美贸易摩擦。中美双方相互加征高额关税在短期内增加了双边贸易成本进而减小了贸易规模，长期内大幅提升零部件、中间品及产业链成本，进而影响了跨国公司在全球范围内的投资决策和生产布局，促使部分产业链转移至其他国家和回迁本土，最终导致全球产业链调整或重构。这种重构的路径可能是劳动密集型生产环节加速向东南亚和南亚等地区转移，资本和技术含量较高的生产环节则迁移到日本、韩国和欧洲等国家或地区。二是2020年以来席卷全球的新冠肺炎疫情。随着疫情在全球各地蔓延，外需萎缩和供应链梗阻通过全球产业链的传导作用在短期内影响了中国外商直接投资和进出口贸易规模。随着疫情持续延长和不断反复，特别是各国为应对疫情实行的差异性政策措施，可能会加速全球产业链重构，长期来看将对中国在全球产业链中的地位和作用产生深远影响。

二、全球产业链重构的理论分析

全球产业链是指制造业各环节、零部件、中间品和最终品等在世界各国家（地区）以链条形态分布，依据要素禀赋差异分工协作，链条节点之间彼此依赖而形成的复杂网络结构。全球产业链、全球供应链和全球价值链在内涵上有差异，研究重点也不同，常被不加区分地替换使用，但本质上是从不同视角看待同一个事物，由于全球产业链涉及国家安全问题，政府部门一般更为关注。从某种意义上讲，全球价值链和全球供应链只是全球产业链的某种表现形式。本书将不对这三个概念做严格区分，偶尔会交替使用。全球产业链重构是指制造业产业链在世界各个国家的布局或分布出现重大调整，整个产业链形态发生显著的结构性变动，与之相伴的是一国企业（本土企业和外资企业）将投资和生产转移至其他国家。根据现有文献和实际情况，今后全球产业链发展和布局可能会面临三个重大调整：一是从以往主要基于效率转向效率与安全并重；二是从以往外向化、全球化、单一化逐渐朝着内向化、区域化、多元化方向发展；三是跨国公司产业链的纵向分工链条会逐渐收缩，而横向分工链条更向邻近国家（地区）集聚。

现有关于以外资企业转移为主要特征或表现的全球产业链重构的学术成果主要分为两类：第一类文献集中于中美贸易摩擦背景下全球产业链重构加速和与之相应的外资企业转移对中国经济的影响。仔细剖析中美贸易清单可以发现，对500亿美元的中国输美产品加征25%关税，约60%的外资企业受到打击；对2000亿美元的中国输美产品加征25%关税，近50%的外资企业遭受不利影响。中美贸易摩擦很可能迫使过去40年在中国建立起来的美国企业、欧洲企业和日本企业等外资供应链迁离中国，因而从某种意义上讲中美贸易战也是产业链之战。刘志彪等（2020）指出，在中美贸易摩擦背景下，全球产业链重组的基本模式呈现内向化、区域化和多元化趋势，这些趋势对中国境内企业而言是不利的，会导致若干关键产业迁离中国，同时影响外国在华直接投资，削弱中国在全球分工体系中的地位。

第二类文献是新冠肺炎疫情冲击对全球产业链重构的影响及中国应对之策。余振和刘李威（2020）认为，疫情在不同时间段对全球产业链的影响，分别表现为"全球产业链波动"和"全球产业链重构"。当疫情持续时间短于库存周转周期时，会造成全球需求萎缩，带来全球产业链波动。当疫情持续时间长于库存周转周期时，疫情会增大跨国生产和贸易的不确定性以及经营成本，从而加速全球产业链重构，加大部分产业链移出中国的风险。郭宏和伦蕊（2021）指出，疫情严重破坏全球产业内分工和产品内分工的基础，迫使企业重新考虑全球产业链布局，弱化对价值链效率的追求，更加强调供应链安全和弹性。疫情防控期间，西方发达国家加速调整贸易、投资和产业政策，国家发展战略的内向化转变日趋明显。疫情叠加经济、技术、政策等多重因素的影响，驱动全球产业链重构加速，短链化、区域化、治理模式变革，成为未来全球产业链重构的重要趋势，将对中国发展的核心利益带来严峻挑战。张二震和戴翔（2020）认为，疫情的全球蔓延加快了全球价值链重构的进程，其作用机制是通过改变驱动全球价值链的关键因素，如要素禀赋、需求状况、技术条件和制度变迁等，促使全球价值链加快重构，中国在全球价值链重构中既面临挑战，也面临机遇，总体而言，机遇大于挑战。目前国内现有关于以外资企业转移为主要特征或表现的全球产业链重构的研究成果主要以学理分析为主，缺乏基于大样本的系统性定量分析。

为什么会出现全球产业链重构呢？归纳起来，主要有三类因素导致全球产业链重构：一是经济因素，具体又分为供给面和需求面。供给面主要是从技术效率和要素成本引导重构，需求面主要是国际市场上的消费需求，其中不乏部分国家强劲和超大的需求规模可能带来的重要影响。二是政治因素，主要是基于地缘政治、意识形态和国家安全等方面强制重构，如中美贸易摩擦、贸易保护主义政策。三是突发自然灾害因素，主要是指高强度的地震、海啸和洪灾等自然灾害以及传播性极强的瘟疫等。现有研究表明，技术突破和资本逐利是影响全球产业分工的主导力量，因此经济因素是引发全球产业链重构的最重要诱因，政治因素和自然灾害一般在短期内对全球产业链调整产生影响。

笔者认为，某些政治因素和自然灾害可能会对特定国家或地区参与全球产业链产生持续性巨大影响，绝不能掉以轻心，必须为之做好充分准备。理由是，近年来，国家之间存在的价值观差异被人为放大，到目前为止不但看不到缓解的迹象，反而有愈演愈烈的可能。这样一来，政治因素和自然灾害引发的问题极易与价值观连接，进而演变成具有长期影响的冲击。

全球产业链重构以外资企业转移为主要特征或表现。因为全球产业链参与者中跨国公司和外资企业占据核心位置，处于支配性地位，正是这些跨国公司和外资企业在全球各国或地区投资布局，形成整个产业链生态系统。这就提醒我们，深入探索全球产业链重构对中国制造业的影响机制，需要紧紧抓住外资企业与外商投资这个"牛鼻子"。当面临各种冲击因素时，除了分析外资企业的经济收益及成本变化以外，还需考虑其承担的社会成本和道德成本，以此为基础判断其行为变化，预测外商投资转变方向，真正做到未雨绸缪。

三、中国制造业参与全球产业链的特征事实

改革开放以来，中国制造业快速增长的根本原因之一是实施了融入全球产业

链的外向型发展战略，通过吸引大量外资直接投资，进口原材料、中间品和零部件，利用廉价劳动力进行加工组装，最终成为工业门类齐全的"世界工厂"。为了探讨全球产业链重构对中国制造业的影响，需要先了解中国制造业参与全球产业链的特征事实。

1. 从中国制造业参与加工贸易视角来看

加工贸易的规模与结构是最能体现一国参与全球产业链程度和特点的定量指标之一，笔者先分析其规模特征。表8-1给出了2000~2019年中国一般贸易和加工贸易的进出口规模及其差额情况。

表8-1　2000~2019年中国一般贸易和加工贸易进出口　单位：亿美元

年份	一般贸易出口	一般贸易进口	一般贸易净出口	加工贸易出口	加工贸易进口	加工贸易净出口
2000	1051.81	1000.79	51.02	1376.52	925.58	450.94
2001	1118.81	1134.56	-15.75	1474.34	939.74	534.60
2002	1361.87	1291.11	70.76	1799.27	1222.00	577.27
2003	1820.34	1877.00	-56.66	2418.49	1629.35	789.14
2004	2436.06	2481.45	-45.39	3279.70	2216.95	1062.75
2005	3150.63	2796.33	354.30	4164.67	2740.12	1424.55
2006	4162.33	3330.74	831.59	5103.55	3214.72	1888.83
2007	5393.55	4286.64	1106.91	6175.60	3684.74	2490.86
2008	6628.62	5720.93	907.69	6751.14	3783.77	2967.37
2009	5298.12	5344.70	-46.58	5868.62	3222.91	2645.71
2010	7206.12	7692.76	-486.64	7402.79	4174.82	3227.97
2011	9170.34	10076.21	-905.87	8352.84	4697.56	3655.28
2012	9878.99	10223.86	-344.87	8626.77	4812.75	3814.02
2013	10873.26	11098.59	-225.33	8600.40	4966.62	3633.78
2014	12033.91	11089.40	944.51	8842.18	5240.85	3601.33
2015	12147.92	9224.02	2923.90	7975.30	4466.10	3509.20
2016	11313.69	9006.40	2307.29	7153.31	3964.38	3188.93
2017	12300.20	10853.65	1446.55	7587.68	4312.77	3274.91
2018	14004.10	12741.22	1262.88	7970.43	4700.84	3269.59
2019	14444.07	12577.73	1866.34	7354.36	4172.92	3181.44

资料来源：笔者根据《中国贸易外经统计年鉴2020》数据计算得到。

从表8-1中可以看出：第一，2008年全球金融危机爆发之前，加工贸易出口额和进出口总额一直大于一般贸易，金融危机之后，特别是2010年以来情况发生变化，一般贸易出口额和进出口总额全都超过了加工贸易，也就是说加工贸易规模相对于一般贸易规模开始不断减小。另外，从一般贸易和加工贸易的出口增速来看，2000～2007年一般贸易和加工贸易的平均增速分别为26.30%和23.92%，相差较小，仅为2.38个百分点。金融危机以后出口增速差距拉大，2009～2019年一般贸易和加工贸易的平均增速分别为10.55%和2.28%，差距扩大到8.27个百分点。由此可见，中国参与全球产业链的相对规模和增长速度在全球金融危机之后出现变化，开启了下滑趋势。

第二，加工贸易净出口大小反映了这种贸易方式带来的国内增加值，可以近似看作一国参与全球产业链获得的收益。2000～2012年，加工贸易净出口总体上不断大幅上升，2012年到达最高值3814.02亿美元，之后呈下降趋势。由此可见，2012年之后中国参与全球产业链所获收益相比前期减少了。但不能得出中国在全球产业链上地位下降的结论，通过计算平均1美元加工贸易出口对应的贸易差额大小，笔者发现2012年以后该数值并未出现趋势性减小，而是呈水平波动。

2. 从中国制造业加工贸易的产品结构特征来看

加工贸易具有丰富的结构内容，包含产品结构和国际地区结构等。笔者将详细分析中国加工贸易的各种结构特征。

表8-2给出了2007年、2012年和2017年的中国加工贸易分类商品进出口结构，2007年和2012年分别处于全球金融危机的前后，2017年则处于中美贸易摩擦爆发之前。

表8-2　中国加工贸易分类商品进出口　　　　　　　　单位：亿美元

产品类别	2007年		2012年		2017年	
	出口	进口	出口	进口	出口	进口
总额	6175.6	3684.75	8626.77	4812.75	7587.68	4312.77
第六类　化学工业及其相关工业的产品	92.18	155.53	116.14	190.15	133.04	169.02
第29章　有机化学品	32.44	70.59	53.38	89.57	52.72	86.97
第30章　药品	4.83	0.87	11.81	7.09	26.43	8.61
第七类　塑料及制品、橡胶及制品	224.82	285.07	351.25	323.03	312.02	220.64
第39章　塑料及制品	144.51	239.28	186.75	260.27	183.87	183.7
第40章　橡胶及制品	80.31	45.79	164.5	62.76	128.16	36.94
第八类　各种皮类制品	56.78	48.22	58.9	47.6	38.13	27.6
第九类　木及木制品	17.99	14.59	17.12	10.49	13.39	6.66

产品类别	2007 年		2012 年		2017 年	
	出口	进口	出口	进口	出口	进口
第十类 木浆、纸及纸板制品	51.85	42.3	71.49	40.51	73.62	42.86
第十一类 纺织原料及纺织制品	365.89	166.2	390.35	151.93	260.68	91.79
第十二类 鞋、帽、伞、杖和鞭等	108.87	4.89	127.21	5.71	96.71	5.77
第十三类 石料、水泥、陶瓷和玻璃等	27.65	26.97	30.69	49.6	19.53	32.27
第十四类 珍珠、宝石和贵金属等制品	46.91	37.27	426.23	55.25	146.86	137.01
第十五类 贱金属及其制品	171.31	309.93	176.01	269.63	154.07	188.42
第十六类 机器、机械器具、电气设备及零件等	3999.44	1983.10	5292.51	2478.64	5028.23	2612.15
第84章 核反应堆、锅炉、机器、机械器具及其零件	1684.90	293.70	2375.26	403.29	1845.80	274.67
第85章 电机、电气设备及其零件	2314.54	1689.39	2917.25	2075.35	3182.43	2337.47
第十七类 车辆、航空器、船舶及有关运输设备	280.16	9.64	573.7	18.41	386.34	37.7
第86章 铁道、电车道机车和车辆及零件	88.81	0.27	100.69	2.49	50.24	0.62
第87章 公路车辆及其零件和附件	77.65	7.75	104.93	11.5	114.32	17.14
第88章 航空器、航天器及其零件	3.9	1.34	8.69	4.09	15.29	16.34
第89章 船舶及浮动结构体	109.81	0.27	359.4	0.33	206.48	3.59
第十八类 光学、照相、电影、计量、检验、医疗设备、精密仪器及零件	295.03	441.35	484.72	516.6	404.88	361.48
第二十类 杂项制品	298.63	17.66	310.16	16.75	325.03	13.65
第94章 家具、灯具及照明装置等	101.53	1.76	107.79	4.04	89.05	3.06
第95章 玩具、游戏品、运动用品及零件	180.08	10.46	181	7.55	216.84	7.04

资料来源：笔者根据历年《中国贸易外经统计年鉴》数据计算得到。

从表8-2中可知，第一，在这三年里，第六类（化学工业及其相关工业的产品）、第七类（塑料及制品、橡胶及制品）、第十三类（石料、水泥、陶瓷和玻璃等）、第十五类（贱金属及其制品）和第十八类（光学、照相、电影、计量、检验、医疗设备、精密仪器及零件）都曾出现加工贸易逆差。这似乎很难理解，因为加工贸易是指经营企业进口全部或者部分原辅材料、零部件、元器件、包装物料等，经过加工或者装配后，将制成品复出口的经营活动，所以加工贸易顺差才属正常。笔者认为原因可能是由内销造成的，根据2014年海关总署颁布实施的《中华人民共和国海关加工贸易货物监管办法》第三十三条的规定，加工贸易保税进口料件或者成品因故转为内销的，海关凭主管部门准予内销的有效批准文件，对保税进口料件依法征收税款并且加征缓税利息，也就是说国家对加工贸易产品转内销的政策较为宽松，只不过需要补交税款。

第七类加工贸易产品仅 2007 年出现逆差 60.25 亿美元，2012 年和 2017 年全部转为顺差，分别是 28.22 亿美元和 91.38 亿美元。第十八类加工贸易产品 2007 年和 2012 年分别出现 146.32 亿美元和 31.88 亿美元的逆差，2017 年转为顺差 43.4 亿美元。由此可见，这两类加工贸易产品在前些年可能国内较为紧缺，现在国内产能提升，无须再转内销。特别值得注意的是，第十八类加工贸易产品主要是光学、照相、电影、计量、检验、医疗设备、精密仪器及零件等，2017 年转为顺差具有重大意义，表明中国在这些高技术、高附加值产品上取得明显进步，国内生产已经可以满足本国市场需求，对全球产业链的依赖度下降。

第六类和第十五类在这三年里一直是贸易逆差，第六类的逆差分别是 63.35 亿美元、74.01 亿美元和 35.98 亿美元，第十五类分别为 138.62 亿美元、93.62 亿美元和 34.35 亿美元。一方面，表明这两类产品国内长期紧缺，需要加工贸易转内销。另一方面，由于逆差在不断减小，意味着国内产能不断上升，可以更好地满足国内市场需求，对全球产业链的依赖度逐步减弱。第十三类加工贸易产品在 2007 年为顺差 0.68 亿美元，2012 年和 2017 年转为逆差，分别是 18.91 亿美元和 12.74 亿美元，表明该类产品国内较为紧缺，需要转内销解决国内需求。

第二，中国加工贸易产品结构或中国参与全球产业链的产品结构没有出现明显的重大变化。第十六类产品（机器、机械器具、电气设备及其零件等）加工贸易一直是中国整个加工贸易的最重要部分，2007 年、2012 年和 2017 年该类占中国全部加工贸易的出口比重分别是 64.8%、61.3% 和 66.3%，进口比重分别是 53.8%、51.5% 和 60.6%，顺差比重分别是 80.9%、73.8% 和 73.8%。由此可见，中国参与全球产业链的产品类别主要集中在机器、机械器具、电气设备及其零件等，而且参与度似乎还在增强。

第十六类包括第 84 章（核反应堆、锅炉、机器、机械器具及其零件）和第 85 章（电机、电气设备及其零部件）。第十六类产品加工贸易顺差中一半多来自第 84 章的贡献，2007 年、2012 年和 2017 年，第 84 章获得的顺差在第十六类产品加工贸易总顺差中的占比分别是 69.0%，70.08% 和 65.03%。因此，中国在第 84 章产品的全球产业链上处于较为高端的环节，充分利用了国内先进技术、高级人才和高附加值零部件，故应该大力支持该类产品的加工贸易发展。

第三，在这三年里，第十七类产品（车辆、航空器、船舶及有关运输设备）加工贸易全是顺差，2007 年、2012 年和 2017 年该类产品加工贸易顺差的占比分别是 10.9%、14.6% 和 10.6%，仅次于第十六类。尤其值得注意的是，第十七类加工贸易产品的出口额远大于进口额，2007 年、2012 年和 2017 年的出口额与进口额分别是 280.16 亿美元和 9.64 亿美元、573.70 亿美元和 18.41 亿美元、386.34 亿美元和 37.70 亿美元。这表明中国在该类加工贸易中产生了巨大的增加值，充分利用了国内的先进技术、高级人才和高附加值零配件参与了这类产品的全球产业链价值分配。因此，中国需要大力鼓励发展，主动营造良好环境，吸引更多这类加工贸易进入并扎根。

第四，第十一类产品（纺织原料及纺织制品）、第十二类产品（鞋、帽、伞、杖和鞭等）和第二十类产品（杂项制品）属于传统劳动密集型产品。在这三年里，尽管这三类加工贸易产品全是顺差，但占比都趋于减小。2007 年、2012 年和 2017 年，第十一类产品加工贸易顺差的占比分别是 8%、6.3% 和 5.2%，第十二类的占比分别是 4.2%、3.2% 和 2.8%，第二十类的占比分别是 11.3%、7.7% 和 9.5%。另外，从进出口额来看，中国劳动密集型产品参与全球产业链的程度日益下降。例如，第十一类产品是典型的劳动密集型产品，2007 年和 2017 年，该类加工贸易出口额分别是 365.89 亿美元和 260.68 亿美元，进口额分别为 166.20 亿美元和 91.79 亿美元，在中国全部加工贸易出口中的占比分别为 5.9% 和 3.4%，进口占比分别是 4.5% 和 2.1%。

3. 从中国制造业加工贸易的国际地区结构特征来看

中国参与全球产业链主要受以下一些国家或地区影响。日本、韩国和中国的产业链存在紧密联系，尤其是计算机、通信和其他电子设备制造业。欧盟和美国在化工、机械、医药、车辆和其他运输设备（高铁和飞行器）及零部件等多个行业与中国存在产业链、供应链的依存关系。笔者截取 2007 年、2012 年和 2017 年中国与日本、欧盟和美国的进出口商品分类数据，通过对比分析获得有关中国加工贸易国际地区结构变化的一些信息，进而推出中国制造业参与全球产业链的国际地区结构方面的变化特征。

对比分析表 8-3、表 8-4 和表 8-5 可知：在这三年里，从总体上看，中国对日本全是逆差，对欧盟和美国全是顺差。进一步分析商品分类贸易数据，第十六类产品一直是中国对欧盟和美国最大的顺差来源，且逐年增加。该类商品也一直是中国对日本最主要的逆差来源，也逐年增加。由此可见，中国参与全球产业链模式总体上一直没变，从亚洲相关国家或地区进口中间品，经过加工组装后出口到欧盟和美国。

表8-3　中国与日本的进出口

单位：亿美元

产品类别	2007年			2012年			2017年		
	出口	进口	净出口	出口	进口	净出口	出口	进口	净出口
合计	825.36	1274.78	-449.42	1251.49	1690.51	-439.02	1145.25	1578.06	-432.81
第六类　化学工业及其相关工业的产品	56.43	124.01	-67.58	77.06	166.34	-89.28	74.19	173.83	-99.64
第七类　塑料及制品，橡胶及制品	27.09	87.3	-60.21	47	128	-81	49.68	112.64	-62.96
第十一类　纺织原料及纺织制品	191.74	35.72	156.02	264.24	38.77	225.47	196.99	26.54	170.45
第十五类　贱金属及其制品	69.91	157.97	-88.06	84.54	189.86	-105.32	77.26	141.78	-64.52
第十六类　机器、机械器具、电气设备及零件等	363.36	673.09	-309.73	586.17	817.48	-231.31	563.69	767.51	-203.82
第84章　核反应堆、锅炉、机器、机械器具及其零件	172.33	259.47	-87.14	257.32	359.22	-101.9	222.98	345.49	-122.51
第85章　电机、电气设备及其零件	191.03	413.62	-222.59	328.85	458.26	-129.41	340.71	422.02	-81.31
第十七类　车辆、航空器、船舶及有关运输设备	36.9	81.02	-44.12	40.34	164.68	-124.34	45.82	169.94	-124.12
第87章　公路车辆及其零件和附件	23.64	73.79	-50.15	37.36	154.24	-116.88	41.85	164.95	-123.1
第十八类　光学、照相、电影、计量、检验、医疗设备、精密仪器及设备、零件	34.72	109.23	-74.51	61.82	174.47	-112.65	49.4	165.11	-115.71
第二十类　杂项制品	45.21	6.44	38.77	90.32	10.91	79.41	88.22	20.71	67.51

资料来源：笔者根据历年《中国贸易外经统计年鉴》数据计算得到。

单位：亿美元

表8-4 中国与欧盟的进出口

产品类别	2007年			2012年			2017年		
	出口	进口	净出口	出口	进口	净出口	出口	进口	净出口
合计	2180.37	1001.86	1178.51	2919.41	1873.78	1045.63	3275.72	2073.08	1202.64
第六类 化学工业及其相关工业的产品	94.06	95.30	-1.24	152.05	212.80	-60.75	184.23	338.78	-154.55
第七类 塑料及制品、橡胶及制品	60.49	56.86	3.63	115.63	100.77	14.86	136.96	104.70	32.26
第十一类 纺织原料及纺织制品	267.85	18.68	249.17	453.97	36.94	417.03	472.63	42.73	429.90
第十五类 贱金属及其制品	240.72	114.74	125.98	208.25	180.40	27.85	231.92	152.18	79.74
第十六类 机器、机械器具、电气设备及零件等	1160.21	493.16	667.05	1445.33	697.98	747.35	1585.59	716.60	868.99
第84章 核反应堆、锅炉、机器、机械器具及其零件	587.47	307.20	280.27	732.66	466.13	266.53	749.72	428.08	321.64
第85章 电机、电气设备及其零件	572.74	185.96	386.78	712.67	231.85	480.82	835.87	288.52	547.35
第十七类 车辆、航空器、船舶及有关运输设备	121.78	156.70	-34.92	152.61	490.79	-338.18	172.32	514.18	-341.86
第86章 铁道、电车道机车和车辆及零件	26.27	11.10	15.17	26.80	5.66	21.14	22.04	5.75	16.29
第87章 公路车辆及其零件和附件	48.85	94.45	-45.60	64.10	393.82	-329.72	98.85	403.63	-304.78
第88章 航空器、航天器及其零件	4.18	49.51	-45.33	4.04	85.76	-81.72	8.12	103.06	-94.94
第89章 船舶及浮动结构体	42.48	1.64	40.84	57.67	5.55	52.12	43.31	1.74	41.57
第十八类 光学、照相、电影、计量、检验、医疗设备、精密仪器及零件	69.33	58.75	10.58	109.44	138.33	-28.89	139.31	177.87	-38.56
第二十类 杂项制品	165.93	7.67	158.26	282.13	15.77	266.36	352.76	26.04	326.72

资料来源：笔者根据历年《中国贸易外经统计年鉴》数据计算得到。

表8-5　中国与美国的进出口

单位：亿美元

产品类别	2007年			2012年			2017年		
	出口	进口	净出口	出口	进口	净出口	出口	进口	净出口
合计	2034.21	553.10	1481.11	3044.69	889.06	2155.63	3773.10	1054.24	2718.86
第六类　化学工业及其相关工业的产品	60.15	74.05	-13.90	116.98	123.58	-6.60	139.46	145.82	-6.36
第七类　塑料及制品、橡胶及制品	90.12	51.63	38.49	160.03	76.66	83.37	185.32	81.47	103.85
第十一类　纺织原料及纺织制品	228.82	24.21	204.61	361.65	49.63	312.02	424.43	18.41	406.02
第十五类　贱金属及其制品	178.20	45.16	133.04	190.45	85.02	105.43	225.10	54.67	170.43
第十六类　机器、机械器具、电气设备及零件等	1078.40	232.33	846.07	1633.18	289.80	1343.38	1985.28	338.59	1646.69
第84章　核反应堆、锅炉、机器、机械器具及其零件	518.44	108.52	409.92	858.93	146.74	712.19	916.38	164.72	751.66
第85章　电机、电气设备及其零件	559.96	123.81	436.15	774.25	143.06	631.19	1068.90	173.87	895.03
第十七类　车辆、航空器、船舶及有关运输设备	89.19	74.66	14.53	133.83	159.54	-25.71	196.80	292.31	-95.51
第86章　铁道、电车道机车和车辆及零件	19.40	1.41	17.99	30.23	1.06	29.17	31.85	0.38	31.47
第87章　公路车辆及其零件和附件	66.26	20.47	45.79	96.79	81.90	14.89	151.17	150.94	0.23
第88章　航空器、航天器及其零件	2.71	52.58	-49.87	5.45	75.91	-70.46	12.58	140.63	-128.05
第89章　船舶及浮动结构体	0.82	0.20	0.62	1.36	0.67	0.69	1.20	0.36	0.84
第十八类　光学、照相、电影、计量、检验、医疗设备、精密仪器及零件	53.30	48.96	4.34	94.80	100.82	-6.02	106.39	117.60	-11.21
第二十类　杂项制品	256.03	2.10	253.93	353.77	4.01	349.76	510.32	5.37	504.95

资料来源：笔者根据历年《中国贸易外经统计年鉴》数据计算得到。

总体上欧盟和美国的对华贸易一直是逆差，但在第六类产品、第十七类产品中的第 87 章产品（公路车辆及其零件和附件）和第 88 章产品（航空器、航天器及其零件）一直保持对华顺差。其中第 87 章的顺差规模最大，2007 年、2012 年和 2017 年欧盟对中国第 87 章产品的顺差额分别为 34.92 亿美元、338.19 亿美元和 341.87 亿美元。由此可见，中国在参与汽车制造的全球产业链分工中，从欧盟进口的汽车零部件和中间品逐渐增多。

四、全球产业链重构对中国制造业的影响：以广东为例

2020 年暴发的新冠肺炎疫情可能会加快全球产业链本地化、区域化和分散化的步伐，从而给中国制造业发展带来深远的影响。许多国家目睹此次疫情带来的产业链、供应链"断链"以及物流系统紊乱所导致的重要民生物资供应不足，更加坚定加快产业链回迁、实现供应链相对独立的重要政策调整。

欧洲、美国、日本等发达国家或地区是全球产业链重构的积极推动者，重构的基本方向是采取多种鼓励措施吸引本国企业将海外产业链转回国内。2020 年 3 月中旬，美国联邦政府紧急启动《国防生产法案》，保障战略物资生产本土化。另外，美国政府准备推出吸引该国企业从外国回流的政策，核心措施是将企业的回流支出直接费用化，大大降低企业从外国回迁美国本土的巨大成本。日本政府也在制定新工厂津贴规则，大幅修改现有法律，加强日本的国内芯片供应，通过优惠政策吸引国内外半导体投资。美国和日本的这些政府行为对全球产业链、供应链和价值链产生深远影响，进而可能会对中国制造业发展带来显著冲击。

疫情至今已快三年，究竟给中国制造业带来什么影响呢？考虑到广东是中国外贸大省、制造业大省和外商投资大省，因此笔者将广东作为研究全球产业链重构对中国制造业影响的代表性样本。

正如前文所述，外资企业是中国参与全球产业链的关键纽带，其对外直接投资和进出口变动可以看作是全球产业链重构对制造业的主要影响渠道。在全球产业链的重构过程中，一旦出现外资企业（特别是高端制造业的外资企业）大规模加速转移，将对中国相关产业的贸易、投资、生产和就业等形成较大冲击。反

过来，这也提示我们可以依据外资投资和进出口变化间接判断全球产业链重构的进展状况。

1. 从中国吸引外商直接投资来看

表 8-6 中的数据表明，2020 年（1~10 月）内资企业投资比上年增长 1.5%，港澳台商企业投资同比增长 4.2%，外商企业投资增长 11.2%。一般将港澳台商企业和外商企业合称为外资企业，所以外资企业 2020 年投资比上年增长 15.4%，远大于内资企业。这组数据显示，截至 2020 年 10 月底，新冠肺炎疫情似乎没有减弱外资企业，尤其是外商企业投资中国大陆的热情，总体上看全球产业链似乎还没有从中国转移出去的明显迹象，当然某些国家（地区）可能会减小投资。笔者推测可能是外资企业没有预计到疫情的持续时间。

表 8-6 中国固定资产投资同比增长 单位：%

企业类型	2020（1~10 月）	2021（1~10 月）
内资企业	1.5	5.9
港澳台商投资企业	4.2	15.7
外商投资企业	11.2	1.9

资料来源：国家统计局网站。

2021 年（1~10 月）的数据明显不同于 2020 年（1~10 月）。在这期间内资企业投资同比增长 5.9%，远大于 2020 年的 1.5%，说明中国内资企业在各种政策的激励下开始发力。外资企业投资增长了 17.6%，超过 2020 年 2.4 个百分点，但是结构出现巨大变化，港澳台商企业投资增长 15.7%，相比 2020 年大幅提高了 11.5%，与此同时，外商企业投资仅增长 1.9%，相比上年同期大幅下降，减小了 9.3 个百分点。鉴于中国主要参与日本、韩国、东南亚、美国和欧盟形成的全球产业链，外商企业投资如此锐减，一方面可能因为疫情在 2021 年没有得到根本控制，对经济前景不乐观进而减小投资；另一方面也许是全球产业链开始步入重构进程，外商企业逐步增加在本国或本地区的投资，同时减少对中国的投资。这需要我国高度重视，收集更多数据，深入细分行业和国别（地区）仔细分析，未雨绸缪，提前制定对策。

2. 从广东省吸收外商直接投资来看

从表 8-7 中可见，2020 年广东省吸收的外商直接投资相比 2019 年增加

98.29 亿美元。分区域来看，亚洲增加 117.88 亿美元，欧洲和北美洲分别减少 10.52 亿美元和 0.72 亿美元，由此可见，2020 年广东省增加的外商直接投资几乎全部来自亚洲。深入亚洲内部，笔者发现亚洲的增加值又几乎全部源自中国香港，而与广东省参与全球产业链联系紧密的几乎所有国家（地区）的外商直接投资却在减少，日本、韩国、中国台湾、泰国、马来西亚和印度尼西亚分别减少了 9.97 亿美元、47.55 亿美元、1.97 亿美元、0.18 亿美元、534 万美元和 154 万美元。欧洲传统对华外商直接投资大国中，仅德国增加了 2.86 亿美元，法国、英国、荷兰和意大利分别减少了 15.06 亿美元、7.70 亿美元、2 亿美元和 0.35 亿美元。美国对广东省的直接投资小幅增加了 564 万美元。

表 8-7　广东省分国家（地区）实际利用外资金额　　　单位：万美元

国家或地区		2019 年	2020 年	2020 年的外资−2019 年的外资
合计		15219975	16202914	982939
亚洲		13580593	14759426	1178833
	中国香港	10511307	11892901	1381594
	中国台湾	72975	53266	−19709
	中国澳门	1012012	1352295	340283
	日本	499154	399495	−99659
	新加坡	765966	826600	60634
	韩国	667137	191592	−475545
	马来西亚	4352	3818	−534
	泰国	23897	22109	−1788
	印度尼西亚	172	18	−154
	菲律宾	127	134	7
欧洲		427524	322300	−105224
	荷兰	41563	21553	−20010
	英国	93142	16183	−76959
	法国	163919	13301	−150618
	德国	66657	95280	28623
	瑞士	10045	10764	719
	意大利	4221	752	−3469
	西班牙	958	1656	698
	芬兰	830	18345	17515
	卢森堡	41470	57709	16239
	爱尔兰	2647	101	−2546

续表

国家或地区	2019 年	2020 年	2020 年的外资-2019 年的外资
瑞典	600	1294	694
奥地利	839	17335	16496
丹麦	9	1423	1414
北美洲	36685	29500	−7185
美国	22812	23376	564
百慕大	10081	3117	−6964
加拿大	3792	3007	−785

资料来源：笔者根据历年《广东统计年鉴》数据计算得到。

通过对比 2019 年和 2020 年广东省分国家（地区）实际利用外资金额可以发现，尽管流入广东省的外资总额增加了，但仔细分析来源结构以后，笔者推测广东省吸引外商直接投资还是受到疫情的显著不利影响。因为几乎所有与广东省参与全球产业链存在紧密联系的国家（地区）都减少了对该省的外商直接投资，由此可见，全球产业链调整或重构似乎对于疫情产生了明显的反应，并通过减少外商投资表现出来。当然，由于从投资到最终形成产能持续时间较长，全球产业链重构与进出口贸易之间的联系可能在短期内并不明显。

3. 广东省第 85 章产品的进出口变动情况

本部分将根据广东省加工贸易进出口的变化间接判断全球产业链重构的短期进展状况。考虑到按 HS 分类的第 85 章产品（电机、电气设备及其零件；录音机及放声机、电视图像、声音的录制和重放设备及其零件、附件）是广东省进出口占比最大的行业，也是加工贸易特征最明显的行业，可以较好地反映全球产业链重构对广东省外经贸的影响情况，因此笔者将集中分析第 85 章产品加工贸易进出口的最近变化。

（1）从加工贸易进出口占比变化来看。表 8-8 显示，从第 85 章加工贸易的进口占比、出口占比和进出口占比来看，2019 年、2020 年和 2021 年这三年的变化都较小，也就是说 2020 年暴发的新冠肺炎疫情总体上对广东省与全球产业链上各国（地区）之间的贸易分布结构似乎没有重大影响，特别是 2021 年相比 2020 年，各国（地区）占比并没有出现显著变化。由此可见，全球产业链一旦形成，将具有强大的惯性，即使疫情已经持续两年，但原有的贸易分布结构暂时很难改变，还需要更长时间加以观察。

表 8-8　广东省与各国（地区）第 85 章产品加工贸易进出口占比

国别（地区）	2019 年			2020 年			2021 年		
	进口占比	出口占比	进出口占比	进口占比	出口占比	进出口占比	进口占比	出口占比	进出口占比
中国香港	0.001	0.487	0.328	0.000	0.475	0.312	0.000	0.494	0.318
中国台湾	0.285	0.020	0.106	0.299	0.022	0.117	0.314	0.020	0.125
韩国	0.160	0.079	0.106	0.144	0.043	0.078	0.173	0.049	0.093
日本	0.119	0.060	0.079	0.125	0.060	0.082	0.113	0.056	0.076
泰国	0.033	0.014	0.020	0.034	0.016	0.022	0.033	0.018	0.024
越南	0.220	0.019	0.084	0.211	0.035	0.095	0.210	0.039	0.100
菲律宾	0.035	0.006	0.015	0.035	0.006	0.016	0.034	0.009	0.018
马来西亚	0.084	0.007	0.032	0.082	0.014	0.037	0.064	0.011	0.030
印度尼西亚	0.007	0.003	0.005	0.007	0.004	0.005	0.006	0.004	0.005
东盟	0.379	0.048	0.156	0.370	0.074	0.176	0.347	0.081	0.176
美国	0.027	0.208	0.149	0.027	0.217	0.152	0.022	0.192	0.131
英国	0.002	0.019	0.013	0.002	0.023	0.016	0.002	0.021	0.014
德国	0.011	0.027	0.021	0.013	0.031	0.025	0.011	0.034	0.026
法国	0.009	0.009	0.009	0.010	0.009	0.009	0.012	0.008	0.009
荷兰	0.001	0.035	0.024	0.002	0.036	0.024	0.001	0.035	0.023
意大利	0.007	0.008	0.007	0.007	0.010	0.009	0.005	0.010	0.008
欧洲	0.029	0.097	0.075	0.035	0.108	0.083	0.031	0.108	0.080

资料来源：笔者根据海关总署网站相关数据计算得到。

（2）从加工贸易进出口同比增长来看。表 8-9 显示，2020 年广东省第 85 章产品的总进口增长率为-14.5%，总出口增长率为-20.5%，总进出口增长率为-18.5%，这表明 2020 年疫情引发的人员隔离、物流停摆和供应链断链等严重影响了该章产品的全球产业链循环。但是，2021 年却出现显著反转，第 85 章产品的贸易增长率由负转正，总进口增长率为 31.6%，总出口增长率为 23.4%，总进出口增长率为 26.2%，这表明尽管疫情仍在持续，但生产和消费已逐渐恢复，人们对广东省机电类产品的需求明显增加，进而导致加工贸易进出口两旺。

表8-9 广东省与各国（地区）第85章产品加工贸易进出口同比增长率

国别（地区）	2020 年			2021 年		
	进口增长	出口增长	进出口增长	进口增长	出口增长	进出口增长
中国香港	−0.353	−0.225	−0.225	0.009	0.283	0.283
中国台湾	−0.104	−0.092	−0.102	0.385	0.114	0.351
韩国	−0.233	−0.569	−0.403	0.584	0.407	0.519
日本	−0.101	−0.204	−0.153	0.186	0.157	0.172
泰国	−0.108	−0.072	−0.092	0.253	0.432	0.337
越南	−0.180	0.487	−0.082	0.306	0.374	0.322
菲律宾	−0.141	−0.190	−0.153	0.272	0.912	0.422
马来西亚	−0.159	0.528	−0.056	0.030	−0.032	0.015
印度尼西亚	−0.165	−0.022	−0.094	0.094	0.194	0.148
东盟	−0.165	0.222	−0.085	0.233	0.341	0.263
美国	−0.147	−0.173	−0.172	0.057	0.092	0.090
英国	0.248	−0.046	−0.035	0.160	0.112	0.115
德国	0.070	−0.081	−0.057	0.047	0.373	0.313
法国	0.014	−0.200	−0.130	0.483	0.109	0.251
荷兰	0.346	−0.170	−0.162	−0.018	0.198	0.193
意大利	−0.100	−0.024	−0.046	−0.028	0.266	0.184
欧洲	0.033	−0.112	−0.094	0.168	0.228	0.220
总额	−0.145	−0.205	−0.185	0.316	0.234	0.262

资料来源：笔者根据海关总署网站相关数据计算得到。

进一步对比广东省与各国（地区）之间进口、出口和进出口增长率，可以发现差异性较大。韩国和日本是广东省机电类产品参与全球产业链的重要零部件和中间品供应国，2020 年广东省与韩国和日本的进出口增长率分别是−40.3%和−15.3%，2021 年的进出口增长率分别是 51.9%和 17.2%。显然，广东省与韩国的产业链之间波动较大，远高于日本，这表明广东省在该类产品的全球产业链上与日本联系更为稳健，而与韩国的联系更易受到外部条件变动的冲击。

总之，就第85章产品而言，疫情在近两年的时间里似乎没有导致该章产品的全球产业链发生重大调整或重构，2021 年广东省机电类产品的加工贸易进出口对全部国家（地区）保持较快的正增长就是有力证据，其中日本、韩国和中国台湾等东亚地区以及泰国、越南、菲律宾和印度尼西亚等东南亚地区的高增长率尤其突出。由此可见，以中国大陆为核心的东亚及东南亚全球产业链、供应链更为稳定，即使逆全球化可能加速，但东亚、东南亚区域合作仍然会进一步深化。

五、全球产业链重构对中国制造业的影响：
基于日本跨国企业海外投资

前文基于本土视角（以广东省为代表）探讨全球产业链重构对中国制造业的影响，本部分将从外部视角（基于日本跨国企业海外生产）剖析该问题。笔者将主要利用日本经济产业省对日本跨国企业海外子公司的季度调查数据，该项调查的目的是了解日本跨国公司海外活动的动态变化，促进日本经济和产业的灵活决策。调查对象是资本在 1 亿日元以上，雇员人数在 50 人以上，拥有海外子公司的日本制造类企业。该调查不仅涉及总量数据，如季度或年度所有被调查企业的总销售额、总固定资本投资额和总就业人数等，还涉及结构数据，如不同细分制造行业的销售额、固定资本投资和就业人数及其在不同区域或不同国家的相关数据。因此，可用于分析全球产业链重构对中国制造业的各种影响效应。

1. 全球产业链重构与中国制造业（2002~2015 年）

笔者把第一阶段确定为 2002~2015 年。利用日本跨国企业海外子公司在全球不同地区的销售、固定资产投资和员工等数据，分析全球产业链重构对中国制造业的影响。

由图 8-1 可知，在美国金融危机爆发之前，日本跨国公司在全球各地，尤其是亚洲，制造业产品的销售额快速增长，2008 年第二季度以后销售额急剧下滑，在全球各国政府的强力干预下，2009 年第一季度开始触底反弹。2002~2008 年，日本跨国公司雇用的中国员工快速增长，增速超过了销售，反映了日本在华子公司偏向于劳动密集型产品或环节。金融危机以后，随着中国劳动成本快速提高，日本跨国公司相对减少了在中国的投资，同时增加了在其他亚洲国家的产能。

由图 8-2 可知，2009~2013 年，日本跨国公司在亚洲其他地区的投资相比中国越来越大。中国劳动成本相比亚洲其他地区提高过快，显然也会影响就业。图 8-3 清楚地表明，2009 年以后，日本跨国公司在亚洲其他地区雇用的员工人数持续增加，而在中国雇用的员工却不断下降。由此可见，2008 年金融危机之后，全球产业链确实出现重构趋势，外资企业持续提升在亚洲其他地区的制造业产能，相对缩减在中国的生产规模。

（万美元）

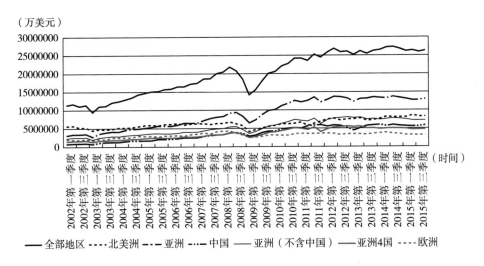

图 8-1 2002~2015 年日本跨国企业海外子公司在全球各地区的销售额

资料来源：日本经济产业省。

（万美元）

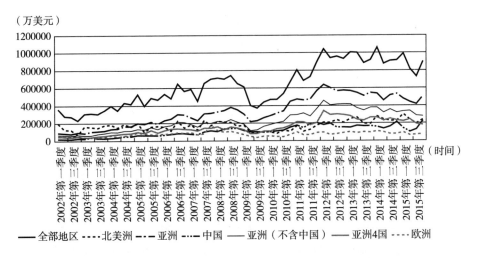

图 8-2 2002~2015 年日本跨国企业海外子公司在全球各地区的直接投资

资料来源：日本经济产业省。

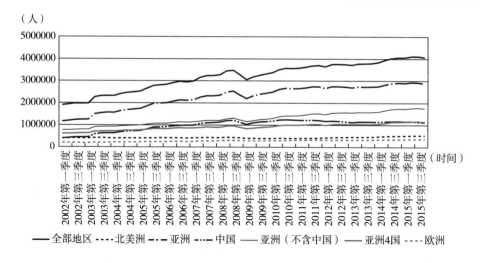

（人）

图 8-3 2002~2015 年日本跨国企业海外子公司在全球各地区的职工

资料来源：日本经济产业省。

2. 中美贸易摩擦及新冠肺炎疫情下全球产业链重构与中国制造业（2016~2021 年）

由图 8-4 可知，2016 年到 2018 年第二季度，日本跨国公司在全球各地，包括亚洲，制造业产品的销售额呈快速增长态势，2018 年第二季度相比 2016 年第一季度增长了 19%。特别需要注意的是，在此期间，日本跨国公司在中国和亚洲10 国（越南、印度尼西亚、泰国、菲律宾、马来西亚、柬埔寨、新加坡、文莱、缅甸和老挝）的销售额相差无几。中美贸易战爆发后，2018 年第二季度至 2019年第四季度，日本跨国公司在全球各地的产品销售额呈明显下滑态势，减少了6.56%。在此期间，全球产业链重构加速进行，最有力的证据就是日本跨国公司在亚洲 10 国的生产及销售明显超过中国，表明外资企业将部分制造业产能从中国迁移到了亚洲 10 国。日本跨国公司雇用员工人数的增减变化也可反映全球产业链重构状况。从图 8-5 中可知，2018 年第二季度至 2019 年第四季度，日本跨国公司在中国雇用员工人数不断减少，而在亚洲 10 国的员工人数却明显增加，表明外资企业不断将劳动密集型产业转移到工资成本更低的亚洲其他国家。

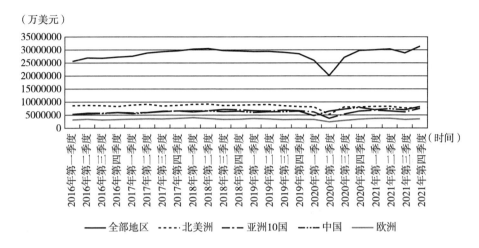

图 8-4　2016~2021 年日本跨国企业海外子公司在全球各地区的销售额

资料来源：日本经济产业省。

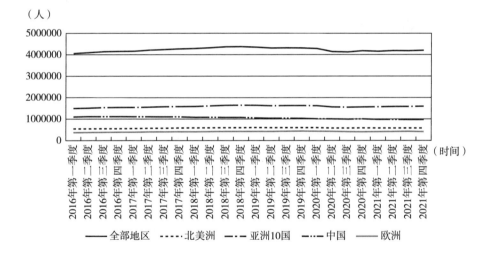

图 8-5　2016~2021 年日本跨国企业海外子公司在全球各地区的职工

资料来源：日本经济产业省。

2020 年初新冠肺炎疫情暴发后，日本跨国公司在全球各地的销售额从 2019 年第四季度的 2851.89 亿美元急剧下降至 2020 年第二季度的 2011.12 亿美元，但很快呈 V 形反转，2020 年第四季度销售额又回到了疫情前的水平。由于中国果断实行抗击疫情的举措，因此中国率先复工复产。世界其他地区为应对疫情采取的居家办公等措施，使得产品生产供应暂时出现困难，不得不依靠从中国进口解决。图8-4显示，中国在2020年第二季度就实现了V形反转，相比其他国家提前一个季度。尤其值得关注的是，全球产业链重构在疫情防控期间出现了逆转，最有力的证据就是日本跨国公司在中国的生产及销售明显超过亚洲10国，表明外资企业增强了在中国的部分制造业产能。但我们注意到，随着疫情逐步走向尾声，外资企业又重新开始将劳动密集型制造业产能迁离中国，转向越南等东南亚国家。

第九章　中国制造业比重下降与"过早去工业化"

本书第一章指出，所谓"过早去工业化"是指在一些发展中国家或地区，制造业在全部增加值或就业中所占份额达到峰值时，其人均收入水平远低于高收入国家或地区制造业比重达到峰值时对应的人均收入水平。随着近年来中国制造业比重出现快速下降趋势，部分学界及政界人士认为判断中国是否出现"过早去工业化"或"过早去制造业化"具有重大现实意义和理论价值，对于政府调整产业政策具有一定的参考价值。

需要指出的是，目前关于"过早去工业化"的判断往往只是基于人均 GDP 而言，但决定一个国家制造业发展水平及其在 GDP 中的比重大小并非仅与人均收入水平线性相关，而是受到多种因素的影响。例如，在人均收入很高的国家中存在一些依靠特殊资源禀赋而非制造业致富的案例，也有像印度这样一类处于人口红利窗口期却未能使制造业充分发展的低收入国家或地区。

笔者认为，判断中国是否存在"过早去工业化"，不能仅基于少数发达国家经济发展的历史经验，还应该参考较多欠发达国家经济发展的客观事实，特别需要纳入时代背景和国家特征。这就像人类寿命，古代也许 50 岁就是长寿，而现代 80 岁以上才可能是高寿。另外，就像具有不同家庭背景的人，富裕家庭成员一般可以得到优渥的营养物质和医疗条件，寿命到达 80 岁以上属正常，而贫困家庭成员往往缺乏长寿所需的物质和医疗条件，活到 50 岁已属不易。因此，不能笼统地说一个人 50 岁去世就是过早，一个人在任何年代、任何家庭都应该活到 80 岁以上才属正常。发达国家和发展中国家之间的制造业增加值占比峰值，尤其是对应的人均 GDP 具有极大差异也是如此，不能仅因为发展中国家没有达到发达国家的标准就称其为不正常或"过早"。

一、中国是否存在"过早去工业化"的两种观点

"过早去工业化"是一个夹杂主观和客观的复杂问题,也是一个相对概念,涉及因素众多,缺乏公认的确定标准,较难给出精准判断。关于中国是否存在"过早去工业化"的现象目前存在争议。

1. 中国已出现"过早去工业化"现象或苗头

部分学界和政界人士认为中国目前已经出现"过早去工业化"。中国社会科学院原副院长蔡昉(2021)认为,由于未能充分挖掘生产率提高的既有潜力,造成中国制造业的减速来得过早、过快,进而制造业占 GDP 比重早熟型下降。全国政协常委、经济委员会副主任杨伟民(2018)是较早警示这一现象的政界人士,他在中国工业经济学会年会指出,从大国经济发展趋势来看,美国、日本和德国分别是在人均 GDP 达到 1.6 万美元、1.7 万美元和 2.0 万美元时制造业比重处于历史最高点。与此对应的时间,美国是 1953 年,日本和德国是 1970 年。而且,它们的制造业比重下降是劳动生产率提高的结果,劳动生产率提高引致价格下降,因此按现价计算的比重减小,而按制造业不变价计算的比重基本没有变化。相比之下,中国 2018 年的人均 GDP 只有 8000 多美元,尚未进入高收入国家,但已提前进入制造业比重下降的"产业空心化"时代。

中国社会科学院经济研究所所长黄群慧等(2017)从三个方面判断中国去工业化是否属于"过早去工业化"。首先,1992~2007 年,中国制造业拉动 GDP 增长的平均值为 5.54 个百分点,而 2008~2015 年,该数值仅为 3.65 个百分点。这表明进入中上等收入阶段后,制造业作为中国经济增长的动力已趋于弱化。其次,如果将日本、韩国等东亚高收入经济体当作全球跨越中等收入陷阱的范例,那么中国制造业相对规模的下降与该范例相左,更接近于拉丁美洲的去工业化。最后,中国已经过了制造业实际占比的峰值,却仍然是一个发展中国家,可能落入罗德里克(Rodrik,2016)提出的"过早去工业化"区间。综合来看,中国可能已出现了"过早去工业化"趋势。黄群慧等还强调指出,中国进入中等收入阶段后,制造业实际占比和生产效率增速同时出现下降趋势,在理论上、经验上和现实层面都可能出现了"过早去工业化"现象,从而加大中国因新旧动能转

换失灵而落入"中等收入陷阱"的风险。

中国宏观经济研究院决策咨询部研究员盛朝迅（2020）首先提出了区分正常的"去工业化"和"过度去工业化"的五条判断标准，并以此标准对中国"去工业化"现象进行多维度的比较分析。结果发现，中国存在过早、过快"去工业化"的特征，并且导致了效率提升放缓和制造业外迁苗头，出现了较为明显的"过度去工业化"倾向。背后的原因较为复杂，全球范围内制造业比重下降是中国出现"过度去工业化"的客观背景，内生动力不足是根本原因，资源要素错配是重要因素，要素成本上升和外部环境变化是主要推手。

南开大学经济与社会发展研究院教授杜传忠（2021）指出，近年来中国制造业比重存在下降过快问题，制约了中国经济效率和竞争力提升，助推了生产要素"脱实向虚"，加剧了"产业空心化"风险，不利于区域经济协调发展，也不利于抢占国际产业竞争的制高点。他还给出了制造业占比应该达到的数量范围，即"十四五"期间中国制造业比重应保持在28%~32%，同时还应注重促进制造业与服务业融合，注重加快传统制造业转型升级，不同区域之间制造业比重应体现出一定的差异。

钟正生和钱伟（2019）认为，中国存在"过早去工业化"，理由是中国工业就业份额的峰值大概在21%左右，大幅低于美国、日本和韩国25%~30%的水平。另外，中国去工业化趋势开始时，其人均GDP在1万美元左右（以2011年美元计价），低于美国和日本的1.5万美元，以及韩国的1.2万美元。就"过早去工业化"的形成原因而言，钟正生等指出，中国的消费结构升级和工业生产率快速提升并非主要诱因，而这两个因素是主流文献中去工业化的关键因素。他们认为，中国"过早去工业化"的背后存在被动和主动两个推动力量，前者是指外部贸易竞争加剧与内部劳动力成本增加，使得中国被动失去部分工业份额，后者是指中国主动调整部分产业政策，可能也在客观上加速了去工业化进程。

2. 中国不存在"过早去工业化"现象

也有部分学者认为中国并不存在所谓的"过早去工业化"现象。复旦大学经济学院助理教授奚锡灿（2021）认为，中国服务业在宏观经济中的比重，无论以就业还是GDP占比衡量，都比发达国家历史同期水平低十几个百分点。反过来，也就是说中国制造业占比相比发达国家同期水平不是偏低，而是偏高了。广东外语外贸大学经济与贸易学院教授魏作磊（2021）指出，2019年中国制造业占GDP比重为27.9%，超过七国集团平均13.5个百分点，分别比以制造业强国闻名的德国和日本高 6.7 个和 7.2 个百分点。2019 年中国服务业占 GDP 比重为 53.4%，与七国集团平均值相比有 21.6 个百分点的差距。从发达国家普遍经验来看，中国制造业比重仍有下降空间，而服务业比重上升空间更大。他还进一步指出，制造业比重下降是产业结构演变的普遍规律，盲目追求制造业比重稳定既不符合产业结构演进的普遍规律，也不符合制造强国和质量强国发展的逻辑要求，甚至还会对地方经济发展和产业政策产生干扰和误导。

中国社会科学院研究员张斌（2021）在其专著《从制造到服务：结构转型期的宏观经济学》中也认为，中国不存在"过早去工业化"，理由是从国际经验对比来看，中国从制造到服务的经济结构转型拐点所对应的收入水平在 8000 ~ 9000 美元，制造业增加值和工业增加值在 GDP 中占比的峰值分别超过 30% 和 40%。这些经历与高收入经济体转型拐点所对应的收入水平和占比峰值高度一致。拉丁美洲国家则不然，在同样的计算标准下，巴西和智利在人均收入不足 5000 美元水平上制造业增加值比重开始持续下降。张斌还指出，中国不仅从制造到服务经济结构转型对应的收入水平和制造业占比峰值与高收入经济体类似发展阶段接近，高峰期过后的制造业份额变化也与高收入经济体很接近，说明中国相比于其他高收入经济体类似发展阶段并没有更大幅度地退出制造业，中国制造业占比的变动轨迹符合"标准模式"，没有什么特殊之处。

滕泰（2020）认为，与工业化过程中农业生产环节的产值在 GDP 中占比下降相似，随着技术进步和社会分工越发达，生产制造环节产值占比下降与制造业的重要性并不矛盾。考虑到中国要构建以国内大循环为主体、国内国际双循环相互促进的新发展格局，中国的制造业应该保持相对完整的供应链，其占 GDP 的比重应长期保持在 20% 以上，不低于日本和德国。结合目前中国制造业占比约为 27% 左右，可以推断滕泰偏向于中国不存在"过早去工业化"。他特别强调，制造业的重要性既不体现在制造业占 GDP 的比重上，也不体现在所谓"生产性服务业"的规模上，而是体现在那些能够独立研发设计、创造品牌、引领流量体验等软价值的现代服务业的规模上，这些现代服务业所引领的技术越发达、社会分工越细、产值越大，单纯制造环节的产值在 GDP 中的占比就有可能越来越低。

笔者认为，以上有关中国是否出现"过早去工业化"的两种观点都存在一个共同问题，那就是全部基于发达国家的历史经验数据，缺乏深入全面的分析，忽视了全球经济发展所处的诸多外在环境和关键制度的巨大变迁，忽略了中国较为独特的社会主义市场经济的国情。

二、跨国"过早去工业化"的判断

为了更好地理解中国制造业比重下降与"过早去工业化"的联系，本部分将按照现有文献关于"过早去工业化"的定义，收集整理不同经济体和不同国家的制造业增加值占比峰值、出现时间及其对应的人均 GDP 等数据。笔者将力图从中归纳、提取一些特征事实，从而为分析中国问题提供启迪。

从表 9-1 中可见，发达经济体、新兴市场经济体和拉丁美洲经济体的制造业增加值比重峰值差异较小，分别是 26.9%、25% 和 25.3%，围绕在 25% 多一点。相比之下，发展经济体的制造业增加值比重峰值低很多，仅为 16.3%。然而，一旦去除非洲国家，剩余发展经济体的制造业增加值比重峰值较高，达到了 22.8%，比 25% 低 2.2 个百分点。非洲国家发展经济体的制造业增加值比重峰值最低，仅为 14.5%。特别值得注意的是，制造业增加值占比峰值所对应的人均国内生产总值（按调整的人均 GDP）在不同经济体之间存在极大差异。发达经济体高达 15726 美元，远远超过其他任何经济体。新兴市场经济体、拉丁美洲经济体和不含非洲国家的发展经济体分别为 2471 美元、2672 美元和 2163 美元，三者之间差距较小。非洲国家发展经济体的制造业增加值比重峰值所对应的人均 GDP 最低，连 700 美元都不到，也就是说非洲国家在非常低的收入水平上就开启了去工业化进程。考虑到制造业是经济增长的引擎，非洲许多国家如此贫穷的直接原因显然与此行为模式紧密相关。总之，表 9-1 中的数据确实反映了欠发达国家（发展中国家和新兴经济国家）制造业增加值比重达到峰值时对应的人均 GDP 远远低于发达国家，也就是主流文献所称的"过早去工业化"现象。

表 9-1　不同经济体的制造业增加值比重峰值及对应的人均 GDP

经济体类别	包含的国家个数（个）	占比峰值（%）	峰值人均 GDP（2005 年美元不变价）（美元）	调整的峰值人均 GDP（2005 年美元不变价）（美元）
发达经济体	23	26.9	9015	15726
新兴经济体和发展经济体（57）	57	19.3	1225	1724

续表

经济体类别	包含的国家个数（个）	占比峰值（%）	峰值人均GDP（2005年美元不变价）（美元）	调整的峰值人均GDP（2005年美元不变价）（美元）
发展经济体	35	16.3	807	1079
不含非洲国家的发展经济体	7	22.8	1534	2163
新兴市场经济体	22	25	1890	2471
拉丁美洲经济体	14	25.3	1708	2672
非洲国家发展经济体	28	14.5	470	627

资料来源：奥克里科和俄门（Özçelik & Özmen，2020）。

虽然表9-1给出了不同经济体的制造业增加值比重峰值及其对应的人均GDP，但是没有给出比重达到峰值的具体时间，原因是不同国家达到峰值的年份分布较广，而每种类型的经济体包含了许多国家。笔者认为时间因素极为重要：理由之一是为了真正找到不同经济体去工业化，尤其是"过早去工业化"的深层原因，必须结合时代背景；理由之二是不同年代的人均GDP往往不具有可比性。例如，直接将1970年的人均GDP与2000年的人均GDP用于判断"过早去工业化"就会带来误导，最好采用调整的人均GDP加以评估。表9-2除了包含几十个国家制造业增加值比重峰值及其对应的人均GDP数据，还给出了达到峰值时的具体年份。

表9-2　各国制造业增加值比重峰值、出现时间与对应的人均GDP

国家	比重峰值（%）	峰值人均GDP（美元）	年份	调整的峰值人均GDP（美元）	国家	比重峰值（%）	峰值人均GDP（美元）	年份	调整的峰值人均GDP（美元）
布基纳法索（D）	15.9	85	1969	198	萨尔瓦多（E）	23.7	2298	2002	2594
布隆迪（D）	9.8	98	1975	226	哥斯达黎加（D）	25.2	1695	1985	2768
马拉维（D）	21.1	184	1992	240	突尼斯（E）	21.3	1980	1996	2676
乌干达（D）	9.2	276	1999	294	智利（E）	26.9	1432	1974	2964
贝宁（D）	11.7	157	1974	341	约旦（D）	21.2	3022	2007	3203
塞拉利昂（D）	9.1	166	1971	351	墨西哥（E）	24.1	2197	1989	3640
苏丹（D）	8.9	336	1998	409	乌拉圭（D）	24.1	2608	1989	3760

续表

国家	比重峰值（%）	峰值人均 GDP（美元）	年份	调整的峰值人均 GDP（美元）	国家	比重峰值（%）	峰值人均 GDP（美元）	年份	调整的峰值人均 GDP（美元）
卢旺达（D）	15.5	313	1992	412	阿根廷（E）	38.2	2112	1977	3879
尼日尔（D）	7.3	238	1986	420	日本（A）	33.5	2234	1971	4084
赞比亚（D）	12.3	409	1998	438	葡萄牙（A）	21.6	2101	1976	4116
马里（D）	19.3	372	2004	439	土耳其（E）	23.9	3850	1999	4619
斯里兰卡（D）	25.4	271	1977	481	英国（A）	38.6	1449	1962	4716
印度（E）	19.2	383	1996	510	南非（E）	23.7	2910	1983	4825
多哥（D）	11.2	403	1991	553	委内瑞拉（E）	29.2	3324	1986	5036
加纳（D）	16.8	292	1977	575	澳大利亚（A）	30.9	2085	1971	5133
中非共和国（D）	12.1	462	1991	640	西班牙（A）	25.8	2240	1974	5405
喀麦隆（D）	20.9	616	2001	649	马来西亚（E）	29.9	4492	2004	5517
巴基斯坦（E）	17.3	624	2005	707	法国（A）	24.3	1908	1965	5594
圭亚那（D）	14.2	587	1987	710	荷兰（A）	27.1	2208	1969	5594
塞内加尔（D）	17.9	569	1995	711	加蓬（D）	9.3	4011	1986	5925
科特迪瓦（D）	22.2	756	2000	718	塞浦路斯（E）	17.6	4033	1981	6406
莱索托（D）	21.8	645	2004	720	希腊（A）	17.6	3136	1976	6445
尼日利亚（D）	6.7	637	1983	741	奥地利（A）	23.8	3001	1970	7332
津巴布韦（D）	26.6	668	1993	774	丹麦（A）	20.1	3068	1970	7607
肯尼亚（D）	14.5	846	2007	880	比利时（A）	33.6	3239	1972	7953
阿尔及利亚（D）	16.8	436	1972	901	以色列（E）	20.9	6215	1985	8876
菲律宾（E）	25.1	642	1989	970	意大利（A）	27.6	4735	1978	9932
摩洛哥（E）	19.6	670	1985	991	卢森堡（A）	41.5	3771	1970	9956
玻利维亚（E）	20.4	679	1988	1008	新西兰（A）	27.3	7243	1984	10667
印度尼西亚（E）	28.7	914	2003	1242	美国（A）	24.1	4393	1968	11231
洪都拉斯（D）	22.1	1175	2002	1304	巴巴多斯（D）	12.7	4521	1981	11232
刚果（D）	8.4	1152	1992	1551	挪威（A）	20.4	6837	1975	16032
埃及（E）	20.7	1219	1998	1568	瑞典（A）	27.8	8383	1975	19678
秘鲁（E）	21	976	1990	1591	冰岛（A）	19.4	13731	1986	25238
哥伦比亚（E）	24.3	768	1978	1606	芬兰（A）	26.9	25115	2001	27428
博茨瓦纳（D）	9	1057	1983	1681	瑞士（A）	23.6	18785	1980	32162

国家	比重峰值（%）	峰值人均GDP（美元）	年份	调整的峰值人均GDP（美元）	国家	比重峰值（%）	峰值人均GDP（美元）	年份	调整的峰值人均GDP（美元）
牙买加（D）	16.5	1162	1987	2069	爱尔兰（A）	27.9	28836	2002	35243
厄瓜多尔（D）	24.3	1707	1992	2322	新加坡（A）	27	30284	2006	35776
巴西（E）	33.9	1778	1984	2516	德国（A）	34.1	17463	1970	38822
斐济（D）	15	2069	1998	2562	加拿大（A）	20.8	20113	1973	41288

注：国家后面括号里的A、D、E分别表示发达国家、发展中国家和新兴经济体国家。

资料来源：奥克里科和俄门（Özçelik & Özmen，2020）。

从表9-2中可知，世界各国制造业增加值比重峰值的数量大小、对应的人均GDP和出现时间存在较大差别，特别是发达国家和发展中国家之间尤为明显。第一，制造业增加值比重峰值的数值大小分布范围较为离散，最小值为尼日尔的7.3%，最大值是卢森堡的41.5%。另外，发展中国家和新兴经济国家制造业比重峰值总体上相比发达国家要低一些，再次表明了制造业确实是经济增长的引擎。第二，发达国家制造业比重达到峰值时对应的人均GDP普遍较高，以调整的人均GDP来看，最少在4084美元以上。发展中国家和新兴经济国家制造业增加值比重达到峰值时对应的人均GDP普遍偏低，大多在200~4000美元，只有土耳其、南非、委内瑞拉、马来西亚、加蓬、塞浦路斯和巴巴多斯等国家超过了4000美元，其中巴巴多斯甚至高达11232美元。

从总体上看，各国制造业比重达到峰值的时间分布似乎没有什么规律性特征。英国于1962年达到比重最高值38.6%，这是表9-2中峰值出现的最早时间，肯尼亚和约旦于2007年分别达到比重最高值14.5%、21.2%，这是表9-2中峰值出现的最晚时间。20世纪60年代达到峰值的国家最少，仅包括英国、法国、美国、荷兰和布基纳法索5个国家，除了布基纳法索是非洲的发展中国家，其余4个全是发达国家。20世纪70年代、80年代、90年代和21世纪达到峰值的发达国家分别有14个、4个（以色列、新西兰、冰岛和瑞士）、0个和3个（新加坡、爱尔兰和芬兰）。在这4个不同年代达到峰值的欠发达国家（发展中国家和新兴经济国家）分别有9个、17个、17个和11个。由此可见，大多数发达国家在20世纪70年代就已完成了工业化，开始步入去工业化进程，约63%的欠发达国家在20世纪80年代和90年代开始去工业化进程，相比发达国家晚了10~20

年，还有 20% 的欠发达国家则在 21 世纪才开始步入去工业化进程。

如何判断表 9-2 中哪些国家属于"过早去工业化"呢？按照主流文献的确定准则，只需将发展中国家与发达国家制造业增加值比重达到峰值时各自对应的人均 GDP 进行比较，但这种判断方式存在难以处理的矛盾。以阿根廷和日本为例，1977 年阿根廷制造业增加值比重达到峰值 38.2%，该年对应的调整人均 GDP 为 3879 美元，日本则在 1971 年达到峰值 33.5%，此时对应的调整人均 GDP 为 4084 美元。显然，两国不管从峰值大小、对应的人均 GDP、出现时间都相差较小，如果在 20 世纪 70 年代末期或 80 年代初期，如何判断哪个国家出现"过早去工业化"呢？另一个例子，委内瑞拉与澳大利亚，两国的峰值大小分别是 29.2% 和 30.9%，对应的人均 GDP 分别是 5036 美元和 5133 美元，出现时间分别是 1986 年和 1971 年。同样，如果在 20 世纪 80 年代末期，又该如何判断哪个国家步入"过早去工业化"呢？日本和德国的对比也很有趣，德国在 1970 年比重达到峰值 34.1%，对应的调整人均 GDP 为 38822 美元，日本在 1971 年达到峰值 33.5%，对应的调整人均 GDP 仅 4084 美元。两国的峰值比重和出现时间相差无几，但对应的人均 GDP 差距极大，如果由此判断日本步入"过早去工业化"，显然与日本经济继续高速增长，最终成为发达国家的现实不一致。

由此可见，定量评估"过早去工业化"是否出现是一个值得探讨的难题，绝非仅仅依据与发达国家相比较就可确定。拉因达和苏瑞其（Ravindran & Suresh，2021）提出了检测"过早去工业化"的定量依据，具体包括以下五个条件。如果这五个条件全部满足，就认为一个经济体正在经历过早的去工业化过程。

$$Eman_{t-n,t} \geqslant Eman_{t,t+n} \tag{9-1}$$

$$VAman_{t-n,t} \geqslant VAman_{t,t+n} \tag{9-2}$$

$$y_t \leqslant \$11,750 \tag{9-3}$$

$$Eman_t \leqslant 0.18 \tag{9-4}$$

$$VAman_t \leqslant 0.18 \tag{9-5}$$

其中，$Eman_{t-n,t}$ 和 $VAman_{t-n,t}$ 分别代表从 t-n 年到 t 年制造业的就业比重和增加值比重的平均值，$Eman_{t,t+n}$ 和 $VAman_{t,t+n}$ 分别代表从 t 年到 t+n 年制造业的就业比重和增加值比重的平均值，y_t 表示第 t 年的人均 GDP 值（2015 美元不变价），$Eman_t$ 和 $VAman_t$ 分别表示第 t 年制造业的就业比重和增加值比重。

第一个和第二个条件分别为根据制造业的就业比重和增加值比重跟踪一国经

济的去工业化趋势。具体含义是，如果制造业的就业比重和增加值比重在 t 年到 t+n 年的移动平均值低于 t-n 年到 t 年，则该国经济正在经历去工业化过程。

第三个条件是人均 GDP（按 2015 美元不变价计算）不大于 11750 美元。根据富里皮、库玛和尕洛普（Felipe，Kumar & Galope，2017）的研究，这是将一个经济体划分为中等收入国家的上阈值水平。如果一个经济体的收入高于这一门槛，那么该经济体就达到了高收入阶层。因此，如果去工业化发生在这一收入水平以下，就表明制造业占比下滑过早出现。

第四个和第五个条件是指制造业的就业比重和增加值比重不超过 18%。富里皮、库玛和尕洛普（2017）认为，如果一国制造业的就业比重达到 18% 以上，该国升级为富裕国家的概率就会增加。他们还强调，如果一个经济体的制造业比重（尤其是就业比重）未能达到这一门槛水平，就表明去工业化的时机还不成熟，低于这一门槛值意味着制造业不是经济中的主导部门。

笔者认为，以上五个条件中没有一条涉及发展中国家与发达国家制造业增加值比重达到峰值时对应的人均 GDP 大小对比，只是给出一些具体的定量标准，因此更为客观也更易操作。根据以上定量判断"过早去工业化"是否出现的五个条件，拉因达和苏瑞其（Ravindran & Suresh，2021）指出，表 9-2 中的一些国家在不同时期过早地步入了去工业化进程，比如印度、加纳、南非、加蓬、巴基斯坦和津巴布韦等。

三、国外"过早去工业化"的原因

不管是发达国家、新兴经济体还是发展中国家，去工业化现象似乎都是一个迟早会出现的必然过程。差别在于，发达国家和极少数新兴经济体开始出现去工业化时的制造业比重和人均 GDP 都较高，而发展中国家和许多新兴经济体出现去工业化时的制造业比重和人均 GDP 都偏低，后者被称为"过早去工业化"。对于发达国家而言，经济学者主要研究去工业化的原因。例如，吴、哈拉古其和安曼（Vu，Haraguchi & Amann，2021）考察了 1970~2015 年发达国家去工业化的动态演变过程，探讨了 12 个发达国家的制造业就业增长模式和影响因素。他们发现，去工业化是一个持续的模式，1990 年以后全球化加速和南北贸易崛起促进了发达国家的去工业化进程。不同产业的去工业化进程具有较大差异，劳动生产率越高的产业越不容易开启去工业化进程。此外，在人口较多和贸易收支出现逆差的国家，去工业化倾向更为严重。

"过早去工业化"的原因究竟是什么？不同国家群体出现"过早去工业化"的原因不尽相同，这个问题显然没有标准答案，需要结合不同国家的实际情况，进行具体分析。罗德里克（Rodrik，2016）指出，以贸易开放度提高为核心特征的经济全球化进程，可能是"过早去工业化"进程的主要推动力量之一。理由是较高的贸易开放度可能导致那些还没有形成强大竞争优势的发展经济体或新兴经济体成为制造业的净进口国，逆转了长期的进口替代过程。此外，更高的贸易开放度也会使通常作为国际制造品市场上价格接受者的发展经济体或新兴经济体更易受到发达经济体相对价格变化的影响。一旦发达经济体生产率提高促使其制造业产品的相对价格下降，就可能导致发展经济体或新兴经济体出现所谓的"进口引致型去工业化"。

日益提高的金融开放度是经济全球化进程中另外一个显著特征。金融开放度提高可使那些具有优良制度及宏观经济结构的国家充分利用外国储蓄为其投资融资，从而刺激制造业发展。另外，一些金融市场发展滞后、欠缺宏观经济治理能力的国家更易受到国际资本流动快进快出的不利冲击，引发金融危机，最终影响制造业等实体经济的持续发展。帕尔玛（Palma，2005）指出，欠发达经济体提高金融开放度可促使大量外国资本流入，进而存在两个渠道引起"过早去工业化"：一是刺激国内金融市场短期内过度膨胀，导致资本和劳动力从制造业中转移出去，整个国家出现经济金融化趋势；二是大量外来资本流入资源类产业，出口从制造业产品转向初级资源类产品，最终导致去工业化。另外，实际汇率升值也被认为是"过早去工业化"潜在的重要决定因素（Tregenna，2015）。

对于发展中国家和新兴经济体，人们越发关注导致"过早去工业化"的根本原因。巴德温（Baldwin，2011）认为，随着技术的巨大进步，许多工业品制造过程日益片段化或可分离化，即技术发展使生产过程可以被分解成不同的片段或部分。这些产业链、供应链的不同片段或环节可以在世界上成本最低的不同地方生产。因此，发展中国家只会成为产业链、供应链上某一特定片段或环节的生产者，结果是制造业占 GDP 的比重可能会上升，但不会复制以往工业化进程中曾经出现的制造业比重达到峰值时对应较高的人均 GDP。

萨伯拉曼和凯瑟勒（Subramanian & Kessler，2013）给出了另一个导致制业在一国 GDP 中比重较低的供给面因素。他们认为，自 20 世纪 90 年代以来，世界进入全球化加速发展时期。在此期间，商品和服务贸易在世界贸易中所占份额急剧上升。国际贸易扩张的部分原因是制造业在全球的片段化分布。萨伯拉曼和凯瑟勒认为，这一时期的关键特征是非物质性全球化，也就是说，世界经济增长越来越多地依靠服务贸易。他们将这一过程描述为从物质到非物质或从有形到无形。因此，制造业的重要性将下降，不仅对发达国家如此，对发展中国家也是如此。这是一种供给侧现象，正是因为通信和信息技术的不断创新和广泛应用使之成为可能。

随着时间的推移，制造业技术创新使之不可避免地变得越来越资本密集。因此，过去需要大量劳动要素的工作日益转向自动化和机械化，这就使得在制造业产值扩张的同时，就业岗位却没有出现对应增加，结果是制造业的就业人数比重可能趋于下降。这也是一个供给面的解释。

在承认以上供给面因素对制造业比重具有重要影响的同时，格拉伯斯基（Grabowski，2017）特别强调来自需求面的作用机制。随着经济增长和居民收入不断提高，一国的需求结构会发生显著变化，一般表现为发展中国家内部以及发达国家和发展中国家之间对工业制成品的相对需求减少，导致这种需求结构变化的主要因素是日益严重的收入不平等。这种影响主要通过以下渠道发挥作用：首先，当一个发展中国家的收入分配恶化，需求将从制造业产品转向服务业产品和其他类型商品，这将导致制造业产出占 GDP 比重及制造业就业人数占总就业比重下降；其次，如果一个发达国家的收入分配恶化，该国的进口商品结构也会随之发生变化，工业制成品的进口规模将下降，从而导致发展中国家出口工业制成品减少。

克鲁兹（Cruz，2015）指出，在经历了 1950~1980 年的成功增长和发展后，许多发展中经济体采用了基于快速贸易自由化的出口导向型增长战略。结果，它们中的大多数开始经历"过早去工业化"，一些国家在经济和发展方面陷入停滞。这方面的一个突出例子是墨西哥，尽管出口成功，但该国在过去 30 年中却增长缓慢。墨西哥的去工业化主要是由国内因素引起的，特别是收入分配、劳动生产率和资本积累的不利演变，但一些外部因素，如贸易开放过度也发挥了重要作用。

除东亚地区外，在发展中国家和新兴经济体都存在"过早去工业化"。东亚国家由于其独特的发展战略和积极的工业、贸易和金融政策，在不遵从其静态比较优势地位的情况下，打造了具有国际竞争力的强大工业基础。东亚国家与全球价值链（GVC）的联系更加紧密，这使它们能够避免陷入经济停滞的不利局面。人们普遍认为，东亚地区采取干预主义的产业政策、加大对资本和外汇的管控、鼓励增加国内储蓄、积极引导资金进入战略性产业，这些都是该地区取得成功的重要因素。

较高的贸易开放度也是一些非洲国家"过早去工业化"的重要诱因。这些国家通常没有形成较为坚实的工业基础，缺乏战略规划和有力政策克服发展制造业所面临的相对劣势。因此，更高的贸易开放度可能导致这些相对落后的国家出现所谓"进口去工业化"，最终成为非洲国家实现经济增长的主要障碍。

令人遗憾的是，针对发展中国家和新兴经济体的"过早去工业化"决定因素的研究主要是定性分析，基于大量数据的实证研究相对较少，这使得人们不清楚各种影响因素的相对强弱，不利于制定有效缓解制造业比重下降的经济政策，尤其是产业政策。

四、中国"过早去工业化"的特征、解释及影响

所谓"过早去工业化"本质上是一种内生结果，一些关键经济变量是造成该结果的主要原因。因此，要想理解中国为什么出现"过早去工业化"，落脚点应该聚焦于分析作为诱因的关键经济变量是否短期内出现过度的变化及其背后的推动力量。另外，制造业是一个较为宽泛的概念，它包含了几十个细分行业，不同细分行业的去工业化进程存在较大差异，特别是比重峰值出现的时间。

1. 中国"过早去工业化"的特征

中国是否出现"过早去工业化"？根据拉因达和苏瑞其（2021）提出的检测"过早去工业化"的五个条件，可以发现中国基本满足第一个和第二个条件，因为自 2012 年以来制造业增加值比重持续下降，2015 年以来制造业就业比重也不断减小。第三个条件是人均 GDP 不大于 11750 美元，而中国 2012 年的人均 GDP（按 2015 美元不变价计算）为 6449 美元，2019 年人均 GDP 为 9986 美元，这两年都小于 11750 美元，因此满足第三个条件。但第四个和第五个条件没有得到满足，中国制造业增加值占比的最低值为 2020 年的 26.18%，大于 18%，自 2012

年以来，就业比重最小值为 19.48%，也大于 18%。笔者认为，由于中国没有满足全部五个条件，只能是较弱的"过早去工业化"。

参见本书第三章及蔡昉（2021），中国制造业的比重变化及其峰值具有以下几个典型特征：第一，呈现双峰形态。中国制造业比重于 1997 年达到 36.8% 最高点之后，经过降低和反弹交织的徘徊，随后在 2006 年 36.3% 的高点上再次一路降低，到 2018 年时仅为 27.0%。这种双峰形态是其他发达国家、发展中国家或新兴经济体所没有的，本书认为重要原因是中国拥有 41 个工业大类、207 个工业中类、666 个工业小类，是全世界唯一拥有联合国产业分类中所列全部工业门类的国家，发展制造业具有较为完善的产业链基础。因此，中国能够在遭遇外部冲击之后较快恢复。

第二，1997 年制造业占比达到第一个峰值时，人均国内生产总值仅为 2257 美元。2006 年达到第二个峰值时，人均国内生产总值上升 5821 美元，远低于发达经济体的制造业占比达到峰值时的人均 GDP（在 15000 美元以上）。从这个角度来说，中国似乎存在"过早去工业化"现象。中国制造业占比达到峰值时所对应的人均 GDP 大小与其他许多发展中国家或新兴经济体较为接近，这意味着该现象可能是一种必然性或客观规律。换句话说，"过早去工业化"中的"过早"二字其实存在问题，因为"过早"意味着制造业比重峰值出现时对应的人均 GDP 较低，也就是说此时的人均 GDP 应该较高（像发达国家一样）才算是正常的、合乎规律的。但是，客观现实是几乎所有发展中国家或新兴经济体的制造业比重达到峰值时的人均国内生产总值都偏低，远小于发达国家曾经达到制造业比重峰值时的人均 GDP 水平。因此，这可能不是"过早"而是"正常"。

第三，中国制造业占比出现明显下降之后，人均 GDP 仍然保持较高的增长速度。而许多发展中国家或新兴经济体在制造业占比下降以后，人均 GDP 往往也随之下降。这是中国最为独特的一个经济现象，背后的逻辑值得深入探讨。本书认为主要原因是中国作为一个人口大国、地理面积大国，具有特殊的制度背景，拥有较为广阔的投资空间，包括居民住房投资和基础设施投资，能够在制造业比重出现下降的同时，利用充足的投资继续拉动国民经济保持较快增长。显然，中国具有的这些特征是其他任何发展中国家或新兴经济体所没有的。

2. 中国"过早去工业化"的进一步解释

中国之所以在 1997 年制造业比重达到第一次峰值以后出现下降和反弹，主要是由于亚洲金融危机带来的短期不利影响（出口快速下降）和美国新经济带来的良好机遇（对外贸易较快增长）。中国之所以在 2006 年制造业占比达到第二次峰值，主要原因是 2001 年中国加入世界贸易组织（WTO）之后，更加充分发挥和利用后发优势，大规模通过外商直接投资和对本土企业的倒逼机制（来自外部激烈的竞争压力），制造业劳动生产率加速增长，导致产出短期内快速上升。2006 年以后制造业占比开始下降的原因主要是中国为了应对美国金融危机，实施四万亿的扩张性刺激计划，房地产价格开始加速上涨，导致一部分居民的收入很大部分消耗在购房上面，消费需求下降。另外一部分没有购房的居民，根据扩大的恩格尔定律，收入快速上升而在基本制造业产品的支出比重却下降，供求两股力量合在一起，导致制造业比重出现快速下降。

笔者认为，中国制造业比重达到峰值时的人均国内生产总值偏低，远小于发达国家曾经达到制造业比重峰值时的人均 GDP 水平，这种现象可能不是"过早"而是"正常"。这里的"正常"是指在当时的各种约束条件下，必然导致该结果的出现。因此，要想实现人均国内生产总值和制造业比重（峰值）同时大幅提高，只能打破或改变其面临的约束条件，正所谓不破不立。因此，研究的方向和重点应该着力于以下几个方面：第一，为什么在人均 GDP 偏低的情况下中国制造业比重就开始出现下降？背后的主要约束条件是什么？第二，如何提高或至少维持制造业比重？关键抓手是什么？政府应该如何制定针对性的有效政策来对冲不利于制造业比重上升或稳定的约束条件？第三，必须把中国的具体国情和独特的制度优势与市场经济规律结合起来，在不违背客观经济规律的前提下，充分发挥政府的桥梁纽带及辅助作用。

3. 中国"过早去工业化"的影响

第一，大量研究发现，制造业的生产率往往高于非制造业（如低端服务业）。因此，中国制造业比重过早、过快下降，意味着劳动力从高生产率部门（制造业）转向低生产率部门（如低端服务业）。结果是，一方面引致整个经济的生产效率下滑，另一方面造成总体资源配置退化，最终不利于继续推动经济增长。

第二，中国"过早去工业化"突出表现为对民营经济的不利影响，这是中国"过早去工业化"带来的一个特殊副产品。由于"去"的主要是传统与低端制造业，而民营企业多数集中于此，因此广大民营企业受到误伤的概率更大（钟正生和钱伟，2019）。

第三，中国制造业比重过早、过快下降，可能会造成劳动力市场两极分化、扩大收入差距和中产阶级萎缩等问题。因为制造业的工资水平一般要比低端服务业的工资水平高很多，当大量劳动力从制造业转入低端服务业时，整个社会的平均工资水平会被拉低，广大职工的福利水平会被减缩。

第四，制造业已成为我国中西部省份城市化发展的重要载体，但中西部地区近年来出现了过早、过快去工业化的不良倾向，使得这些地区的城市化缺乏来自制造业的有力支撑，必将对中西部地区的城市化建设带来严重的不利影响。

第十章 中国制造业比重下降与技术、质量和竞争力的提升

中国制造业比重下降的同时是否伴随着技术和竞争力的显著增强呢？如果答案是肯定的，意味着中国经济转向高质量增长的战略取得实质性进展。众所周知，制造业强大不仅体现在总量规模和比重数字，更要体现在制造业质量、核心竞争力、产业链和供应链的稳定安全等方面，具体则表现为对制造业关键技术、核心部件和重要装备的把控能力。笔者将从多个关键视角评估中国制造业的技术、质量和竞争力发展状况。

一、中国制造业的研发投入、专利申请和新产品

制造业的质量取决于制造业的科技含量能否不断提高，这就要求持续的研发投入，最终产生高水平专利和新产品。自21世纪中期以来，究竟中国制造业的科技含量取得多大进步呢？首先，笔者将分析中国制造业的研发投入情况，这是最为基本的物质保证之一。

1. 中国制造业的研发投入情况

从表10-1中可知：第一，2006~2020年，投入制造业的研发资金总体上呈现快速上升趋势，其中2006~2009年、2009~2012年增长尤为突出，2009年、2012年的研发投入分别是2006年和2009年的1.94倍和2.27倍。2012年以后，随着基数变大，投入制造业的研发资金增长速度相对减慢，2015年的研发投入是2012年的1.41倍，2018年的研发投入仅为2015年的1.29倍。

表 10-1 2006~2020 年制造业研发经费支出　　　　　　单位：万元

行业名称	2006 年	2009 年	2012 年	2015 年	2018 年	2020 年	2006~2020 年增长倍数
制造业	15513884	30142351	68408381	96284441	124849328	147267543	8.49
农副食品加工业	134042	368044	1357189	2160047	2610675	2765772	19.63
食品制造业	117691	314094	868614	1354294	1609628	1572920	12.36
饮料制造业	187854	393206	800503	899970	1018097	896759	3.77
烟草制品业	63083	125802	198001	207901	266076	280012	3.44
纺织业	342865	691790	1380288	2076652	2554381	2313584	5.75
纺织服装、鞋、帽制造业	88208	149512	555911	900821	1029904	1057885	10.99
皮革、毛皮、羽毛（绒）及其制品业	29397	81635	274395	510505	590077	902544	29.70
木材加工及木、竹、藤、棕制品业	31943	52031	187244	428165	546652	672874	20.07
家具制造业	24877	55908	145284	330128	680099	907096	35.46
造纸及纸制品业	151021	319798	758050	1076050	1677816	1365798	8.04
印刷业和记录媒介的复制	23733	77071	245817	368982	667108	935793	38.43
文教体育用品制造业	32264	84309	341220	737070	1117519	1014973	30.46
石油加工、炼焦及核燃料加工业	160539	338368	816378	1008432	1454100	1895685	10.81
化学原料及化学制品制造业	978548	1972899	5535955	7944564	8999255	7972319	7.15
医药制造业	525856	996221	2833055	4414576	5808857	7845971	13.92
化学纤维制造业	196216	323849	634412	784951	1121162	1323593	5.75
橡胶和塑料制品业	351693	667299	1728669	2426011	3188856	4448226	11.65
非金属矿物制品业	256951	589794	1635706	2776206	4158518	5131083	18.97
黑色金属冶炼及压延加工业	1621326	3054462	6278473	5612273	7068794	7992979	3.93
有色金属冶炼及压延加工业	553921	973899	2711533	3715484	4425396	4187730	6.56
金属制品业	209652	461071	1874425	2826593	3893723	5619467	25.80
通用设备制造业	1034914	2099680	4746047	6326467	7356003	9778885	8.45
专用设备制造业	759041	1978241	4249367	5671357	7257638	9659894	11.73
交通运输设备制造业	2239728	4599870	9133643	13400540	17129557	18485733	7.25

续表

行业名称	2006 年	2009 年	2012 年	2015 年	2018 年	2020 年	2006~2020 年增长倍数
电气机械及器材制造业	1669087	3296018	7041558	10127297	13201357	15670594	8.39
通信设备、计算机及其他电子设备	3483945	5496059	10646938	16116757	22799013	29151621	7.37
仪器仪表及文化、办公用机械制造业	187741	485201	1237248	1809272	2232177	2937058	14.64
工艺品及其他制造业	57750	96222	192459	273075	386890	480696	7.32

资料来源：笔者根据历年《中国统计年鉴》数据计算得到。

第二，2006~2020 年，制造业不同细分行业的研发投入增长差异很大。印刷业和记录媒介的复制、家具制造业、文教体育用品制造业位列前三，分别增长了 38.43 倍、35.46 倍和 30.46 倍。皮革、毛皮、羽毛（绒）及其制品业，金属制品业，木材加工及木、竹、藤、棕制品业等行业的研发投入也提升突出，在此期间分别增长了 29.70 倍、25.80 倍和 20.07 倍。从传统上看，以上这些制造业细分行业显然并不属于高科技产业，之所以出现如此巨大的研发投入增长，一是因为初期的研发资金普遍很低，大多在两三亿元左右；二是因为这些行业的竞争日益激烈，与此同时，消费者的需求变化加快且越发多样化，从而迫使企业加大研发投入，不断推出新产品，以更高质量、更加个性化赢得市场和消费者。2022年冬奥会广受赞誉的智能床就是一个传统产业嫁接最新技术的成功案例，证明了存在消费需求的家具制造业，只要善于和勇于利用最新科技，一定可以做出广受欢迎的高附加值产品，深度诠释了传统产业照样可以引领消费需求，实现高质量发展。

第三，2006~2020 年，烟草制品业、饮料制造业和黑色金属冶炼及压延加工业的研发投入增长位列后三位，分别仅增长了 3.44 倍、3.77 倍和 3.93 倍。这几个行业的市场竞争较为激烈，研发投入提升较慢可能是技术创新遇到了天花板，很难取得突破性进展。

第四，医药制造业，通信设备、计算机及其他电子设备，仪器仪表及文化、办公用机械制造业、电气机械及器材制造业等属于高科技行业。2006~2020 年，医药制造业的研发投入增长最高，达 13.92 倍，通信设备、计算机及其他电子设备制造业最低，仅增长 7.37 倍。

2. 中国制造业的专利申请数量

研发资金投入高低只是实现制造业高质量发展的必要条件之一,最终成效主要依据专利申请和新产品情况,下面给出中国制造业各细分行业的专利申请数量和新产品产值。专利分为发明专利、实用新型专利和外观设计专利,其中发明专利的科技含量最高,真正代表了技术进步,对行业的推动作用最大。

从表 10-2 中可知,总体而言,2011~2019 年中国规模以上制造业发明专利申请数量不断攀升,2011 年为 130898 件,2019 年上升为 379373 件,增长了 1.9 倍。与此同时,笔者发现制造业不同细分行业发明专利申请数量在此期间的增长状况差异较大。在这八年中,烟草制品业,印刷业和记录媒介的复制,文教体育用品制造业,皮革、毛皮、羽毛(绒)及其制品业,纺织服装、鞋、帽制造业和金属制品业的发明专利申请数量增长倍数均超过了 3 倍,分别高达 3.95 倍、3.88 倍、3.70 倍、3.50 倍、3.45 倍和 3.39 倍。与前面的研发投入类似,从传统角度来看,以上这些制造业细分行业显然不属于高科技产业,绝大多数被归入劳动密集型产业,之所以出现如此巨大的发明专利申请数量增长,部分原因可能是初期基数普遍较低,比如皮革、毛皮、羽毛(绒)及其制品业 2011 年的发明专利申请数量仅 214 件。笔者认为,更为重要的原因在于这些行业的竞争日趋激烈,与此同时,消费者的需求变化加快且越发多样化,从而迫使行业加大研发投入,进而形成更多的发明专利申请数量。

表 10-2　制造业发明专利申请数量　　　　　　　单位:件

行业名称	2011 年	2019 年	2011~2019 年增长倍数
制造业	130898	379373	1.90
农副食品加工业	1689	3710	1.20
食品制造业	1512	3647	1.41
饮料制造业	600	1345	1.24
烟草制品业	381	1887	3.95
纺织业	1854	4480	1.42
纺织服装、鞋、帽制造业	345	1536	3.45
皮革、毛皮、羽毛(绒)及其制品业	214	962	3.50
木材加工及木、竹、藤、棕、草制品业	541	1144	1.11
家具制造业	303	1738	4.74

续表

行业名称	2011 年	2019 年	2011~2019 年增长倍数
造纸及纸制品业	619	1880	2.04
印刷业和记录媒介的复制	365	1780	3.88
文教体育用品制造业	555	2611	3.70
石油加工、炼焦及核燃料加工业	632	1187	0.88
化学原料及化学制品制造业	9417	19338	1.05
医药制造业	6968	11883	0.71
化学纤维制造业	560	1095	0.96
橡胶和塑料制品业	2904	8857	2.05
非金属矿物制品业	2715	10147	2.74
黑色金属冶炼及压延加工业	2911	6912	1.37
有色金属冶炼及压延加工业	2456	5239	1.13
金属制品业	2575	11308	3.39
通用设备制造业	8637	28030	2.25
专用设备制造业	10300	31043	2.01
交通运输设备制造业	9267	32673	2.53
电气机械及器材制造业	16667	51867	2.11
通信设备、计算机及其他电子设备制造业	40980	120512	1.94
仪器仪表及文化、办公用机械制造业	4319	11051	1.56
工艺品及其他制造业	612	1511	1.47

资料来源：笔者根据历年《中国统计年鉴》数据计算得到。

令人感到意外的是，医药制造业作为典型的高科技产业，其发明专利申请数量 2011 年为 6968 件，2019 年是 11883 件，八年间仅增长了 0.71 倍，在制造业所有细分行业中表现最差。这一方面表明中国医药制造业在过去相当长的时间里科技进步缓慢，另一方面也意味着该行业在科技创新方面还有很大的提升空间，任重而道远。通信设备、计算机及其他电子设备制造业是另外一个非常典型的高科技行业，其发明专利申请数量在整个制造业中占比最高，2011 年、2019 年的占比分别为 31.31% 和 31.77%。此外，该行业发明专利申请数量增长也较快，2011 年为 40980 件，2019 年是 120512 件，八年间增长了 1.94 倍。

3. 中国制造业的新产品生产状况

制造业高质量发展的关键性指标之一是新产品生产情况。不管是研发资金投入还是专利申请数量，其成效最终表现为是否转化为品种更多、数量更大的新产品。从表10-3中可见，2011～2019年，中国制造业新产品销售收入总体上保持快速增长态势，这八年间增长了1.11倍，接近翻了一番。如果深入制造业内部，可以发现不同细分行业的新产品销售收入增长在此期间存在较大差异。首先，制造业绝大多数细分行业的新产品销售收入增加了，只有烟草制品业和工艺品及其他制造业的新产品销售收入出现减少。其次，2011～2019年，文教体育用品制造业、家具制造业、印刷业和记录媒介的复制、非金属矿物制品业、金属制品业的新产品销售收入提高名列前茅，分别增长了6.78倍、4.01倍、3.33倍、3.25倍和3.04倍。这几个细分行业根本不属于高科技产业，主要原因可能是消费者的需求变化日益多样化，从而迫使企业加大研发、生产更多新产品。

表 10-3 制造业新产品销售收入   单位：万元

行业名称	2011 年	2015 年	2019 年	2011～2019 年增长倍数
制造业	990319022	1493050469	2089074520	1.11
农副食品加工业	14677321	28484303	32030000	1.18
食品制造业	6814431	13345183	18072561	1.65
饮料制造业	7833815	10047569	13727373	0.75
烟草制品业	14928820	16507422	9085920	-0.39
纺织业	32539362	47421038	37490323	0.15
纺织服装、鞋、帽制造业	8075745	18265211	16749369	1.07
皮革、毛皮、羽毛（绒）及其制品业	5078221	9076143	11091906	1.18
木材加工及木、竹、藤、棕、草制品业	2464675	5336649	6798559	1.76
家具制造业	2549037	6017029	12768723	4.01
造纸及纸制品业	10182264	16688027	29512526	1.90
印刷业和记录媒介的复制	2795217	5658319	12103803	3.33
文教体育用品制造业	2079770	11285487	16174316	6.78
石油加工、炼焦及核燃料加工业	11571279	25079049	31879700	1.76
化学原料及化学制品制造业	64328995	107041487	118385427	0.84
医药制造业	23170435	47362675	66734599	1.88
化学纤维制造业	12845566	17137250	28412217	1.21
橡胶和塑料制品业	20177463	29942746	55264639	1.74
非金属矿物制品业	14523912	29010267	61740472	3.25

续表

行业名称	2011 年	2015 年	2019 年	2011~2019 年增长倍数
黑色金属冶炼及压延加工业	68352484	66290940	105635969	0.55
有色金属冶炼及压延加工业	34103901	58170504	79519573	1.33
金属制品业	15547666	35548896	62784691	3.04
通用设备制造业	59293578	80435662	117112624	0.98
专用设备制造业	44792466	60276517	89600083	1.00
交通运输设备制造业	200879221	255612736.4	344315635	0.71
电气机械及器材制造业	109980157	165025929	243040112	1.21
通信设备、计算机及其他电子设备制造业	182267801	306577278	441509516	1.42
仪器仪表及文化、办公用机械制造业	14584253	18734368	23993364	0.65
工艺品及其他制造业	3881170	2671789	3540521.4	-0.09

资料来源：笔者根据历年《中国统计年鉴》数据计算得到。

二、中国制造业的核心零部件和关键设备的国内生产和进口替代

衡量中国制造业高质量发展的重要指标之一是核心零部件和关键设备是否实现国内生产和进口替代，而且质量取得实质性提升。本书通过比较相关产品出口和进口的数量、金额及价格随时间变化情况，获得有关中国制造业高质量发展的判断。

结合表 10-4、表 10-5 和表 10-6，笔者得到以下几个发现：第一，金属加工机床被称为"制造业之母"，一切重要的工业装备和国防武器都离不开各类技术复杂的先进数控机床。2007~2019 年，从数量上看，中国出口远大于进口，例如 2019 年出口金属加工机床 943 万台，而进口量仅 5.54 万台，出口数量比进口数量多 937.46 万台。但是，从进出口金额来看，出口相比进口低 287886 万美元，呈现巨大的贸易逆差，这充分表明了在尖端机床产品上，中国对外国的依赖度很高。下面分析单价数据，中国出口机床的平均价格一般在几百美元左右

（2019 年最高，为 466.22 美元/台），而进口机床的平均价格远高于出口，2007 年为 65665.70 美元/台，2019 年上升为 131323.83 美元/台。进出口机床之间的单价差距如此之大，令人吃惊，这充分反映了中国机床的技术含量和质量相比国外同类产品还非常落后，需要奋起直追。但令人欣慰的是，中国进口机床的数量不断下降，意味着中国自己生产的先进机床的技术和质量在不断提高，进口替代持续增强。

表 10-4　代表性核心零部件和重要设备的出口　　　单位：万美元

零部件和设备	2007 年		2011 年		2015 年		2019 年	
	数量	金额	数量	金额	数量	金额	数量	金额
金属加工机床（万台）	832	165129.2	762	241808	841	316202	943	439648
自动数据处理设备及其部件（万台）	145137	12371465	183427	17628484	171508	15231373	148430	16553105
自动数据处理设备的零件（万吨）	129.8	3229413.6	94	2992993	54	2806509	55	3143536
电动机及发电机（台）	390569	561923.6	337146	879037.7	305499	1057487	264289	1143812
二极管及类似半导体器件（万个）	24121500	882033.2	31223600	3357723.4	72241000	2948416	53491900	3209987

资料来源：笔者根据历年《中国统计年鉴》数据计算得到。

表 10-5　代表性核心零部件和重要设备的进口　　　单位：万美元

零部件和设备	2007 年		2011 年		2015 年		2019 年	
	数量	金额	数量	金额	数量	金额	数量	金额
金属加工机床（万台）	10.77	707219.6	11.52	1324021.5	9.09	861487	5.54	727534
自动数据处理设备及其部件（万台）	48174	2239652.5	72989	3167521.5	72032	2766067	50849	3245701.3
自动数据处理设备的零件（万吨）	18.85	1683933.3	16.71	1670557.4	9.83	1595788	7.58	1917054.6

续表

零部件和设备	2007 年		2011 年		2015 年		2019 年	
	数量	金额	数量	金额	数量	金额	数量	金额
电动机及发电机（台）	187834	289998.6	220535	453332.2	149251	404820.2	97379	371861.5
二极管及类似半导体器件（万个）	26779300	1172090.4	31777700	1741889	51233699	2214928	47889700	1951524.9

资料来源：笔者根据历年《中国统计年鉴》数据计算得到。

表 10-6　代表性核心零部件和重要设备的单价

零部件和设备	2007 年		2011 年		2015 年		2019 年	
	出口	进口	出口	进口	出口	进口	出口	进口
金属加工机床（美元/台）	198.47	65665.70	317.33	114932.42	375.98	94773.05	466.22	131323.83
自动数据处理设备及其部件（美元/台）	85.24	46.49	96.11	43.40	88.81	38.40	111.52	63.83
自动数据处理设备的零件（美元/吨）	24879.92	89333.33	31840.35	99973.51	51972.39	162338.53	57155.20	252909.58
电动机及发电机（美元/台）	14400	15400	26100	20600	34600	27100	43300	38200
二极管及类似半导体器件（美元/个）	0.04	0.04	0.11	0.05	0.04	0.04	0.06	0.04

资料来源：笔者根据历年《中国统计年鉴》数据计算得到。

第二，无论是数量还是金额，自动数据处理设备及其部件的出口都大于进口，表现为贸易顺差，中国似乎在这类产品上具有较强的国际竞争力。再结合单价分析，可以看到出口单价普遍大于进口单价，似乎证实了中国竞争力的强大。但是，通过进一步拆分自动数据处理设备及其部件，笔者发现中国主要是利用劳动力将存储部件、中央处理部件和其他零件组装成笔记本电脑和平板电脑等自动数据处理设备，然后大量出口，结果当然是出口价格普遍高于进口价格。

第三，对于自动数据处理设备的零件而言，无论是从数量看还是基于金额，其出口都远大于进口，似乎具有较强的国际竞争力。但结合单价分析，笔者发现零件的出口价格远低于进口价格，比如 2019 年出口单价为 57155.20 美元/吨，而进口单价为 252909.58 美元/吨，前者比后者低 195754.38 美元/吨。因此，中国制造的自动数据处理设备零件的科技含量和质量显然逊色于外国同类产品，之所以有贸易顺差，很大程度上源于低价格带来的竞争优势。

第四，自 2007 年以来，无论是贸易数量还是贸易金额，电动机及发电机的出口始终大于进口，呈持续的贸易顺差状态，表现出较强的国际竞争力。特别值得注意的是，2007~2019 年，电动机及发电机的贸易顺差额不断快速增加，2007 年为 271925 万美元，2019 年增至 771950.5 万美元，2019 年相比 2007 年提高了 500025.5 万美元。从单价来看，2007 年的出口价格和进口价格分别是 14400 美元/台、15400 美元/台，出口价格比进口价格低 1000 美元。但 2011 年、2015 年和 2019 年，出口价格全都大于进口价格，差额分别高达 5500 美元、7500 美元和 5100 美元。综合来看，2007~2019 年，中国电动机及发电机的质量和附加值确实提高了，意味着中国企业在这类产品上加大了研发力度，最终成功地提高了竞争力。

第五，2007 年，无论是数量还是金额，二极管及类似半导体器件都是贸易逆差。2011 年，在数量上呈贸易逆差，金额上则为贸易顺差。自 2015 年以来，无论是从数量看还是基于金额，二极管及类似半导体器件的出口都高于进口，表现为贸易顺差，2019 年的贸易顺差比 2015 年增加了 524974.1 万美元。更重要的是，该类产品的出口价格比进口价格略高一点，显示了较强的国际竞争力。

三、中国制造业的利润额和利润率

经济学课本往往假设企业以利润最大化为目标，这个假设尽管不完全符合现实，但从长远来看，很难想象一个无法获取利润的企业能生存下去。制造业相比服务业而言，资本更为密集、投资周期更长、技术迭代更快，这就要求制造企业必须赚取足够的利润才能实现持续且高质量发展，与此同时，高质量发展又是获取更多利润的必要条件。那么，究竟中国制造业的利润获取情况如何呢？

如表 10-7 中数据所示，2007~2019 年，全部规模以上制造企业的利润额增长了 1.8 倍，但分时间段看，2016~2019 年利润额却锐减了 10093.01 亿元。进一步分析各个细分制造行业，笔者发现利润增长差异较大。首先，从利润额绝对值来看，2007~2019 年，除了工艺品及其他制造业减少外，其余细分行业的利润额全都实现增长。但分时间段看，2016~2019 年，除了饮料制造业，医药制造业，非金属矿物制品业，黑色金属冶炼及压延加工业，专用设备制造业，通信设备、计算机及其他电子设备制造业六个细分行业利润额增长外，其余全都锐减。

其次，从利润额增长倍数来看，2007~2019 年，文教体育用品制造业位居第一，增长了 9.37 倍，石油加工、炼焦及核燃料加工业，医药制造业，饮料制造业，非金属矿物制品业，食品制造业，家具制造业的利润增长倍数也较高，分别是 4.81 倍、4.48 倍、4.13 倍、3.71 倍、3.54 倍和 3.48 倍。

表 10-7　中国制造业的利润额　　　　　　　单位：亿元

行业名称	2007 年	2010 年	2013 年	2016 年	2019 年	2007~2019 年增长倍数
制造业	19597.97	42435.57	50527.35	65053.43	54960.42	1.80
农副食品加工业	893.58	2343.61	3105.32	3623.58	2052.0	1.30
食品制造业	394.22	1015.45	1550.04	2083.43	1789.1	3.54
饮料制造业	445.43	991.33	1653.56	1908.52	2286.7	4.13
烟草制品业	608.35	734.00	1222.07	1038.05	933.1	0.53
纺织业	765.87	1697.91	2022.71	2285.63	1132.5	0.48
纺织服装、鞋、帽制造业	357.13	851.91	1141.09	1428.29	877.6	1.46
皮革、毛皮、羽毛（绒）及其制品业	255.56	611.45	818.67	988.07	800.7	2.13
木材加工及木、竹、藤、棕、草制品业	192.96	515.27	810.74	905.18	427.1	1.21
家具制造业	108.96	281.57	403.88	574.39	488.4	3.48
造纸及纸制品业	381.23	727.08	749.61	866.87	732.3	0.92
印刷业和记录媒介的复制	155.88	309.20	420.08	575.22	469.0	2.01
文教体育用品制造业	73.32	165.71	631.20	1018.76	760.2	9.37
石油加工、炼焦及核燃料加工业	216.25	1221.11	482.09	1884.97	1255.6	4.81
化学原料及化学制品制造业	1834.34	3638.41	4113.28	5180.30	3797.5	1.07
医药制造业	581.28	1331.09	2071.67	3114.99	3184.2	4.48
化学纤维制造业	161.02	359.31	259.78	388.75	362.6	1.25
橡胶和塑料制品业	580.29	1328.3	1716.27	2080.81	1421.9	1.45

续表

行业名称	2007 年	2010 年	2013 年	2016 年	2019 年	2007~2019 年增长倍数
非金属矿物制品业	1037.19	2858.59	3756.83	4243.65	4887.8	3.71
黑色金属冶炼及压延加工业	2087.48	2149.03	1695.04	1773.76	2852.4	0.37
有色金属冶炼及压延加工业	1177.00	1620.62	1445.44	1991.69	1581.0	0.34
金属制品业	532.60	1364.73	1878.31	2392.88	1786.0	2.35
通用设备制造业	1172.25	2710.67	2867.05	3178.66	2649.0	1.26
专用设备制造业	774.58	1855.05	2147.28	2280.04	2323.7	2.00
交通运输设备制造业	1685.08	4856.4	6033.4	8029.47	5891.59	2.50
电气机械及器材制造业	1233.35	3116.20	3451.73	5150.27	3943.4	2.20
通信设备、计算机及其他电子设备制造业	1445.89	2873.03	3308.25	5070.17	5373.6	2.72
仪器仪表及文化、办公用机械制造业	278.66	538.01	647.16	820.70	754.8	1.71
工艺品及其他制造业	168.22	370.53	124.80	176.33	146.5	-0.13

资料来源：笔者根据历年《中国统计年鉴》数据计算得到。

在以上那些利润高增长制造业细分行业中，除了医药制造业属于高科技以外，其余大多是传统的劳动密集型行业，少数属于高耗能、高污染和资源密集型产业。而真正意义上的高科技行业，如通信设备、计算机及其他电子设备制造业，仪器仪表及文化、办公用机械制造业，电气机械及器材制造业等的利润增长倍数却相对较低。由此可见，中国在发展制造业过程中，不能轻视传统劳动密集型产业，这些产业通过现代科技赋能，加之消费者持续的日常需求，其实还有很大的成长空间。与此同时，一般意义上的高科技制造行业由于竞争极其激烈，反而限制了未来的成长空间。另外，少数高耗能、高污染和资源密集型产业的高利润意味着中国目前还无法摆脱世界工厂地位。从长远来看，为了实现碳达峰、碳中和目标，未来这类产业的发展空间会被大幅压缩。

中国制造业的利润率情况又如何呢？从表 10-8 中可以发现，2007~2019 年，中国制造业总体上利润率变化不大，没有明显趋势，较为稳定，平均为 6.08%。从细分行业来看，不同行业之间的利润率差距较大，食品制造业、饮料制造业和仪器仪表及文化、办公用机械制造业等少数几个行业的利润率呈明显上升趋势，而烟草制品业和有色金属冶炼及压延加工业的利润率则持续下降。另外，烟草制

品业、饮料制造业和医药制造业的平均利润率名列前三，分别是 12.88%、
11.17% 和 11.17%，远大于其他细分行业。石油加工、炼焦及核燃料加工业和黑
色金属冶炼及压延加工业的平均利润率较低，分别是 2.92% 和 3.81%，这两个行
业的利润率如此之低仍能生存，主要因为以国有企业为主。而一般被划入高科技
行业的通信设备、计算机及其他电子设备制造业的平均利润率较低，仅为
4.62%，甚至不如纺织业和纺织服装、鞋、帽制造业（分别是 5.21% 和 5.91%），
这充分表明中国在这个行业没有掌握高技术、高附加值生产环节，总体上处于加
工组装地位。

表 10-8　中国制造业的营业利润率　　　　　　　　　　单位：%

行业名称	2007 年	2010 年	2013 年	2016 年	2019 年	2007~2019 年均值
制造业	5.64	7.03	5.63	6.24	5.86	6.08
农副食品加工业	5.22	6.76	5.22	5.26	4.33	5.36
食品制造业	6.74	9.12	8.53	8.70	9.17	8.45
饮料制造业	8.92	10.82	10.89	10.30	14.91	11.17
烟草制品业	16.28	13.04	14.74	11.95	8.38	12.88
纺织业	4.22	6.04	5.59	5.60	4.59	5.21
纺织服装、鞋、帽制造业	4.87	7.11	5.93	6.02	5.62	5.91
皮革、毛皮、羽毛（绒）及其制品业	5.14	7.90	6.55	6.52	6.75	6.57
木材加工及木、竹、藤、棕、草制品业	5.72	7.19	6.74	6.12	4.81	6.12
家具制造业	4.62	6.54	6.25	6.54	6.65	6.12
造纸及纸制品业	6.20	7.13	5.56	5.93	5.49	6.06
印刷业和记录媒介的复制	7.64	8.92	7.94	7.14	6.90	7.71
文教体育用品制造业	3.61	5.41	5.24	6.00	5.88	5.23
石油加工、炼焦及核燃料加工业	1.20	4.17	1.19	5.46	2.58	2.92
化学原料及化学制品制造业	6.93	7.67	5.39	5.93	5.73	6.33
医药制造业	9.74	11.66	10.06	11.04	13.33	11.17
化学纤维制造业	4.04	7.16	3.57	5.00	3.95	4.74
橡胶和塑料制品业	5.15	6.85	6.28	6.41	5.54	6.05
非金属矿物制品业	6.92	9.14	7.33	6.84	8.69	7.78
黑色金属冶炼及压延加工业	5.98	3.94	2.22	2.86	4.05	3.81
有色金属冶炼及压延加工业	6.57	5.55	3.11	3.73	2.93	4.38

行业名称	2007年	2010年	2013年	2016年	2019年	2007~2019年均值
金属制品业	4.80	6.95	5.72	5.99	4.89	5.67
通用设备制造业	6.57	7.88	6.70	6.59	6.70	6.89
专用设备制造业	7.55	8.70	6.70	6.09	7.69	7.35
汽车制造业	—	—	8.44	8.43	6.34	7.73
交通运输设备制造业	6.33	8.82	5.59	6.08	5.36	6.44
电气机械及器材制造业	5.31	7.39	5.66	6.99	6.07	6.29
通信设备、计算机及其他电子设备制造业	3.71	5.21	4.28	5.09	4.80	4.62
仪器仪表及文化、办公用机械制造业	6.63	8.51	8.42	8.61	9.91	8.41
工艺品及其他制造业	5.10	6.50	5.41	6.31	6.44	5.95

资料来源：笔者根据历年《中国统计年鉴》数据计算得到。

四、中国制造业的能源消耗和污染排放

中国制造业高质量发展的内涵之一是竭力推进制造业技术升级和改造，大力发展绿色制造。重点是围绕制造业细分行业中的高耗能、高排放和高污染产业，开展绿色低碳技术应用和产品研发，实施工业能效、水效提升计划，坚决遏制"两高一资"类项目的盲目扩张。那么政策效果究竟如何呢？

1. 能源降耗效果良好

从表10-9中可知，2005~2019年，中国制造业总体上每亿元营业收入对应的能源消耗呈下降趋势，该指标从2005年的0.597万吨标准煤炭/亿元持续减小至2017年的0.241万吨标准煤炭/亿元，2019年有所反弹，为0.285万吨标准煤炭/亿元，14年间下降了一半多，表明中国制造业在降低能耗方面的努力取得了实实在在的成果。深入制造业内部，还可以发现不同细分行业的能耗减小幅度存在较大差距。

表 10-9　制造业单位营业收入的能源消耗

单位：万吨标准煤炭/亿元

行业名称 ＼ 年份	2005	2007	2009	2011	2013	2015	2017	2019
制造业	0.597	0.449	0.383	0.275	0.265	0.247	0.241	0.285
农副食品加工业	0.196	0.136	0.101	0.061	0.066	0.064	0.068	0.087
食品制造业	0.319	0.226	0.176	0.109	0.104	0.082	0.090	0.105
酒、饮料和精制茶制造业	0.288	0.196	0.160	0.102	0.106	0.085	0.083	0.084
烟草制品业	0.083	0.062	0.048	0.041	0.031	0.025	0.022	0.017
纺织业	0.402	0.342	0.278	0.194	0.204	0.178	0.207	0.300
纺织服装、服饰业	0.114	0.092	0.070	0.057	0.050	0.041	0.042	0.058
皮革、毛皮、羽毛及其制品和制鞋业	0.094	0.076	0.062	0.042	0.052	0.043	0.040	0.045
木材加工和木、竹、藤、棕、草制品业	0.395	0.246	0.187	0.125	0.127	0.095	0.083	0.117
家具制造业	0.093	0.063	0.055	0.041	0.038	0.048	0.040	0.052
造纸和纸制品业	0.812	0.543	0.513	0.337	0.308	0.289	0.290	0.288
印刷和记录媒介复制业	0.198	0.159	0.124	0.103	0.085	0.063	0.061	0.075
文教、工美、体育和娱乐用品制造业	0.136	0.102	0.083	0.074	0.031	0.025	0.027	0.038
石油、煤炭及其他燃料加工业	0.988	0.734	0.721	0.458	0.473	0.670	0.604	0.670
化学原料和化学制品制造业	1.392	1.029	0.797	0.578	0.578	0.586	0.599	0.804
医药制造业	0.279	0.198	0.149	0.105	0.106	0.087	0.082	0.091
化学纤维制造业	0.523	0.390	0.378	0.230	0.262	0.264	0.275	0.263
橡胶和塑料制品业	0.503	0.372	0.290	0.209	0.159	0.142	0.156	0.190
非金属矿物制品业	0.293	0.206	0.179	0.132	0.713	0.586	0.555	0.593
黑色金属冶炼和压延加工业	2.131	1.358	1.116	0.764	0.902	1.015	0.944	0.929
有色金属冶炼和压延加工业	1.667	1.368	1.285	0.894	0.357	0.403	0.410	0.453
金属制品业	0.916	0.596	0.543	0.379	0.143	0.124	0.143	0.179
通用设备制造业	0.347	0.255	0.196	0.154	0.083	0.075	0.080	0.092
专用设备制造业	0.194	0.145	0.112	0.095	0.060	0.051	0.047	0.062
汽车制造业	0.209	0.140	0.101	0.072	0.051	0.045	0.040	0.046
铁路、船舶、航空航天及其他运输设备	0.125	0.089	0.074	0.063	0.063	0.046	0.059	0.058

年份 行业名称	2005	2007	2009	2011	2013	2015	2017	2019
电气机械和器材制造业	0.089	0.066	0.057	0.045	0.043	0.037	0.036	0.044
计算机、通信和其他电子设备制造业	0.055	0.051	0.050	0.041	0.036	0.034	0.034	0.045
仪器仪表制造业	0.071	0.062	0.059	0.043	0.043	0.036	0.031	0.033
其他制造业	0.650	0.390	0.321	0.228	0.692	0.602	0.638	0.790
废弃资源综合利用业	0.121	0.072	0.042	0.034	0.051	0.050	0.057	0.127

资料来源：笔者根据历年《中国统计年鉴》数据计算得到。

首先，重点分析黑色金属冶炼和压延加工业，有色金属冶炼和压延加工业，化学原料和化学制品制造业，石油、煤炭及其他燃料加工业，金属制品业及造纸和纸制品业等能耗大户细分行业。黑色金属冶炼和压延加工业、有色金属冶炼和压延加工业是制造业中能耗最大的两个行业，2015~2019 年，单位营业收入能耗均分别从 2.131 万吨标准煤炭/亿元和 1.667 万吨标准煤炭/亿元下跌为 0.929 万吨标准煤炭/亿元和 0.453 万吨标准煤炭/亿元，分别降低了 56.41% 和 72.83%，前者的能源降耗效果显然好于后者。化学原料和化学制品制造业，石油、煤炭及其他燃料加工业、金属制品业及造纸和纸制品业的单位营业收入能耗分别降低了 42.24%、32.19%、80.46% 和 64.53%，金属制品业的降耗效果最佳，石油、煤炭及其他燃料加工业的能耗降低效果最差。

其次，特别需要注意的是非金属矿物制品业，该行业的能源消耗不降反增，从 2005 年的 0.293 万吨标准煤炭/亿元上升为 2019 年的 0.593 万吨标准煤炭/亿元，增长了 102.52%。按不同时间段分析，2005~2011 年能耗呈下降趋势，之后则反向上升。非金属矿物制品业主要包括水泥、玻璃、陶瓷和砖瓦等建筑家装类产品，这些产品往往和房地产行业的发展状况紧密相关。自 2013 年以来，随着房地产业的快速发展，非金属矿物制品业也随之野蛮生长，各地发展了许多新项目，原有设备也加大产能，与此同时，节能技术没有跟上，导致能耗快速提高。

最后，2005~2019 年，计算机、通信及其他电子设备制造业和纺织业的能源消耗下降最小，单位营业收入能耗分别从 0.055 万吨标准煤炭/亿元和 0.402 万吨标准煤炭/亿元下跌为 0.045 万吨标准煤炭/亿元和 0.300 万吨标准煤炭/亿元，分别降低了 18.17% 和 25.45%。考虑到这两个行业，特别是计算机、通信及其他电子设备制造业的能耗基数本来就较小，取得如此幅度的降幅实属不易。

2. 污染状况明显好转

在能耗降低的同时，中国制造业的排污状况是否也明显好转呢？一般而言，污染状况可从废水排放、废气排放和固体废弃物排放三个方面加以衡量，考虑到可获数据的连续性，本书主要集中于废气排放中的二氧化硫（SO_2）。

从表 10-10 中可以得出以下几个结论：第一，2005~2012 年，中国制造业对环境的污染显著加重，7 年间二氧化硫排放量增长了 28.23%，绝大多数细分行业的二氧化硫排放量也出现了大幅增长。第二，2019 年相比 2012 年，尽管中国制造业的产值实现了快速增长，但对环境的污染却明显减轻，这 7 年间二氧化硫排放量下降了 69.15%，除了电气机械和器材制造业以及废弃资源综合利用业，其余制造业细分行业的二氧化硫排放量均出现了大幅下降。第三，非金属矿物制品业，黑色金属冶炼和压延加工业，有色金属冶炼和压延加工业，化学原料和化学制品制造业，石油、煤炭及其他燃料加工业是制造业中主要的二氧化硫排放行业，尤其是非金属矿物制品业、黑色金属冶炼和压延加工业，这两个行业占了整个制造业近一半的排放量。第四，仪器仪表制造业的降幅惊人，从 2005 年的 13000 吨下降到 2019 年的仅 8 吨。黑色金属冶炼和压延加工业也取得了非凡的巨大进步，2012 年二氧化硫排放量高达 2406154 吨，2019 年降至 641515 吨，下降了 73.34%。由此可见，该行业在环境保护方面确实是下了真功夫。

表 10-10　中国制造业二氧化硫排放　　　　　　　　单位：吨

行业名称＼年份	2005	2012	2019
制造业	7432800	9531396	2940575
农副食品加工业	156100	237768	47382
食品制造业	93500	147116	30802
酒、饮料和精制茶制造业	106600	128577	13830
烟草制品业	12900	11003	2853
纺织业	296200	269806	18069
纺织服装、服饰业	15300	16685	839
皮革、毛皮、羽毛及其制品和制鞋业	21200	26680	3103
木材加工和木、竹、藤、棕、草制品业	47900	42637	30984

续表

行业名称 ＼ 年份	2005	2012	2019
家具制造业	3600	3130	2085
造纸和纸制品业	431300	496904	34536
印刷和记录媒介复制业	2500	4704	510
文教、工美、体育和娱乐用品制造业	2700	2117	911
石油、煤炭及其他燃料加工业	708500	802051	144085
化学原料和化学制品制造业	1167600	1261534	300684
医药制造业	64200	107604	10415
化学纤维制造业	115200	101466	12577
橡胶和塑料制品业	57300	88142	16149
非金属矿物制品业	1783600	1997859	1037198
黑色金属冶炼和压延加工业	1422400	2406154	641515
有色金属冶炼和压延加工业	707000	1144323	531237
金属制品业	25500	76031	18736
通用设备制造业	55400	22813	3279
专用设备制造业	32800	19467	2780
铁路、船舶、航空航天和其他运输设备制造业	41000	31061	5936
电气机械和器材制造业	27200	10764	20030
计算机、通信和其他电子设备制造业	17000	7509	3396
仪器仪表制造业	13000	980	8
其他制造业	4900	62202	186
废弃资源综合利用业	400	4309	6460

资料来源：笔者根据历年《中国环境统计年鉴》数据计算得到。

第十一章 主要结论及政策建议

本书尝试从多个视角探讨了中国制造业比重下降问题，下面将总结本书的一些主要结论，并在此基础上提出有关政策建议。

一、主要结论

（1）全球制造业实际产出规模在全球总产出中的比重一直保持基本稳定，变动范围较小，表明全球居民对于制造业产品的需求长期保持基本稳定，没有明显的大起大落。另外，这也表明按现价计算的全球制造业增加值比重在1970~2003年出现显著下降的原因在于制造业产品的价格相对于其他产品和服务的价格不断下降，背后的决定因素很可能是制造业产品的生产率相对于其他产品和服务提升更快。制造业比重下降是有规律的，但是这种规律具有异质性，也就是说对于数量相对较少的国家（一般是发达国家）存在人均收入较高时才会出现制造业比重下降，而对于数量众多的发展中国家则存在人均收入较低时就会出现制造业比重下降的局面。

（2）无论是从增加值，还是从就业来看，近年来中国制造业比重下降都是个不争的事实。中国制造业总体上比重下跌，主要与纺织业，纺织服装、服饰业，木材加工和木、竹、藤制品业，化学原料和化学制品制造业，黑色金属冶炼和压延加工业等行业生产相对衰退有关。医药制造业，化学纤维制造业，有色金属冶炼和压延加工业，汽车制造业，电气机械和器材制造业，计算机、通信和其他电子设备等行业的相对进步则缓解了制造业总体比重下滑趋势。2013~2018

年，23 个省份的制造业就业人数全都出现绝对下跌，其中山东、江苏和辽宁的就业衰减最为严重，这三个省的制造业可能出现较大问题。

（3）随着中国居民收入水平提高，对于制造业产品的需求收入弹性日趋减弱，很多制造业产品面临消费饱和的严峻危机。对于绝大多数耐用消费品，收入等级越低的居民家庭其需求收入弹性越大，而收入等级越高的居民家庭其需求收入弹性越小。中国要想保持制造业比重基本稳定，必须重视居民收入差距过大问题。鲍莫尔关于服务业生产率增长低于制造业的论断在中国总体上是成立的。中国制造业生产率远高于大多数细分服务行业生产率，但其平均劳动报酬却低于大多数细分服务行业的平均劳动报酬，这与鲍莫尔的理论预测不符。

（4）不管是最低工资还是制造业月均工资，中国不仅在绝对数上远高于越南，而且相对于越南增速更快，因此中越两国之间的劳动力成本差异呈扩大趋势。尽管中国用地价格从总体上看涨势惊人，但工业用地价格上涨还是较为温和，因此地价巨幅上涨对制造业的影响主要通过住房价格快速大幅上涨，倒逼厂商给员工涨工资，最终加大企业生产成本。2012 年之后，中国工业污染治理的投资费用明显大幅提高，制造业厂商几乎承担了全部工业污染治理投资所需资金，企业自筹资金中来自银行贷款的部分仅为 7.9%，几乎全部占用企业的自有资金。

（5）2007~2013 年，中国制造业的资本回报率总体呈先升后降，2007~2010 年是上涨，之后表现为下滑趋势，2013 年以后则呈快速下跌态势。资本回报率下降可能是解释 2013 年以来中国制造业比重持续下降的有力因素。1999~2010 年，中国规模以上工业的利润增速与营业收入增速之比值平均为 1.59，表明在这段时期内，中国工业处于报酬递增，实现了较好的速度效益型增长。2012 年以后，中国工业明显陷入报酬递减，2012~2020 年利润增速与营业收入增速之比的平均值仅为 0.41。中国制造业比重下降是一个客观过程，要想缓解下跌趋势，必须千方百计提高企业研发创新能力，使之成为促进制造业高质量增长的第一动力。

（6）2010~2019 年，中国信贷资金过度流入房地产和基础设施领域，制造业获得的贷款资金无论是从绝对倍数还是相对比重来看都处于逐年下降的状态。这样持续下去显然不利于制造业发展，其比重可能还会继续下滑。2005 年以后，中国金融化明显增强，金融部门获取的利润快速增长，而工业部门获得的利润却相对下降。由于金融部门的利润最终来自实体经济部门，金融业利润的快速增长对于工业部门而言则是成本快速提高。工业部门的经济效益相比金融部门越来越差，必将导致更多资源逃离实体经济，转向虚拟经济。中国实体企业金融化总体上对生产投资及企业主业带来了显著的消极影响，不利于制造业长远发展，最终可能导致其比重下降。

（7）中国主要参与日本、韩国、东南亚、美国和欧盟形成的全球产业链。2008年金融危机以后，伴随中国劳动成本快速提高，日本跨国公司相对减少了在中国的投资，同时增加了在其他亚洲国家的产能。全球产业链出现重构趋势，外资企业持续提升在亚洲其他地区的制造业产能，相对缩减在中国的生产规模。中美贸易摩擦产生以后，全球产业链重构加速进行，最有力的证据就是日本跨国公司在亚洲10国的生产及销售明显超过中国，表明外资企业将部分制造业产能从中国迁移到了亚洲10国。全球产业链重构在新冠肺炎疫情防控期间出现暂时逆转，最有力的证据就是日本跨国公司在中国的生产及销售明显超过亚洲10国，表明外资企业增强了在中国的制造业产能。随着疫情逐步走向尾声，外资企业又重新开始将劳动密集型制造业产能迁离中国，转向越南等东南亚国家。

（8）中国制造业比重达到峰值时所对应的人均GDP水平与其他许多发展中国家较为接近。鉴于几乎所有发展中国家的制造业比重达到峰值时所对应的人均国内生产总值都偏低，远小于发达国家达到制造业比重峰值时所对应的人均GDP水平。因此，发展中国家制造业比重开始下降的时间可能不是"过早"而是"正常"。这里的"正常"是指在当时的各种约束条件下，必然导致该结果的出现。要想实现制造业比重峰值与对应的人均GDP水平同时大幅提高，只能打破或改变其面临的约束条件。

（9）2011~2019年，中国规模以上制造业发明专利申请数量不断攀升，诸多劳动密集型产业的发明专利申请数量增速很快，甚至超过了一些所谓高科技行业。部分原因是初期基数普遍较低，更为重要的原因在于这些行业的竞争日益激烈，与此同时，消费者的需求变化加快且越发多样化，从而迫使企业加大研发投入，进而形成更多的发明专利申请数量。中国在发展制造业过程中，不能轻视传统的劳动密集型产业，这些产业通过现代科技赋能，数字化转型升级，加之消费者持续的日常需求，还有很大的成长空间。与此同时，一般意义上的高科技制造行业由于竞争极其激烈，反而限制了未来的成长空间。

（10）需要指出的是，导致制造业比重下降的原因极其复杂，除了本书给出的诸多因素以外，制造业服务化也常被提及。随着产业分工水平不断提高，制造业中的非制造环节不断分离出来，形成了服务性产业，导致制造业占整个经济的比重出现结构性下降。以集成电路为例，该产业发展初期包括设计、制造、检测、封装，这四个环节是紧密结合在一起的，统计时都归入制造业。随着技术发展，这四个环节独立成为四个产业，其中设计和检测成了服务性产业，这样真正列入制造业统计范围内的只剩下制造和封装。本书没有对制造业服务化展开深入分析，期待今后开展专门研究。

二、政策建议

（1）随着中国居民收入水平的不断提高，对制造业产品的需求收入弹性日趋减弱，很多制造业产品面临消费饱和的严峻危机。因此，中国制造业比重下降在很大程度上是需求萎缩的结果。普通规模化生产的制成品今后面临的消费需求还会继续缩减，制造业厂商需要把全部资源投入到研发创新活动中，依靠高质量、个性化的特色产品吸引消费者。另外，制造业厂商需要加快产品迭代，赶在消费饱和之前不断推出新品，这就要求制造业厂商必须时刻紧跟、预判消费潮流，甚至通过颠覆性创新引领需求。

（2）着力降低制造业各种成本负担。中国人口年龄结构的重大变化将导致劳动力短缺和劳动力成本上涨成为常态，这将给制造业尤其是劳动密集型制造业带来巨大的生存压力。因此，应努力防止劳动力成本过快、过多上升，这就需要从源头上控制居民各种生活成本的上涨速度和幅度，特别是住房价格、教育支出和医疗费用等。根据笔者的研究，政府在工业用地的价格设定上还是非常理智的，较为严格地控制工业地价的上涨速度，尽量不要损害本地制造业竞争力。土地价格巨幅上涨对制造业的影响主要是通过住房价格快速大幅提高，倒逼厂商给员工涨工资，最终增加企业生产成本。各级政府需要痛下决心，真正贯彻执行"房住不炒"，稳定住房价格。

教育支出和医疗费用属于服务业价格，从笔者的研究来看，虽然制造业生产率远高于大多数细分服务行业生产率，但其平均劳动报酬却低于大多数细分服务行业的平均劳动报酬。换句话说，医疗和教育的成本相对制造业过高进而导致其最终价格偏高，主要原因是医疗、教育等服务业仍然存在较大的进入壁垒，政府在这些服务行业设置了各种门槛和管制，缺乏市场竞争。解决思路还是需要政府减少干预，通过制定相关法律并严格执法保证服务质量。鉴于 2012 年以后，中国工业特别是制造业明显落入报酬递减过程，制造业厂商要千方百计提高企业的研发创新能力和生产效率，降低或减缓中国制造业的单位劳动力成本，企业需要大量采用机器人，提高生产的自动化水平。

（3）金融是经济的核心，更是推动制造业持续高质量发展的关键要素。目前，中国制造业除了面临金融化带来的严峻问题，还要面对诸如所有制偏好、政府干预等带来的金融支持错位问题。笔者认为，不管是经济金融化还是金融供给失衡或金融支持错位，本质上都是因为绝大多数制造行业的资金回报率下降，导致信贷资金不愿流入制造业，特别是风险更大的中小微制造业厂商。因此，解决资金困境的关键是如何提高制造业的投资回报率，唯一可行的路径是激励广大制造业厂商加大研发、创新和新品开发，只有高质量、高附加值、高性价比产品才能获得较高利润率。但是这一切又都亟须大量资金（尤其是长期资金）的支持，笔者建议改革目前主要基于实物资产的抵押贷款制度和不良信贷资产评估规则，重新设计一套包含专利、商标、品牌、关键技术等无形资产评估和抵押在内的新抵押贷款规则。另外，为了解决高风险贷款问题，应鼓励广大中小银行更多地以银团贷款方式支持"专精特新"中小制造业厂商，尽可能分散风险。进一步充实并发挥国家融资担保基金和国家中小企业发展基金的引领作用，力争吸引更多社会资金帮助种子期和初创期的中小企业尽快成长壮大。

（4）通过对外直接投资主动参与全球产业链重构。不管出于何种原因，全球产业链重构已是客观事实且在持续进行之中。正所谓进攻是最好的防守，中国应寻找机遇主动参与重构，其中一个重要路径是积极开展对外直接投资。本书前文已指出，中国通过对外直接投资参与全球产业链的区域主要集中在地理位置最近的亚洲地区，近年来占比高达 70% 左右，特别聚集于东南亚。由于东南亚不是科技发达地区，这也意味着中国加大投资该地区并不能解决面临的高端零部件和半成品"断链"或"中断"问题。因此，中国应该鼓励企业将部分直接投资转向欧盟、韩国、日本和美国等发达国家或地区，从而有助于中国制造业厂商获得多元化的高科技零部件和中间品供应途径，避免断链或梗阻的集中发生。另外，鉴于跨国公司主导的产业链日益区域化，中国制造企业可采取"追随战术"，紧跟跨国公司投资建厂的脚步，努力成为跨国公司的配套供应商和外包伙伴。

（5）自力更生尽力解决产业链上的"痛点"和"断点"。中国经济运行的最大隐患在于随着产业链上一些关键节点的转移或受限，将使中国某些制造业细分行业生产出现暂停的风险。这些产业链上的关键节点一般都是科技含量较高，制造工艺较为复杂，具有重大战略价值，同时也是美国等发达国家极力保持对华领先的关键领域，如极紫外线光刻机、高端芯片、航空发动机、高精密数控机床和新型材料等。因此，很难通过进口或外商投资等外部力量获得，只有依靠中国内部力量，自力更生、艰苦奋斗逐步解决。政府部门要在产业政策、金融政策和财税政策方面创造条件，为技术攻关塑造一个良好的外部环境和较为宽松的条件。就财税政策而言，核心是加大补贴和减免税费力度。此外，中央和地方各级政府每年发行一定规模的专项国债或地方债券，该资金只能用于支持解决产业链"痛点"和"断点"的"专精特新"类高科技企业。众所周知，企业从事科技创新不确定性较大，面临较高风险，如果又没有实物资产充当抵押品，商业银行一般不愿提供中长期贷款，这种情况下企业主要依靠风险投资，而要想吸引更多的风险投资资金，必须使其容易通过公开上市（IPO）实现退出。政府金融管理部门应该让那些解决产业链"痛点"和"断点"的未上市企业可以优先上市发行股票，已上市企业优先增发股票。

（6）中国制造业增加值比重持续下降是需求饱和、成本上升、投资回报率下降、经济金融化、金融支持错配、全球产业链重构等诸多因素共同作用的结果。虽然可以针对每一项影响因素提出相应的解决措施，但这些措施很难形成一个内在一致、方向明确的合力。制造业数字化转型在一定程度上可以同时解决或缓解影响制造业持续高质量发展的诸多不利因素，进而实现制造业比重保持基本稳定的目标。一方面，制造业数字化转型升级可以改善客户体验，增强决策能力，快速适应客户需求和市场变化，完善竞争优势，最终提升消费者需求和投资需求。另一方面，制造业数字化转型升级可以显著提高产品的科技含量、质量和品种数量，降低生产成本。这样一来，需求和供给相互促进，形成良性循环，共同推动中国制造业继续适度增长，保持其增加值比重基本稳定。因此，中国制造业厂商（特别是中小型）应该克服各种困难，在政府的支持下千方百计地完成数字化转型升级，这将决定单个企业和整个制造业能否实现持续高质量发展。

参考文献

［1］蔡昉．生产率、新动能与制造业——中国经济如何提高资源重新配置效率［J］．中国工业经济，2021（5）．

［2］程晓农，仲大军．中国为何出现去工业化的现象［J］．山东经济战略研究，2005（1）．

［3］杜传忠．十四五时期我国制造业比重的合理区间探析［J］．人民论坛，2021（9）．

［4］埃蒙·芬格尔顿．美国为什么需要制造业复兴［EB/OL］．https：//www.hbrchina.org，2014-09-19．

［5］郭宏，伦蕊．新冠肺炎疫情下全球产业链重构趋势及中国应对［J］．中州学刊，2021（1）．

［6］郭克莎．我国技术密集型产业发展的趋势、作用和战略［J］．产业经济研究，2005（5）．

［7］郭也．中国制造业单位劳动力成本变化趋势［J］．北京社会科学，2021（4）．

［8］黄群慧．新常态、工业化后期与工业增长新动力［J］．中国工业经济，2014（10）．

［9］黄群慧，黄阳华，贺俊．面向中上等收入阶段的中国工业化战略研究［J］．中国社会科学，2017（12）．

［10］加里·皮萨诺，威利·史．制造繁荣：美国为什么需要制造业复兴［M］．北京：机械工业出版社，2014.

［11］李国民．过早去工业化的识别及其经济影响［J］．当代财经，2020（12）．

［12］李毅中．"十四五"工业的新担当［EB/OL］．新浪财经，https：//finance. sina. com. cn，2021-03-30.

［13］刘洋．中国存在过早去工业化吗？基于省级面板数据的实证检验［J］．统计与管理，2021（3）．

［14］刘志彪，姚志勇，吴乐珍．巩固中国在全球产业链重组过程中的分工地位研究［J］．经济学家，2020（11）．

［15］乔晓楠，杨成林．去工业化的发生机制与经济绩效：一个分类比较研究［J］．中国工业经济，2013（6）．

［16］盛朝迅．我国"去工业化"的现状特征与原因分析［J］．宏观质量研究，2020（3）．

［17］滕泰．怎样看待制造业占比降低？［J］．中国生态文明，2020（5）．

［18］王弟海，李夏伟，龚六堂．经济增长与结构变迁研究进展［J］．经济学动态，2021（1）．

［19］王佃凯．海外疫情对我国参与全球产业链的影响［J］．银行家，2020（5）．

［20］王红建，曹瑜强，杨庆，等．实体企业金融化促进还是抑制了企业创新［J］．南开管理评论，2017（1）．

［21］王小广．释放消费需求是当务之急［N］．企业观察报，2022-03-21.

［22］王志军．王志军在第二届中国发展规划论坛上的演讲［N/OL］．新京报，https：//m. bjnews. com. cn，2020-11-28.

［23］魏后凯，王颂吉．中国"过度去工业化"现象剖析与理论反思［J］．中国工业经济，2019（1）．

［24］瓦科拉夫·斯米尔．美国制造：国家繁荣为什么离不开制造业［M］．北京：机械工业出版社，2014.

［25］魏作磊．盲目追求制造业比重稳定不利于经济高质量发展［N］．南方日报，2021-08-30.

［26］谢富胜，欧晓璐．制造业企业扩大金融活动能够提升利润率吗？［J］．管理世界，2020（12）．

［27］徐朝阳，张斌．经济结构转型期的内需扩展：基于服务业供给抑制的视角［J］．中国社会科学，2020（1）．

［28］杨伟民．高度重视制造业比重下降问题［EB/OL］．中国财经网，

https：//finance. china. com. cn，2018-11-05.

［29］余振，刘李威. 疫情影响下中国制造业参与全球产业链的变化及应对［J］. 江西社会科学，2020（7）.

［30］约翰·福斯特. 论垄断金融资本［J］. 海派经济学，2010（31）.

［31］张斌. 从制造到服务：结构转型期的宏观经济学［M］. 北京：中信出版社，2021.

［32］张成思. 金融化的逻辑与反思［J］. 经济研究，2019（11）.

［33］张二震，戴翔. 疫情冲击下全球价值链重构及中国对策［J］. 南通大学学报，2020（5）.

［34］张帆. 产业漂移：世界制造业和中心市场的地理大迁移［M］. 北京：北京大学出版社，2014.

［35］张茉楠. 制造业外迁博弈［J］. 财经，2019（30）.

［36］钟粤俊，陆铭，奚锡灿. 集聚与服务业发展——基于人口空间分布的视角［J］. 管理世界，2020（11）.

［37］钟正生，钱伟. 捷径还是陷阱？中国"过早去工业化"的风险［J］. 金融市场研究，2019（2）.

［38］Acemoglu D.，Guerrieri V. Capital Deepening and Non-balanced Economic Growth［J］. Journal of Political Economy，2008，116（3）.

［39］Baldwin R. Trade and Industrialization after Globalization's Second Unbundling［R］. NBER Working Paper，No. 17716，2011.

［40］Baumol W. Macroeconomics of Unbalanced Growth：The Anatomy of Urban Crisis［J］. American Economic Review，1967，57（3）.

［41］Caron J.，Fally T.，Markusen J. International Trade Puzzles-A Solution Linking Production and Preferences［J］. Quarterly Journal of Economics，2014，129（3）.

［42］Chenery B. Patterns of Industrial Growth［J］. American Economic Review，1960，50（4）.

［43］Chenery B.，Robinson S.，Syrquin M. Industrialization and Growth［M］. Oxford：Oxford University Press，1986.

［44］Clark C. The Conditions of Economic Progress［M］. London：Macmillan，1957.

［45］ Comin D. , Lashkari D. , Mestieri M. Structural Change with Long-Run Income and Price Effects ［J］. Econometrica, 2021, 89 (1) .

［46］ Cong W. , Gao H. , Ponticelli J. , et al. Credit Allocation under Economic Stimulus: Evidence from China ［J］. The Review of Financial Studies, 2019, 32 (9) .

［47］ Cruz M. Premature Deindustrialisation Theory, Evidence and Policy Recommendations in the Mexican Case ［J］. Cambridge Journal of Economics, 2015 (39) .

［48］ Cuadrado F. , Long N. , Poschke M. Capital Labor Substitution, Structural Change, and Growth ［J］. Theoretical Economics, 2017, 12 (3) .

［49］ Dasgupta S. , Singh A. Manufacturing, Services and Premature Deindustrialization in Developing Countries ［R］. World Institute for Development Economics Research, Research Paper, No. 49, 2006.

［50］ Felipe J. , Kumar U. , Galope R. Middle – Income Transitions: Trap or Myth ［J］. Journal of the Asia Pacific Economy, 2017, 22 (3) .

［51］ Fourastie J. Le Grand Espoir du XXe Siècle ［M］. Paris: PUF, 1949.

［52］ Grabowski R. Premature Deindustrialization and Inequality ［J］. International Journal of Social Economics, 2017, 44 (2) .

［53］ Jorgenson W. The Development of a Dual Economy ［J］. Economic Journal, 1961, 282 (71) .

［54］ Kaldor N. Strategic Factors in Economic Development ［M］. NY: Cornell University Press, 1967.

［55］ Kuznets S. Modern Economic Growth ［M］. New Haven: Yale University Press, 1966.

［56］ Kuznets S. Economic Growth of Nations ［M］. Cambridge: Harvard University Press, 1971.

［57］ Leaders. How to Promote African Factories ［J］. The Economist, 2021, 20 (3) .

［58］ Lee S. , Kim C. Driving Forces behind Premature Deindustrialization in Latin America ［J］. The Korean Social Science Journal, 2020 (47) .

［59］ Lewis A. Economic Development with Unlimited Supplies of Labor ［J］. The Manchester School, 1954, 22 (2) .

［60］Liboreiro R. , Fernández R. , García C. The Drivers of Deindustrialization in Advanced Economies ［J］. Structural Change and Economic Dynamics, 2021（58）.

［61］Li S. , Pan S. , Gong L. Non－homothetic Preferences, and Preference Structure Dynamics ［R］. SSRN Working Paper, 2016.

［62］Nayyar G. , Cruz M. , Zhu L. Does Premature Deindustrialization Matter ［R］. World Bank, Policy Research Working Paper Series, No. 8596, 2018.

［63］Ngai R, Pissarides C. Structural Change in a Multi－Sector Model of Growth ［J］. American Economic Review, 2007, 97（1）.

［64］Özçelik E. , Özmen E. Premature Deindustrialisation: The International Evidence ［R］. Economic Research Center, Working Papers 20／01, 2020.

［65］Palma G. Four Sources of 'De－Industrialization' and a New Concept of the 'Dutch Disease' ［A］//Ocampo J. , et al. Beyond Reforms: Structural Dynamic and Macroeconomic Vulnerability. London: Palgrave Macmillan, 2005.

［66］Ravindran R. , Suresh M. Premature Deindustrialization and Income Inequality in Middle－Income Countries ［R］. WIDER Working Paper Series, 2021.

［67］Rodrik D. Unconditional Convergence in Manufacturing ［J］. The Quarterly Journal of Economics, 2013, 128（1）.

［68］Rodrik D. Premature Deindustrialization ［J］. Journal of Economic Growth, 2016（21）.

［69］Rowthorn R. , Coutts K. De－industrialisation and the Balance of Payments in Advanced Economies ［J］. Cambridge Journal of Economics, 2004, 28（5）.

［70］Subramanian A. , Kessler M. The Hyperglobalization of Trade and Its Future ［R］. Working Paper Series, No. 13－6, 2013.

［71］Syrquin M. Patterns of Structural Change ［A］//Chenery B. , Srinivasan T. , et al. Handbook of Development Economics. Amsterdam: North Holland, 1988.

［72］Tregenna F. Deindustrialisation, Structural Change and Sustainable Economic Growth ［R］. United Nations University, MERIT Working Paper Series, No. 32, 2015.

［73］Vu K. , Haraguchi N. , Amann J. Deindustrialization in Developed Countries Amid Accelerated Globalization ［J］. Structural Change and Economic Dynamics, 2021（59）.